一天一个涨停板
捕捉暴涨买点

无　形◎著

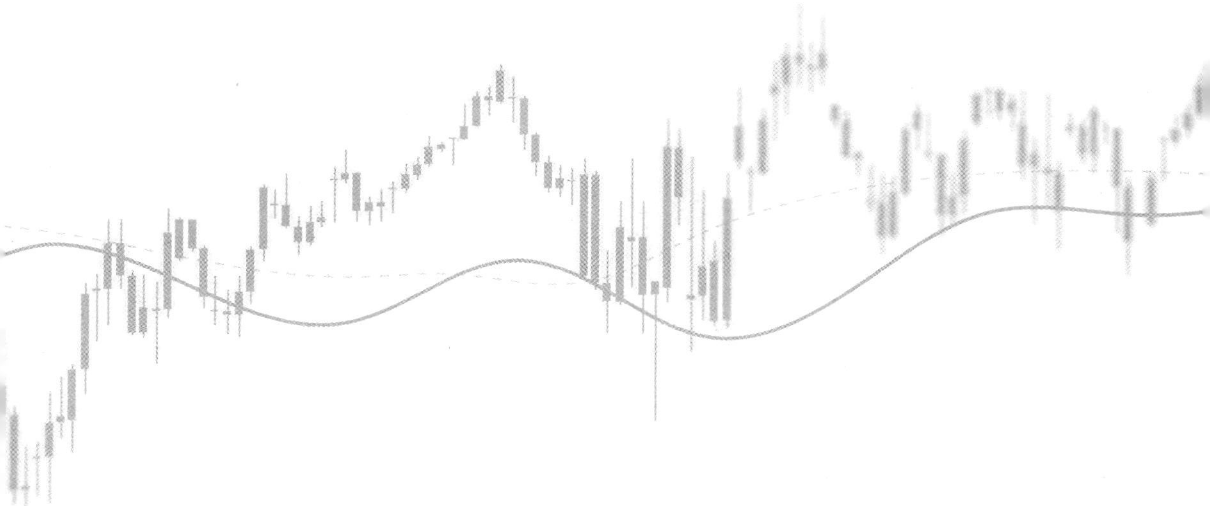

中国经济出版社
CHINA ECONOMIC PUBLISHING HOUSE
·北京·

图书在版编目（CIP）数据

一天一个涨停板：捕捉暴涨买点／无形著．--北京：中国经济出版社，2022.3（2022.10重印）
ISBN 978-7-5136-6836-1

Ⅰ.①一… Ⅱ.①无… Ⅲ.①股票投资-基本知识 Ⅳ.①F830.91

中国版本图书馆CIP数据核字（2022）第037966号

策划编辑　余静宜
责任编辑　耿　园
责任印制　马小宾
封面设计　任燕飞工作室

出版发行　中国经济出版社
印 刷 者　北京力信诚印刷有限公司
经 销 者　各地新华书店
开　　本　710mm×1000mm　1/16
印　　张　14.5
字　　数　223千字
版　　次　2022年3月第1版
印　　次　2022年10月第2次
定　　价　58.00元
广告经营许可证　京西工商广字第8179号

中国经济出版社　**网址** www.economyph.com　**社址** 北京市东城区安定门外大街58号　**邮编** 100011
本版图书如存在印装质量问题，请与本社销售中心联系调换（联系电话：010-57512564）

［前言］

为何总是错失赚钱的机会

在股票市场中，错失赚钱的机会对许多投资者来说是家常便饭。小的机会错过倒也罢了，但当错过大机会的时候，心里就别提多后悔了：要是没错过机会，可能几天资金就可以翻倍，也可能几个月资金后面就可以再多一个“0”。为什么投资者会经常错失赚钱的机会呢？

与那些经常错过机会的投资者进行交流便可以发现，他们有一个共性：对操盘技巧了解得非常少，交易没有规则，买进、卖出没有统一的技术口径，持仓没有正确的方法与策略，操作的随意性很大。用一句话概括就是：“不会操盘技巧。”交易的细节不清楚，交易的策略完全缺失，就好像去打猎却不会瞄准一样，即使猎物就在眼前也无法有所收获。

什么是机会？赚钱的时机到来的时候，你得会抓住！从事任何行业，取得成绩的前提都是：必须具备相应的能力。学生不努力学习知识，就考不出好成绩；投资者不努力学习操盘技巧，就抓不住盈利的好机会。

笔者相信，您拥有一颗上进的心，当您看到本段文字的时候，就说明您愿意学习股票操作技巧，希望通过学习拥有正确的投资理财技巧，从而增加自己工资以外的收入。只要您坚定了学习股票投资技巧的信念，那么阅读本书就是您踏上盈利之路的第一步。

笔者身边有许多读者朋友通过阅读笔者出版的股票和期货类书籍获得了正确的操盘技巧。每当股票市场或是期货市场出现机会的时候，都可以在第一时间抓住价格波动过程中给出的介入点，再利用正确的持仓方法与策略一步一步将小盈利变成大盈利。每个操作细节都有理有据，每次交易都完全按规则执行。每当看到读者朋友传来的捷报，笔者心里就像吃了蜜一样甜，因为在读者朋友的成功之路上，笔者或多或少都出了一份力，这是最令人欣慰的事情。

您与笔者，通过本书结缘，未来的投资之路我们一起携手前行！面对机会，我们有技术一起把握！面对风险，我们有办法一起回避！在成功的道路上，您与我，都不孤单！

最后，为感谢各位读者朋友的一贯支持，笔者在每周三、周五19：30开设股票投资技巧免费直播课程，欢迎各位读者朋友持续学习，不断提升自己的实战能力！每天还有其他资讯信息，如大盘分析、操盘小技巧、实战案例解析等，欢迎大家阅读！

同时，凡购买“一天一个涨停板”系列书籍的读者朋友，均可与我方联系获得以下两个福利。

1. 联系助教免费领取随书赠送的20个股票投资技巧教学视频，以帮助您进一步加深对市场的理解！

2. 免费参与一次周末现场培训课程。此培训为面授，需要各位读者朋友前往笔者所在城市。周末为期两天的面授将为您讲解许多核心操盘技巧，必定让您不虚此行！

笔者团队联系方式：

QQ：1741864815（孙助教，领取教学视频及进行技术交流）。

电话、微信：18832021888。

无形

2021年9月8日

[目录]
CONTENTS

第三章

指标捕捉短线买点

第四章

牛股盘中分时精细买点

第一章

大牛股的技术特征

投资者都想买到一只大牛股，因为只有大牛股的上涨幅度才是最大的。如果在每一轮行情中都能够操作上大牛股，就可以从市场中获得大幅收益。虽然当上涨行情到来的时候大牛股的数量比较少，大多数个股表现一般，但是只要投资者掌握了大牛股的识别方法，找到并及时地在恰当的位置买入大牛股便不是什么难事了。

第一节
大牛股的分时特征

大牛股之所以能够成为场中涨幅最大的股票，就是因为在实盘走势中其有许多特征是其他跟风个股或弱势个股所不具备的。知道了大牛股有别于其他个股的技术特征，就等于找到了一座金矿。

在实盘中，大牛股的分时特征表现为：

1. 分时线波动形态非常单一，分时线线体非常顺滑；
2. 均价线的支撑作用非常明显，并且趋势线的趋势性非常容易判断；
3. 在股价调整的时候，调整的幅度非常小，不会产生破位的现象；
4. 上涨的速度非常快，在很短时间就会形成较大的上涨幅度；
5. 成交量的集中放大现象非常明显。

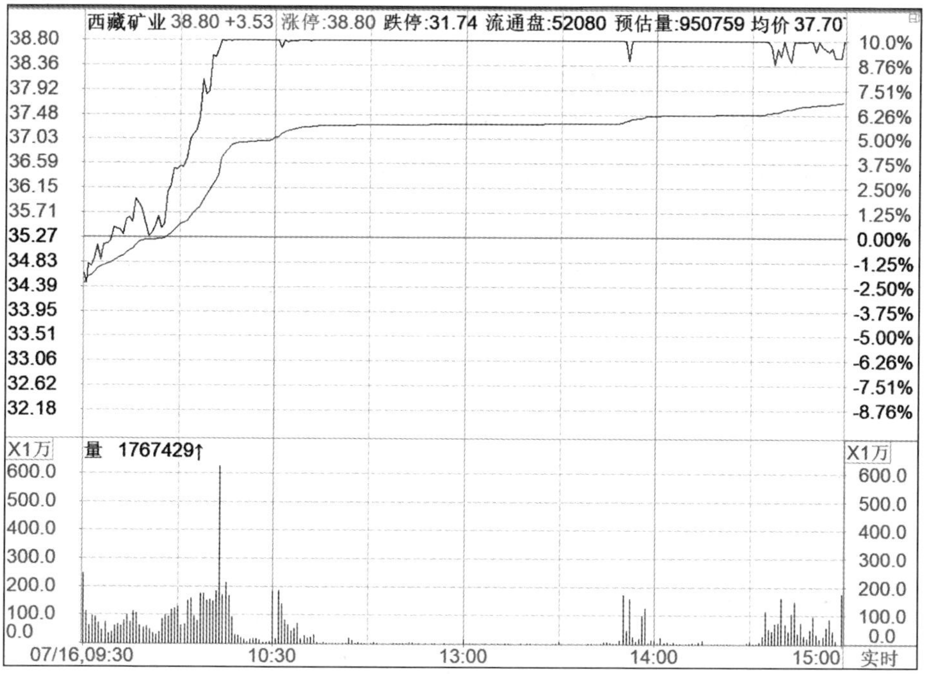

图 1－1　西藏矿业 2021 年 7 月 16 日走势

如图 1－1 所示，西藏矿业的股价在开盘后形成了放量上攻的走势，在不到一小时的时间里便由开盘到达了涨停的位置。如果在盘中操作了这样的股票，那么当天就可以获得较高的短线收益。

由于西藏矿业这一天的上涨力度非常大，再结合其日 K 线长时间呈稳定上升的趋势，便可以确定它的大牛股身份了。当然，仅仅通过涨幅判断一只个股是不是大牛股还是有些片面的，还需要通过其他技术方法进一步确认股价走势的特征是否满足大牛股的技术要求。

股价在盘中上涨的时候，大牛股分时线的波动具备以下独有的技术特点：

1. 上涨速度非常快，在很短的时间里股价便可以形成较大幅度的上涨；

2. 在股价上涨的时候成交量出现了明显的放大迹象，说明资金做多积极性很高；

3. 上涨中途的调整时间非常短暂，说明空方无力，调整仅是为了更好地上涨；

4. 中途调整的时候，股价回落的幅度较小，没有破坏上升趋势，并且调整低点还得到了均价线的强大支撑。

通过涨幅确定了股价的龙头地位以后，只要再对分时线的波动形态进行分析，便可以更加精确地判断出股价的走势符不符合大牛股的技术特征。如果涨幅以及实盘中的具体走势均满足了大牛股的技术特征，投资者就需要在盘中合适的点位积极建仓。

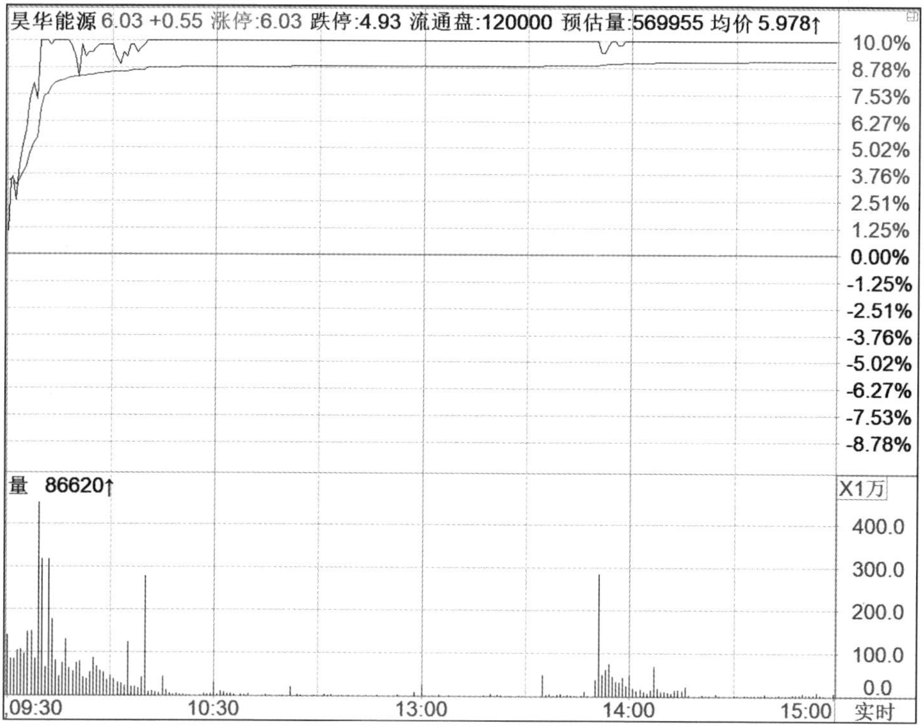

图 1－2　昊华能源 2021 年 7 月 16 日走势

昊华能源在盘中形成了涨停的走势。查看当天的走势便可得知，在能源类板块中，该股的涨幅是最大的。大牛股的一大特征就是能够形成最大的涨幅，因此，股价上涨的幅度告诉了投资者，昊华能源的龙头特征已经显现。

为了进一步得出精确结论，还需要对盘中分时线的具体波动形态进行分析。如果实盘中的走势非常强势，那么投资者可以积极地在股价还没有涨停以前择机入场买进。实盘分析主要从以下几方面入手。

1. 查看分时线的线体是否顺畅。只有大牛股的分时线才是顺畅的，因为资金在盘中做多的积极性非常高。显然，昊华能源完全满足分时线走势非常顺畅的技术要求。

2. 查看均价线的支撑是否有效。只有主流资金在盘中积极做多的时候，均价线才会对股价的波动起到强大的支撑作用。从图 1－2 中价格的调整低点走势来看，股价数次得到了均价线强大的支撑。

3. 查看价格在调整时回落幅度是否较小。毫无疑问，昊华能源一整天的价格都没有出现过较大的调整走势。

4. 查看股价上涨时成交量是否足够活跃。这一点符合要求，昊华能源在早盘期间股价上涨时，量能非常活跃。

通过对昊华能源实盘中的走势进行分析便可以看到，分时线的波动走势完全满足了大牛股的技术特征。当发现股价波动完全符合大牛股的技术特征以后，只要股价在盘中形成了调整的走势，就可以积极入场。

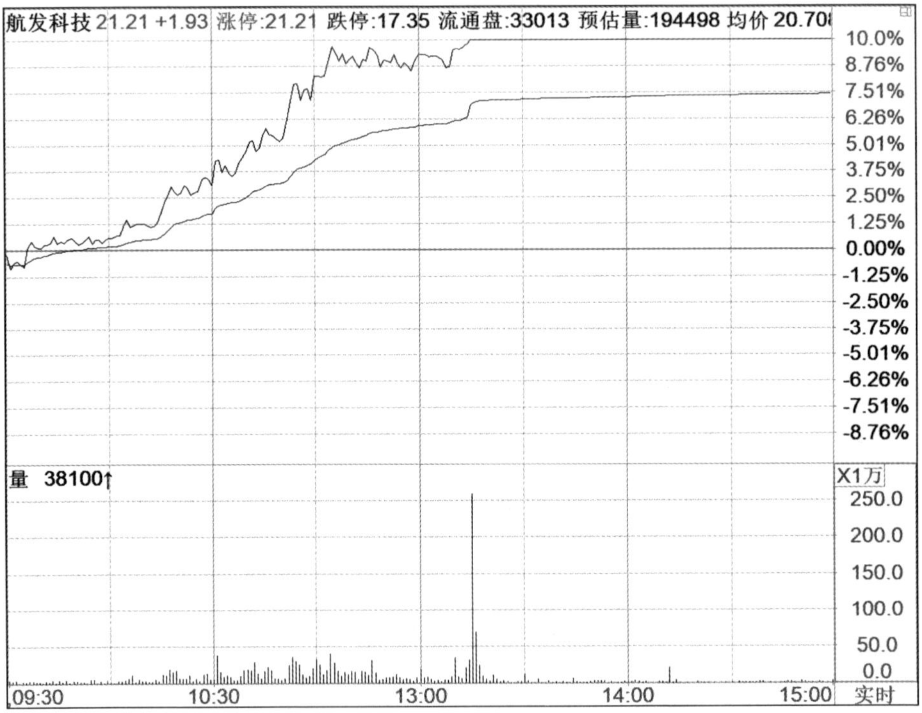

图 1－3　航发科技 2021 年 7 月 16 日走势

航发科技在盘中进行了涨停的走势，这一天它在航空板块中的表现是非常强劲的。正因为大牛股的涨幅往往是板块中最大的，所以才最值得关注与操作。

之所以航发科技可以涨停，而其他跟风个股无法形成当天最大幅度的上涨，就是因为航发科技具备其他个股不具备的特征。那么，当天航发科技的股价在波动的时候都有哪些特征符合了大牛股的技术要求呢?

1. 股价在上涨的时候，量价配合比较完美，只要分时线形成了上涨的走势，成交量便会随之放大，这说明资金做多的积极性非常高。

2. 股价在调整的时候，回落的幅度非常小，这说明盘中空方的力量很弱，根本无力将股价深幅度地打落，空方力度越弱，股价后期延续性上涨的可能就越大。

3. 股价在上涨的过程中，均价线的上升趋势也非常单一，始终保持上升，说明市场中的资金都愿意以更高的价格购买股票，这就会为股价后期的持续性上涨提供了足够的动力。

将航发科技股价波动的特征进行总结便可以发现，分时线的任何波动都满足了大牛股的技术要求。只有真正的大牛股才会出现与其他个股与众不同的走势。所以，当投资者发现股价形成了如此走势时，便可以借助股价形成的调整或突破走势，抓住机会入场跟进。

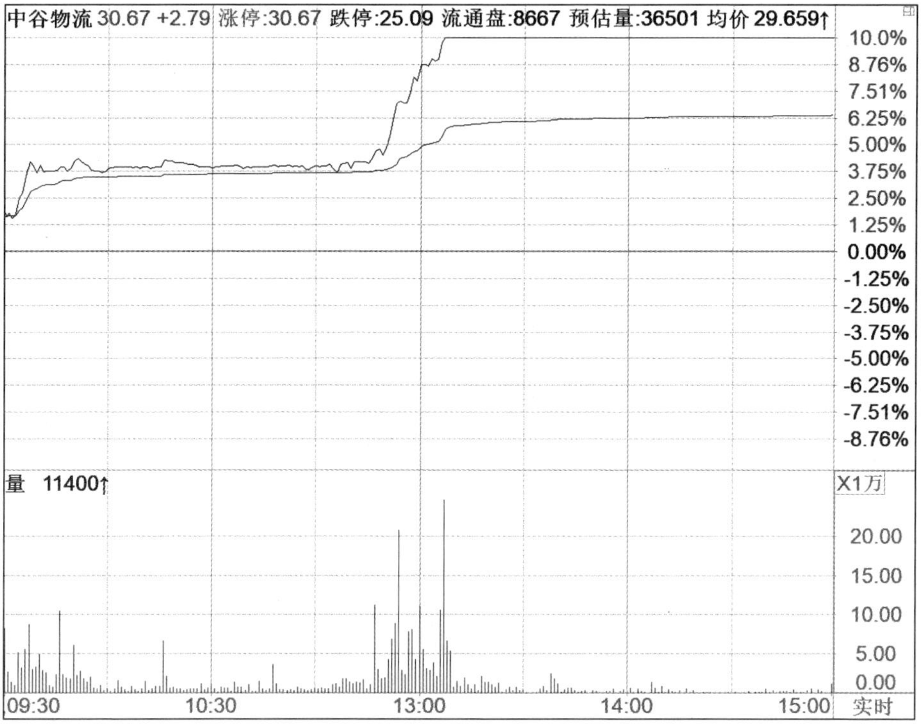

图 1－4　中谷物流 2021 年 7 月 16 日走势

中谷物流的股价在盘中出现了强势涨停的走势，能涨停的个股往往都具有明显的强势特征。投资者在寻找大牛股的时候，发现的时间越早，实现的盈利就会越大，而发现大牛股最好的方法就是在实盘中进行判断。掌握实盘中大牛股的技术特征对投资者来说有着莫大的好处：其一，可以在第一时间发现大牛股，从而占据时间上的优势；其二，可以在股价还没有涨停之前买入，避免在盘中出现只能在第二天以更高的价格买入的遗憾。那么，中谷物流的股价这一天的走势有什么样的大牛股技术特征呢？

中谷物流的分时走势技术特征表现为：

1. 在股价上涨后的调整过程中，均价线的支撑作用非常明显，在长时间缩量调整期间，均价线一直发挥着强大的支撑作用，始终阻止价格的回落；

2. 虽然调整的时间长了一些，但是股价回落的幅度很小，说明空方力量很虚弱，股价既然长时间跌不下来，那么必然会有机会涨上去；

3. 在股价上涨的过程中，成交量与分时线的波动形成了完美的配合，只要分时线上涨，成交量就会随之放大，而只要调整走势出现，成交量就会出现萎缩，量价配合越完美，股价上涨的可能性就越大；

4. 无论是早盘的一波上冲，还是涨停时的上涨走势，分时线的形态都比较顺滑，没有过多的曲折，这说明资金做多的愿望非常强烈且目的明确。

一旦通过分时线的波动形态发现股价的走势具备了大牛股的特征以后，就要积极利用本书中讲解的各种买入方法在实盘中寻找合适的机会入场买进。大牛股一旦强势形成便会不断上涨。所以，买入越早，收益就越大。

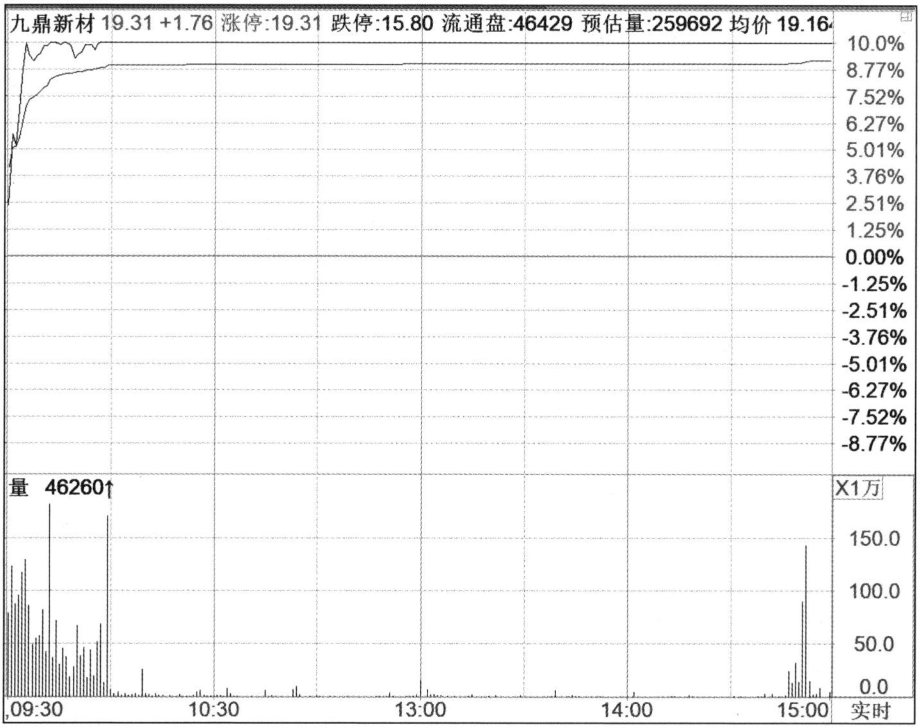

图 1－5　九鼎新材 2021 年 7 月 16 日走势

九鼎新材在盘中形成了涨停的走势，并且带动了多只相关板块个股联动。一只个股上涨的同时得到了同板块个股群涨的呼应，这种现象被称为“大牛股的领涨作用”。通过上涨的走势找到了大牛股以后，还需要进一步知道该股为什么能够成为大牛股，有哪些其他个股所不具备的特征。

九鼎新材的股价涨停有着必然原因，因为它的走势强势迹象非常明显，其大牛股的技术特征表现在以下几方面。

1. 开盘以后股价的上涨幅度很快，在很短时间便牢牢地封死在了涨停板上。快速形成的上涨走势是跟风个股所不具备的。

2. 在股价快速上涨时，成交量随之出现了放大的迹象。量能的放大说明股价上涨的动力十足，只有做多动力大的股票，股价才可能大幅上涨。

3. 分时线的技术形态非常简单，越简单，说明资金操盘的目的越明确且越有力。

4. 在上涨过程中以及临近涨停时，价格出现了调整的走势，但调整的幅度都很小，进一步说明多方力量强大而空方力量虚弱。

面对九鼎新材如此强劲的上涨形态，难道不应当积极入场进行做多操作吗？一旦发现分时线的波动形态满足了大牛股的技术特征，投资者就可以在当天激进地买入，因为大牛股的技术特征越明显，股价在后期持续性上涨的概率就越大。

第二节 大牛股的 K 线特征

在实战中，如果投资者错过了在盘中进行操作的机会，就要在盘后进行进一步分析以确定第二天的买点。很多跟风或弱势个股也会涨停，不能简单地认为股价涨停了的个股都是大牛股。如果 K 线形态不一致，那么即使分时形态相似，大牛股的身份也是无法确定的。只有先对分时线的波动形态进行彻底的研究后，再具体看一看 K 线形态的结构，才可以更准确地找到大牛股。

大牛股在日 K 线图中的技术特征主要表现在以下几方面：

1. 在日 K 线图中，大牛股是板块中见底或起涨时间最早的，结合分时线便可以发现；

2. K 线形态以及上升趋势非常单一，没有过多的波折，且调整的力度非常小，这一点与分时图中的技术特征高度一致；

3. 大牛股在上涨的时候，大实体的阳线频繁出现，阳线的平均实体普遍大于阴线实体；

4. 大牛股在上涨的时候，上升趋势完美保持，价格调整的低点往往会在起涨点的上方。

其他跟风或弱势个股在上涨的时候，虽然会有大阳线出现，但是股价的上升趋势会比较复杂，调整走势还会经常出现破位的现象。而真正的大牛股不会这样，它们 K 线的强势特征非常明显。

图 1－6　润和软件 2021 年 5 月至 7 月走势

润和软件在低位震荡了一段时间后，出现了短线大幅上涨的行情。在上涨过程中，连续收出涨停大阳线以及一字板，这样的上涨形态便可以让投资者初步确定它的大牛股身份了。

虽然价格涨得很猛烈，但是不能仅凭涨得多就做出最终的判断，还需要多方面判断股价的走势是否具备更多的大牛股特征。通过对日 K 线图的走势进行分析便可以发现，润和软件的股价在上涨过程中具备以下技术特征：

1. 股价在上涨时的趋势非常单一，上涨中途没有过多的震荡，主力资金只想在有限的时间内让股价产生更大幅度的上涨，根本没有心思让股价来回震荡；

2. 上涨行情一气呵成，涨停大阳线不断出现，这说明股价在盘中上涨的力度极大，资金全速推高股价的意图非常明显；

3. 虽然有调整出现，但都是在盘中就完成了调整的整个过程，只留下一根下影线，没有破坏日 K 线的趋势。

投资者即使错过了第一阶段的连续涨停，也可以凭这三点在股价刚在盘中调整时介入，特别是在无量收出涨停阳线的时候，更可以在涨停板处等待成交。只要不见股价在日 K 线上有连续的震荡走势，就可以积极地在分时图中寻找当天的各种介入点。

图 1－7　全志科技 2021 年 7 月走势

全志科技的股价在图 1－7 中出现了连续大力度的上涨行情。之所以涨得这么猛烈，就是因为它的强势特征非常明显。那么，全志科技大牛股的特征到底是怎样的呢？通过对上涨的走势进行总结可以发现，股价的上涨形态有着如下特征。

1. 上涨形态非常单一，上升趋势就是一条角度陡峭的直线，没有过多复杂的震荡。上升趋势越简单，说明资金在盘中做多的态度越坚决。

2. 在上涨途中虽然有调整走势出现，但是调整回落的幅度非常小，这说明盘中做空的力量很虚弱，空方力量越小，股价便越容易连续上涨。

3. 上涨途中大实体的阳线不断出现，且整体阳线的实体始终远大于阴线的实体。

4. 股价在刚开始上涨的时候，成交量便保持着连续放大的趋势。正是资金高度积极的操作，才促使了股价大幅上涨走势的形成。

股价的走势同时具备多种弱势个股不具备的强势特征，说明全志科技的大牛股特征非常明确。只要掌握了这些判断大牛股的技术特征，无论股价如何波动，都可以一眼辨别出大牛股到底是谁。

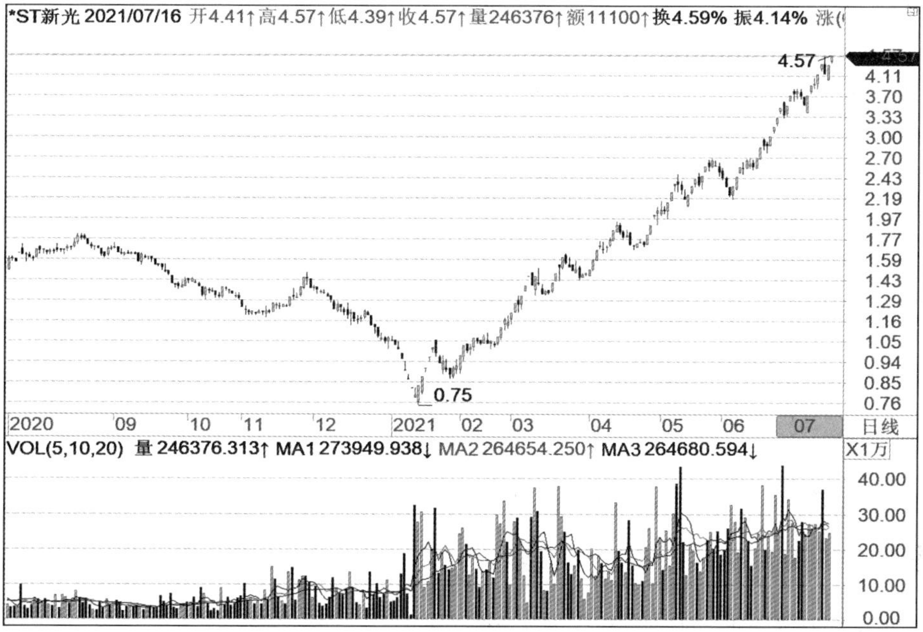

图 1－8　*ST 新光 2021 年上半年走势

*ST 新光在图 1－8 中出现了一轮长时间的上涨行情。虽然是一只 ST 类个股，但它在上涨的过程中，日 K 线的技术形态也符合大牛股的要求。可见，技术形态本身才是操作的关键，至于它是绩优股还是 ST 类个股，都是次要的。

*ST 新光在上涨的过程中，具备以上经典的大牛股技术特征：

1. 股价的上涨形态单一，始终保持完好的上升趋势，每一次调整都没有破坏上升趋势的完整性；

2. 虽然在上涨途中多次出现调整，但相比整个上涨周期，调整的时间非常短；

3. 在每一次股价调整的时候，幅度都非常浅，没有出现重新回到起涨点的现象；

4. 在上涨过程中，成交量始终保持着活跃放大的状态，这说明资金做多的积极性很高。

虽然股价的上涨走势不如那些天天涨停的大牛股直接，但这种持续不断震荡上涨的形态对投资者来说是最棒的，因为投资者有多次趁调整逢低买进的机会。在短线大牛股连续上涨时，除了追涨没有别的办法，但这种上涨模式的大牛股到处是买点，岂不是更好？

图 1－9　远兴能源 2021 年 2 月至 7 月走势

远兴能源在图 1－9 中形成了一轮大幅度上涨的走势。如果买到这样一只股票，资金将会在很短时间里实现两三倍的收益。远兴能源的股价上涨空间之所以很大，就是因为股价的波动走势具备了大牛股的特征，而一只股票只要具备了大牛股的技术特征，就会出现远超其他个股的上涨幅度。那么，远兴能源的股价到底具备哪些技术特征呢？

1. 股价在底部区间起涨的时候，资金大举杀入，主力的建仓成本在哪里看得清清楚楚。知道了资金成本所在，投资者跟着买进，风险是很低的。

2. 股价在上涨的过程中，趋势非常单一。技术形态结构越简单，说明主力越不想浪费时间，只想在较短的时间创造更多的盈利。这类主力对盈利有着迫切的时间要求。

3. 股价在上涨的过程中，虽然时常会出现调整的走势，但是在第一次调整走势出现的时候，幅度非常小，时间也非常短，这说明盘中的做空力量很虚弱。

4. 在股价上涨的过程中，大实体的阳线经常出现。远兴能源虽然不像短线个股一样连续出现涨停走势，但每当调整结束时都能以最快的速度向上突破。

通过对 K 线图进行细致的分析，投资者可以从繁杂的走势中找到远兴能源独有的强形态。股价上涨时具备的大牛股技术特征越多，上涨的空间就会越大，投资者只有买入这些股票才能在每一轮行情中实现最大的收益。

图 1－10　润和软件 2021 年 5 月至 7 月走势

润和软件在图 1－10 中形成了一轮大幅度上涨行情。在股价展开主升浪之前，低位的波动形态相对复杂，但此时的波动是主力资金为了在低点买到更多股票对股价波动进行的控制。虽然在主升浪到来之前上涨的力度并不是很大，但是有一些大牛股常见的技术特点。

在股价上涨的初期，出现了一根涨停大阳线，并且成交量两次集中放大。结合之前长时间的缩量来看，显然此时的放量是主力资金入场的信号。虽然股价后期出现了短线的下跌，但是调整的幅度很小，阴线的实体也都很小，说明多方力量非常强大，主力资金并不想让股价真正下跌，只是想用阴线“吓唬吓唬”胆小的投资者，而这种阳线实体很大、阴线实体很小的形态正是大牛股最大的特征。

经过短线的调整后，股价便展开了主升浪的行情，在上涨的过程中，K 线形态的趋势非常单一，并且在上涨的过程中，阳线总是不断出现，这说明主力资金根本不想浪费时间让股价做多余的震荡，而形态越简单，越容易让人看懂其走势规律，资金便越愿意随之入场。毕竟没有人愿意操作一只形态复杂、看不透的个股。

就算有时股价不太强势，投资者不会在股价刚起涨时入场，但在上涨途中，只要发现了越来越多的大牛股技术特征，就必须赶紧在日 K 线或盘中分时线处寻找合适的点位介入。大牛股不怕错过前半程，就怕在中途不敢参与其中。形态始终简单，上涨始终没有停滞，只要基本面没有意外的坏消息，股价的上涨便很难终止。

第三节
大牛股的量能特征

除了 K 线形态可以提示投资者股价波动时是否具备了大牛股特征外，实践中还需要对成交量的变化进行分析。一只股票之所以可以涨得比其他股票多，就是因为资金在盘中积极地进行做多。大量资金的涌入为股价上涨提供了足够的动力，因此，大牛股的成交量也是与众不同的。

跟风股之所以上涨幅度小，就是因为入场做多的资金有限。这类个股在上涨的时候，成交量没有明显规律，始终杂乱地放大。但是大牛股的成交量并不是这样，无论股价是上涨还是回落，成交量的变化始终完美配合着股价的波动。大牛股的成交量特征往往表现在以下几方面。

1. 成交额是近期市场同板块中最大的，这说明资金大量的介入促使了股价的大幅上涨，而股价的大幅上涨又吸引了更多的资金介入。

2. 成交量在股价上涨时始终保持着高度活跃的状态，成交量柱体连续拉长。主流资金操作积极，场外资金追捧热烈。

3. 股价在调整时，成交量明显萎缩；在调整结束新一轮上涨行情出现时，成交量又会随之连续放大。资金始终向场中沉淀而不外流。

4. 如果是高控盘的个股，在股价上涨的过程中，成交量始终保持低迷的状态，就说明主流资金在盘中持股的心态非常稳定，只要主力资金不撤出，就没有资金会大规模撤出。

只要个股的K线形态具备大牛股的特征，并且成交量的变化也满足大牛股的要求，投资者就可以积极操作该个股。只有将量价结合起来，才可以使分析的结论更加准确。

图1－11 华鹏飞2021年4月至7月走势

华鹏飞的股价在上涨的过程中，大实体的阳线不断出现，虽然有调整走势，但是每一次调整时股价回落的幅度都非常小。这种 K 线形态说明空方在盘中做空的力量很虚弱，空方力度越小，就证明多方的力度越大。

除了要对 K 线形态进行分析外，投资者还要对成交量的变化进行分析。华鹏飞的量能特征表现为：

1. 股价在上涨的时候，成交量出现了明显的放大迹象，只要股价上涨成交量就会随之放大，不断放大的成交量为股价的上涨提供了足够的做多动力；

2. 当股价出现调整走势的时候，成交量便会急速萎缩，这说明盘中资金惜售心理严重，资金没有大量离场，股价的上涨行情必然会不断延续；

3. 比较股价上涨时的成交量与弱势震荡时的成交量，便可以看出新入场资金的数量，较前期多出来的成交量便是主力资金在股价上涨过程中新投入的资金数量。

在 K 线形态满足了大牛股的特征以后，只要对成交量的变化进行综合分析，便可以准确地判断出华鹏飞的大牛股属性。只要股价的上涨始终得到资金积极的操作，便可以在日 K 线调整过程中或分时图中寻找机会入场。

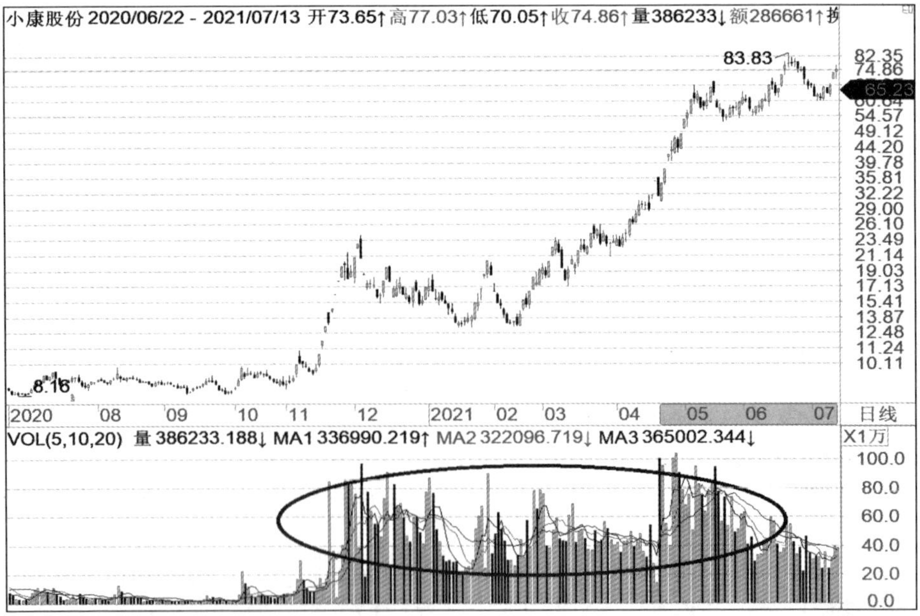

图 1－12　小康股份 2021 年上半年走势

小康股份是一只绝对的大牛股，2021 年上半年上涨的幅度高达 8 倍，随便抓住一轮上涨波段，都能获得非常丰厚的收益。对于这种大涨幅的个股，又怎能不去花些精力研究它们的技术特征呢？

对 K 线形态进行分析得知，股价在上涨过程中，K 线形态非常单一；每次上涨过程中暂时出现的调整回落幅度都较小；大阳线不断出现，阴线实体普遍小于阳线实体。这些只有大牛股才会具备的 K 线形态，使投资者可以轻松地判断出它的大牛股性质。

在对 K 线形态进行分析以后，需要结合成交量的变化继续进行分析，才能得到更加精确的分析结论。小康股份在上涨过程中成交量有以下特征：

1. 股价在上涨过程中，成交量始终保持密集放大的势头，成交量不断放大说明盘中资金做多的积极性非常高；

2. 在股价调整的时候，成交量都会出现萎缩的迹象，这说明盘中做空的资金很少，在调整过程中资金都坚定持股；

3. 如果与同板块的其他个股相比就可以发现，小康股份的成交额是这一阶段较大的，这些都反映了资金盘中运作的活跃程度。

对成交量的变化进行分析，不仅可以得知资金的操作意图，还可以得知资金的性质。在大量主力资金不断做多的情况下，投资者要做的就是及时入场建仓，买入大牛股的时间越早，实现的收益就越大。

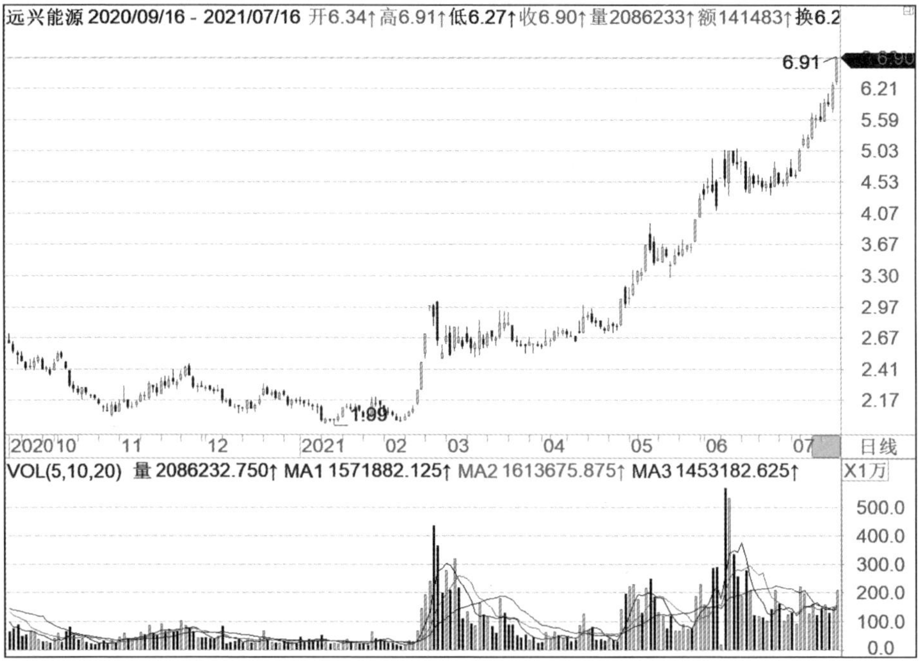

图 1－13　远兴能源 2021 年 2 月至 7 月走势

远兴能源在股价上涨的过程中，大阳线总是不断出现。阳线的数量越多，说明盘中资金做多的积极性越高。当调整走势出现的时候，阴线的实体都非常小，并且波动重心基本上都没有下移，这说明盘中做空的资金数量非常少。K 线的形态向投资者透露了盘中多空的力度，只要多方占据绝对主动，投资者就要顺应上升趋势，不断做多。

K 线形态之所以如此强劲，就是因为有大量资金在进行做多的操作。因此，在分析完 K 线形态以后，投资者还要对成交量的变化进行综合分析。在远兴能源上涨的过程中，成交量有如下变化：

1. 在股价上涨过程中，成交量始终保持着密集放大的状态，说明资金介入的积极性非常高，资金越是大量介入，股价便越会大幅度上涨；

2. 在上涨初中期，每当调整阴线出现的时候，成交量就会随之出现萎缩的迹象，这说明在股价调整的时候，主流资金根本不愿意撤出，留在场中的资金越多，股价就越容易涨得更高。

K 线形态的强势加上成交量的连续放大，让投资者可以轻松地判断出远兴能源独具的大牛股特征。发现大牛股的目的是买入，一旦确定谁是大牛股，接下来的工作就是等待好的买入形态出现，然后毫不犹豫地进场。

图 1－14　中盐化工 2021 年上半年走势

中盐化工在图 1－14 中出现了一轮持续半年多的大幅度上涨行情。股价上涨的时间越长，说明资金在盘中做多的积极性越高，而大幅度的上涨进一步确认了资金做多的有效性。如果一只股票不是盘中的大牛股，那么怎么可能形成如此强劲且持续的上涨行情呢？

在股价上涨的过程中，涨停大阳线经常出现，说明其上涨力度非常大，这是普通跟风个股不具备的技术特征。同时，上涨过程中趋势都比较单一，没有过多复杂的调整形态，这说明盘中资金根本不想浪费时间，更不想留下过低的介入点让场外资金“捡便宜”。

K 线形态处处体现出了强势，那么成交量的变化是不是也有明显的大牛股特征呢？答案是肯定的，中盐化工在上涨的过程中，成交量有着如下特点：

1. 只要股价形成了上涨的走势，成交量便会随之出现密集放大的迹象，而量能的放大说明资金的做多意愿非常明显；

2. 随着股价不断上涨，成交量也在不断放大，这种量价配合说明盘中资金都愿意在股价上涨的途中加大做多力度，这将会促使上涨行情更好地延续；

3. 每当调整出现时，成交量都会出现明显的缩量现象，而量能的萎缩说明资金根本没有出局意向。

在主流资金只进不出的情况下，股价的强势上涨劲头必然会不断保持。量价配合得是否完美将直接影响股价上涨力度的强弱。如果将 K 线形态与成交量变化进行综合分析，投资者便可以很清楚地得知为什么中盐化工会成为市场中的一只大牛股了。

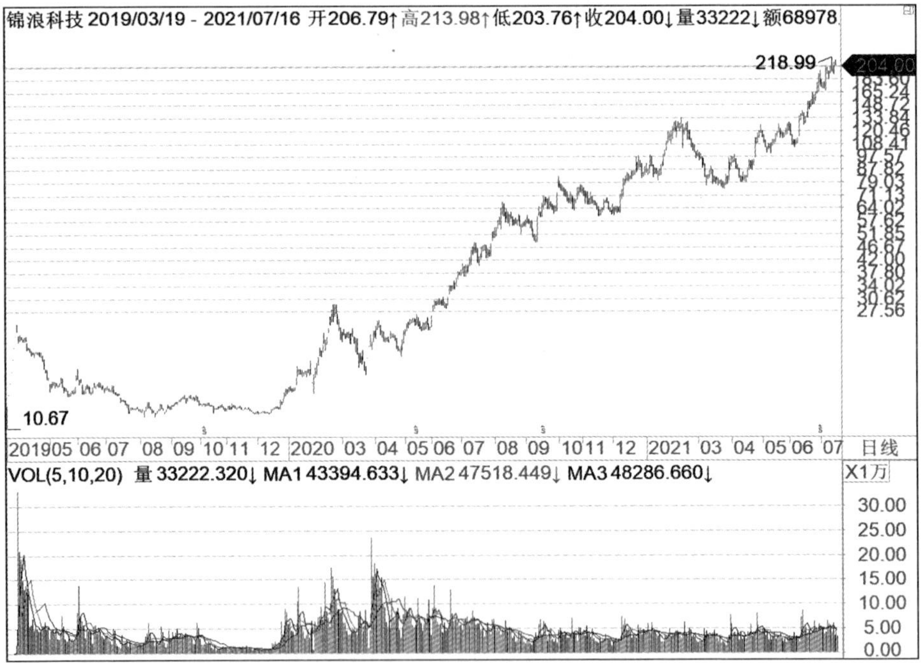

图 1－15　锦浪科技 2020 年至 2021 年上半年走势

锦浪科技在股价上涨的时候，趋势较为简单，重要的价格低点都保持着不断抬高的态势。技术形态越简单的走势说明主力资金的控盘能力越强，可以引导更多资金入场，节省主力资金成本，形成市场合力，从而使股价更容易上涨。

在对较为简单的 K 线形态进行分析的时候，千万不要忘了对成交量的变化进行分析。但是，从图 1－15 中的走势来看，锦浪科技的成交量变化与前几个案例有着明显差别：成交量除了在股价上涨初期形成了放大的建仓量外，在后期上涨的过程中，并没有明显的放大，始终较为低迷。这种成交量特征又该如何解释呢？

在股价上涨的过程中成交量没有放大，说明主流资金已经买下了大量股票，只要这些主流资金不离场，成交量就无法放大。虽然成交量没有放大，但是股价的上升趋势依然完美，这种量价配合说明主力资金只需要动用极少的资金就可以推动股价长时间的上涨，这恰恰是高控盘大牛股最明显的特征。

在股价上涨的时候，成交量放大说明资金操作积极，而如果成交量没有放大，则说明主力资金的持仓比例非常高，只要主力不卖，成交量就低迷。因此，对于这种高控盘的大牛股，不能要求它一定放量；相反，高度持仓之后的缩量上涨更安全，因为主力资金有没有撤出一眼就可以判断出来。无量，先期介入的巨资又如何脱身？

第四节

大牛股的涨幅特征

投资者在对大牛股进行分析的时候，除了要掌握大牛股的 K 线特征以及量能特征外，还要知道大牛股独有的其他技术特征。比如，大牛股超大的涨幅特征就是其他个股所不具备的。一只股票之所以成为大牛股，必然是因为得到了巨资的积极操作。巨量的资金入场就是为了盈利，它们利用资金优势大力推动股价上涨。而受巨量资金的影响，这些股票必然会出现最大幅度的上涨行情。

当巨量资金入场完成建仓以后，大幅度的上涨必然会使大牛股形成同板块以及整体盘中最大的涨幅。最大的涨幅就是大牛股的另一个重要特征。

有读者朋友可能会问："当发现大牛股的超大涨幅时，股价已经飞上天了，这还怎么操作呢？"其实这是一个误区，大牛股较大的涨幅并不是等涨到了最高点才能看出来，在上涨初期就能够发现。若大牛股的股价涨了百分之二三十，而弱势股还在低位徘徊，是不是在股价刚抬头的时候就可以发现大牛股的身影？当大牛股的股价涨了50%甚至翻倍的时候，弱势股可能仅仅上涨了百分之二三十，那么在上涨的中期阶段是不是也可以发现大牛股？所以说，大牛股超大的涨幅并不是在整个行情涨起来之后才能发现，而是在初期、中期、任何时期都能够发现。因为不管在什么时候，它们的涨幅都是最大的。顺着这个思路出发，大牛股就很难再被放走了。

图1－16　石大胜华2020年5月至2021年7月走势

自2020年5月起，石大胜华展开了一轮连续性的上涨行情。股价的大幅上涨与资金积极地交易脱不了干系。从图1－16中的成交量形态来看，在股价大幅上涨时，成交量始终保持着高度活跃的状态，资金的积极介入是股价大幅上涨的主要原因。

石大胜华在上涨的过程中，单位时间里乃至整体涨幅都是同板块中最大的，股价从底部起涨到盘中的最高点，一共上涨了 10 多倍。如果投资者买入这样一只股票并耐心持有一年，10 倍的收益让人想想都高兴。

对比石大胜华的一年 10 倍，再看看那些涨 1 倍都困难的弱势股就能明白一个道理：想要赚取更多的收益，目光一定要集中在那些当前涨幅最大的个股身上。若强势股都难以给出较大的收益，那么弱势股就更别想了。

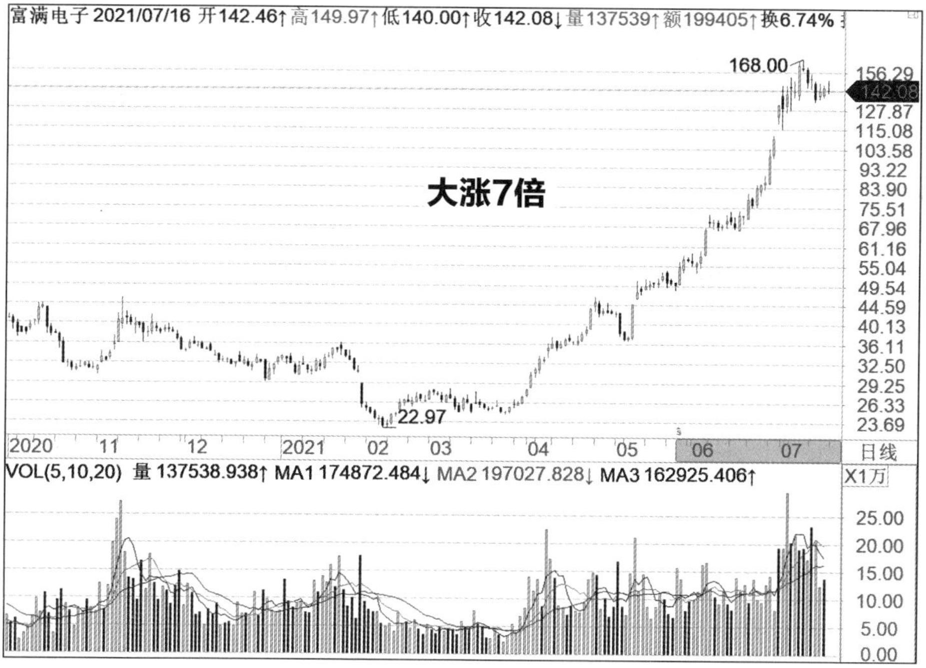

图 1－17　富满电子 2021 年 3 月至 7 月走势

富满电子的股价在上涨过程中，趋势非常单一，虽然有调整走势出现，但是每次回落的幅度都很小，这说明多方力量非常强大。再结合持续放大的成交量，便可以确定它符合了大牛股的技术特征。

通过 K 线特征以及成交量特征确立了大牛股以后，投资者还需要对股价是否在同板块个股中形成了最大的上涨幅度进行分析。如果一只个股在上涨初期无法脱颖而出，那么在后期的行情中也很难成为板块的王者。大牛股涨幅巨大的特征是起涨就有的，而这一点非常容易做出判断。

正因为富满电子起涨后在不到一个月的时间里便股价翻倍，所以它的涨幅就成了同板块中幅度最大的。涨幅大，成交量活跃，调整形态又强势，岂能在上涨的初期或中期放跑这样的大牛股呢?

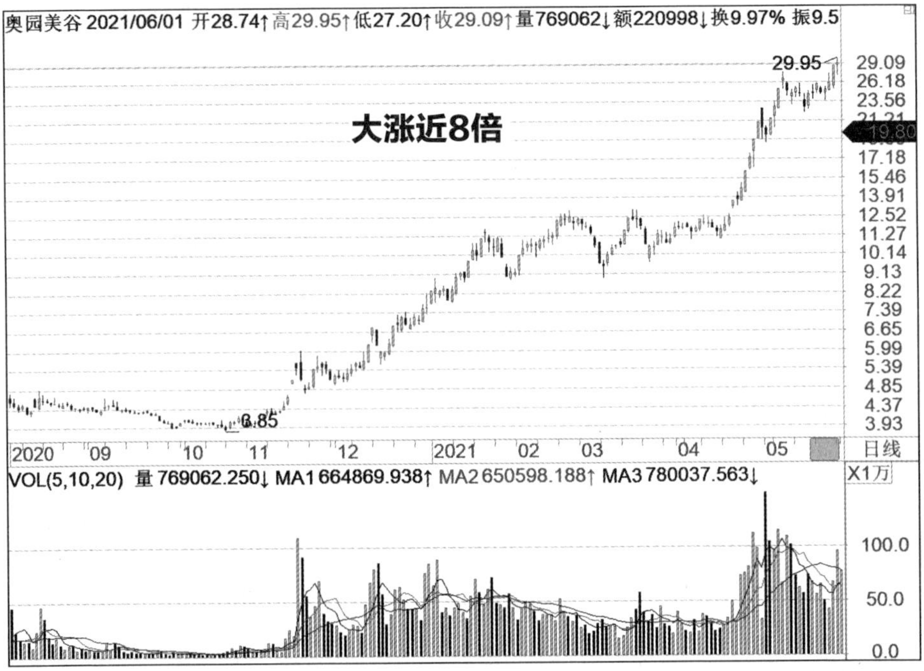

图1－18　奥园美谷2020年10月至2021年6月走势

奥园美谷在图1－18中出现了一轮大幅上涨的走势。在股价上涨的过程中，成交量始终连续放大，这种量能形态说明主力资金一直在场中积极进行操作。只要主力资金不走，成交量始终活跃，股价便有持续上涨的动力。

在股价上涨的过程中，虽然时常有调整出现，但是调整形态要么时间很短，要么幅度很小，这说明多方力量非常强大。而当出现中线级别调整时，价格的低点又始终保持着抬高的趋势。不管是短时间调整还是中线调整，多头强势的特征都非常明显，这些强势的调整形态恰恰是大牛股主要的技术特征。

大牛股的特征一旦确立，股价必然会在后期展开长时间的上涨走势。经过连续上涨，从底部到盘中的高点，股价上涨了近8倍，如此大的涨幅是同板块中其他个股所不具备的。涨幅位于同板块的前列，这是大牛股的重要特征。所以，在股价刚刚形成上升趋势的时候，投资者一定要克服“恐高”的心理，积极操作，因为大牛股永远会在弱势股还没上涨的时候出现不小的涨幅，不敢买就只能错过行情。

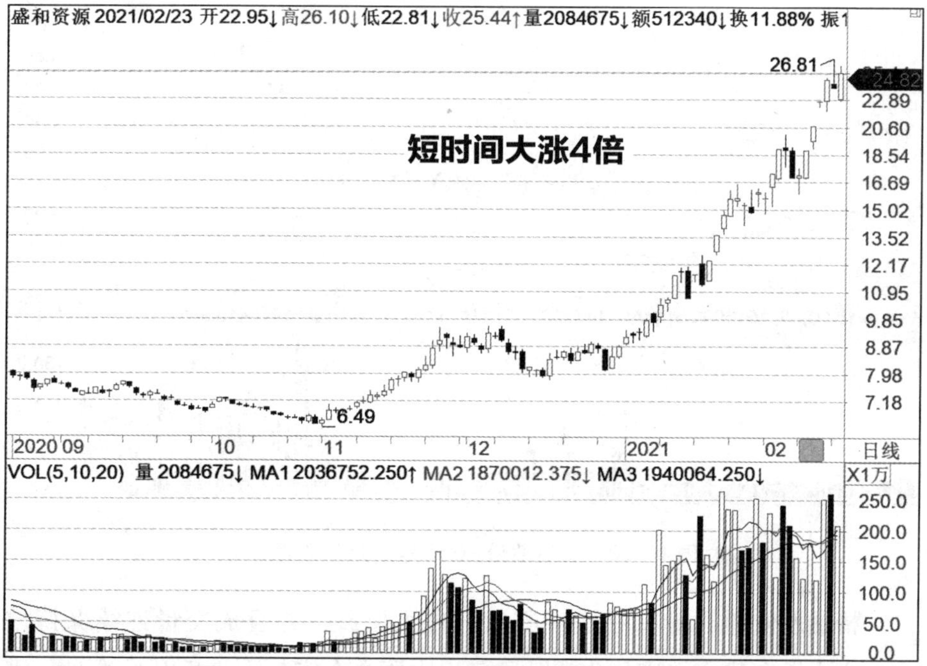

图 1－19　盛和资源 2020 年 11 月至 2021 年 2 月走势

盛和资源自 2020 年 11 月见底以后出现了一轮快速上涨的走势。股价起涨后，成交量便保持着连续温和放大的完美状态，这说明主力资金每天都在进行更大力度的建仓操作，资金的大量涌入促使股价在后期大幅度上涨。

在股价形成了上升浪的时候，成交量在股价上涨时继续保持不断放大的状态，量能的不断放大说明资金都愿意以更高的价位买入，将会促使股价不断上涨。而当调整阴线出现的时候，下跌总是难以为继，说明资金在盘中惜售心态严重。上涨时有资金愿意追高买入，而下跌时没人愿意持续卖出，在这种格局下股价只有“上涨”一条路可走。

经过短短 4 个月的上涨，股价便形成了 4 倍的巨大涨幅，而同板块中其他个股却很难形成类似的走势。由此可见，只有买到大牛股才是实现高收益的根本保障！

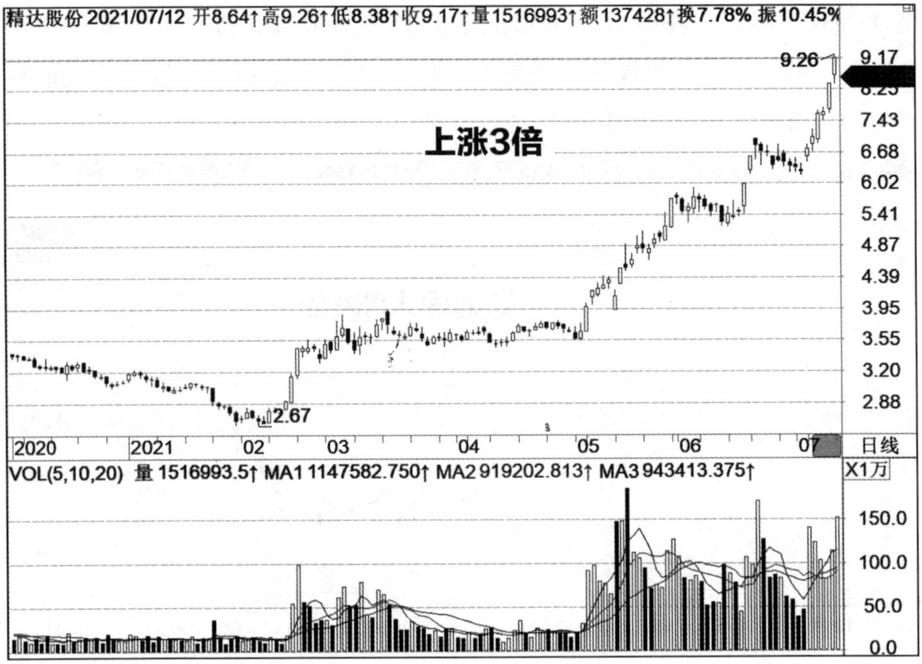

图 1－20　精达股份 2021 年 2 月至 7 月走势

精达股份的股价一见底便收出涨停大阳线，并且成交量连续保持放大，主力资金建仓的迹象非常明显。主力资金在安顿下来后开始洗盘，手法并不是让股价下跌吓跑投资者，而是让股价长时间横盘，耗走那些没有耐心的投资者。又建仓又洗盘，主力资金这样折腾是为了什么？自然是为了在后期拉升股价，实现盈利。

股价徘徊 2 个月后在成交量又一次放大的推动下，开始了主升浪的行情。在股价的主要上涨阶段，成交量进一步连续放大，说明资金交易非常活跃。巨大的量能只要能够维持住，股价便有足够的动力上涨。

从见底上涨到股价到达阶段性高位，5 个多月的时间精达股份的股价出现了 3 倍的涨幅，虽然算不上顶尖的涨幅，但是相比于绝大多数个股，获利的空间已经非常大了。股价强势、量能持续放大、整体涨幅较大，只要投资者在低位发现股价的波动具备了大牛股的特征，就要及时入场进行操作，买入越早，在后期实现的收益就越大。

第五节

大牛股的领涨特征

大牛股除了具备其他个股不具备的 K 线特征、量能特征和涨幅特征以外，还有一个主要的技术特征——领涨特征。当大牛股形成强势上涨的走势以后，其强劲的上涨力度与快速扩散的盈利效应将会对同板块中其他个股产生强大的带动作用，于是便会有资金介入同板块中其他个股中进行跟风操作，从而使该板块出现整体性的上涨走势，这种现象就是大牛股的领涨特征。

当锁定的大牛股满足了种种特征后，如果领涨现象明显，那就可以百分之百确定它是大牛股了。跟风个股是不可能引领其他个股上涨的。它自己都涨不动，又怎么可能引领其他个股呢？所以，领涨现象是大牛股独有的。

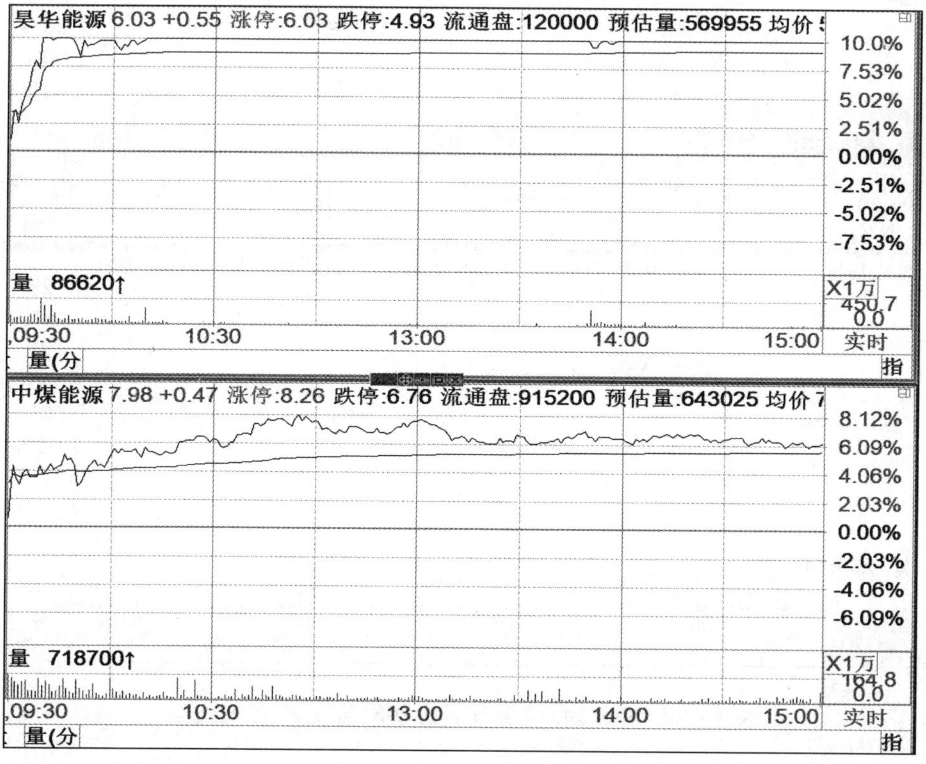

图 1－21 昊华能源与中煤能源 2021 年 7 月 16 日走势

昊华能源开盘后不久便展开了快速上涨的行情。在上涨过程中，分时特征完全满足大牛股的技术要求，并且股价在较短时间内便形成了涨停的走势。股价当天上涨的速度非常快，幅度也是同板块中最大的，因此，昊华能源的大牛股地位是完全可以确定的。

确定了昊华能源是大牛股以后，就需要对同板块中其他个股进行分析，看看其走势是否受到了昊华能源的影响。

在昊华能源接近涨停时，中煤能源出现了明显的跟风上涨走势。从时间上来讲，昊华能源的上涨在前，中煤能源的上涨在后，这种现象就是领涨明显的技术特征。只有大牛股先涨，才能对同板块其他个股产生带动作用。大牛股涨得快、涨得多，跟风股则涨得慢、涨幅明显落后。

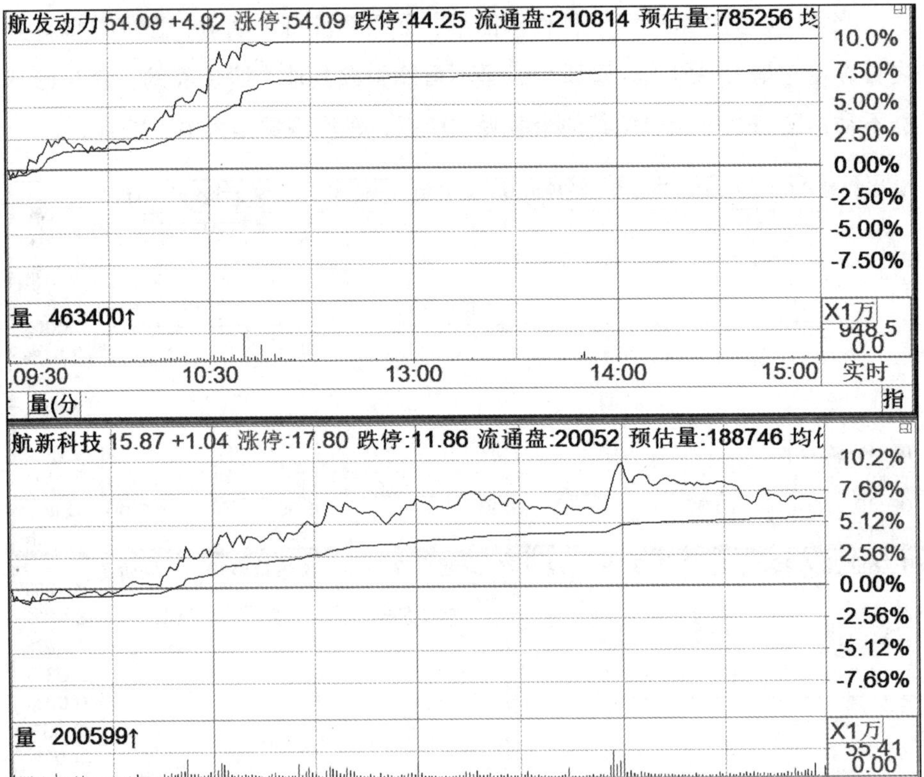

图1-22　航发动力与航新科技2021年7月16日走势

航发动力在上涨的过程中，分时线的波动非常顺畅，并且从开盘到涨停仅用了一个多小时，上涨的力度比较大，调整的幅度都很小，均价线的支撑作用也很明显，这种上涨形态往往是大牛股所独有的。

航新科技在盘中虽然出现了连续性的上涨走势，但是在股价上涨的过程中，分时线的波动形态相比航发动力要复杂，分时线磕磕绊绊地曲折向上，这种走势就是标准的跟风上涨形态。两者的分时线相互一比较，谁的走势更加顺滑是非常明显的。

正是受到了航发动力大幅上涨的影响，航新科技的股价才随之出现了连续震荡上涨的行情。如果航发动力上涨力度很弱，又怎么可能带动航新科技上涨呢？所以，大牛股起涨以后，如果同板块中的个股纷纷跟风起涨，那么发挥领涨作用的大牛股便可以为投资者带来极好的获利机会。

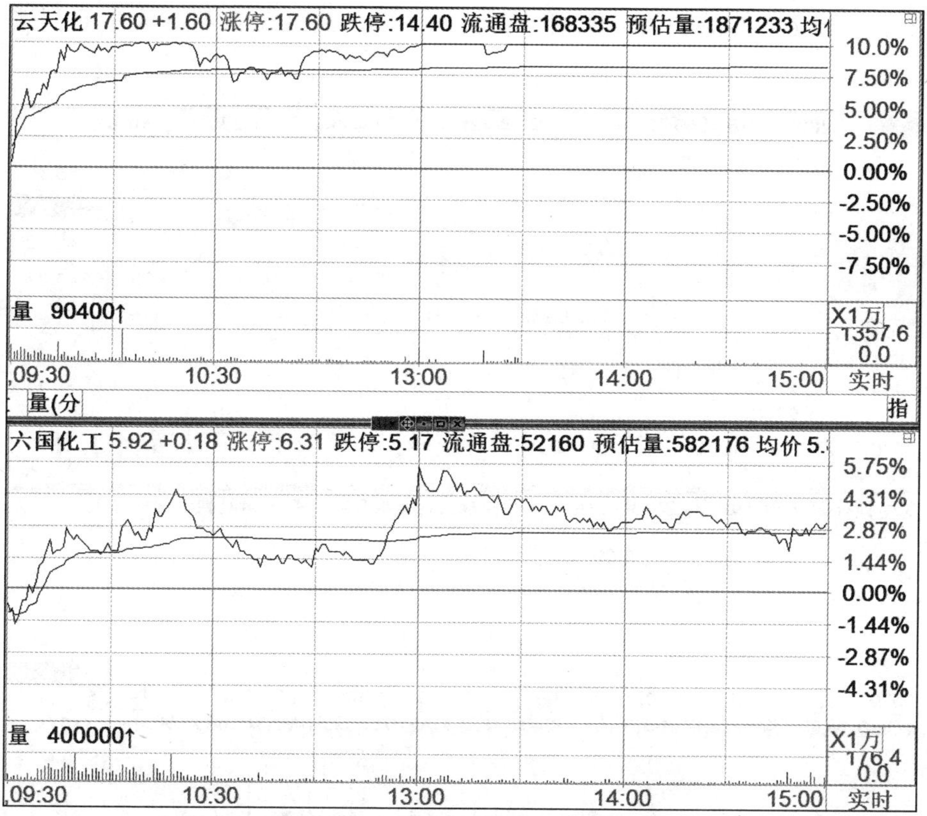

图 1－23　云天化与六国化工 2021 年 7 月 16 日走势

云天化的股价在盘中出现了涨停的走势，这是当天化肥板块中唯一封死涨停板的股票，仅凭这一点就足以说明该股具备了大牛股的特征。

一只个股一旦形成了强势上涨的走势，就必然会对同板块其他个股产生领涨的作用。那么，云天化的领涨作用到底体现在哪里呢？在云天化开盘上涨的时候，六国化工随之展开了上涨的走势，对比两只股票的上涨力度，可以明显看到大牛股与跟风股的不同。当云天化的股价在上涨中途出现调整的时候，六国化工也随之出现了调整，说明大牛股不仅可以对同板块中的个股产生领涨的作用，也可以对同板块的个股产生调整回落的影响。

在云天化下午彻底封死涨停的时候，更是带动六国化工形成了创下新高的上涨走势。从时间上来讲，云天化的上涨在先，六国化工的上涨在后，六国化工的涨跌始终受到云天化的影响，这就是典型的大牛股领涨特征。

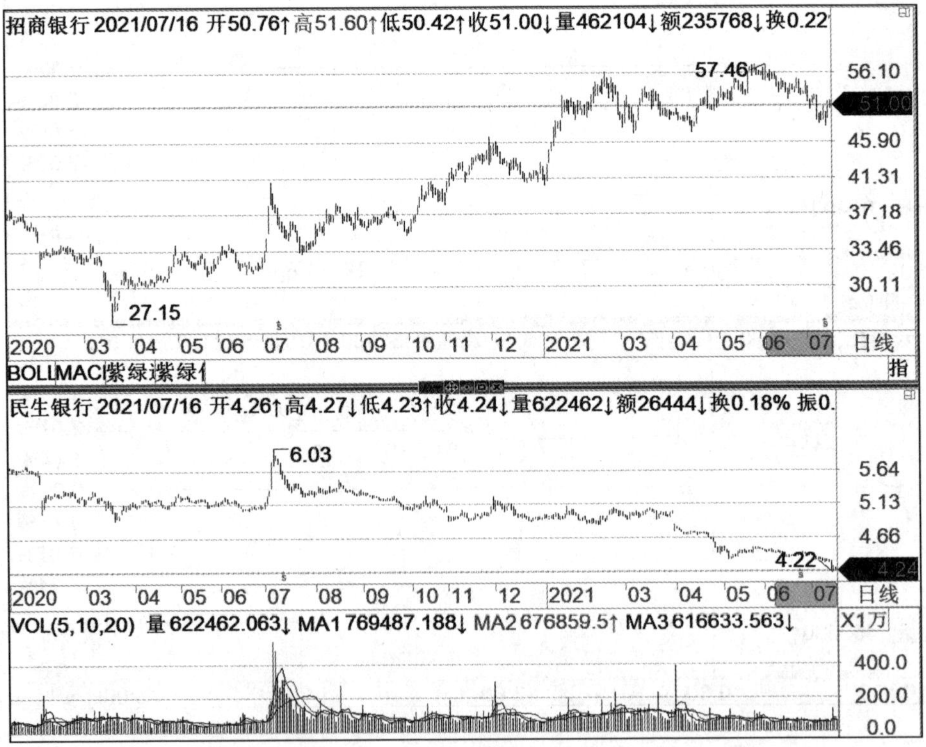

图1-24　招商银行与民生银行2020年1月至2021年7月走势

招商银行在盘中形成了大幅度的上涨行情。通过对招商银行的K线形态以及成交量的变化进行分析，可以轻松确定招商银行在银行板块中的龙头地位。当一只个股具备了大牛股的技术特征以后，必然会具备大牛股的领涨特征。

在招商银行初期上涨的过程中，民生银行也随之出现了一波短线快速上涨的走势。因为两只股票同时短线快速上涨，所以此时还无法判断出谁才是真正的大牛股。但是，随后二者的走势出现了非常明显的分化，可以让投资者一眼就看出谁才是真正的大牛股。

当招商银行出现调整走势的时候，民生银行的股价也随之回落。但是，当招商银行的股价于2020年9月形成低点抬高的走势时，民生银行的股价却创下了新低。至此，谁强谁弱，谁具有大牛股的技术特征，便可以一眼做出判断了。在随后的上涨行情中，招商银行上涨，民生银行反弹。招商银行上涨之后形成低点抬高的调整，而民生银行则是反弹结束后继续创下新低。由此可见，与跟风股相比，大牛股不仅赚钱多，股价上涨之后的风险也低。

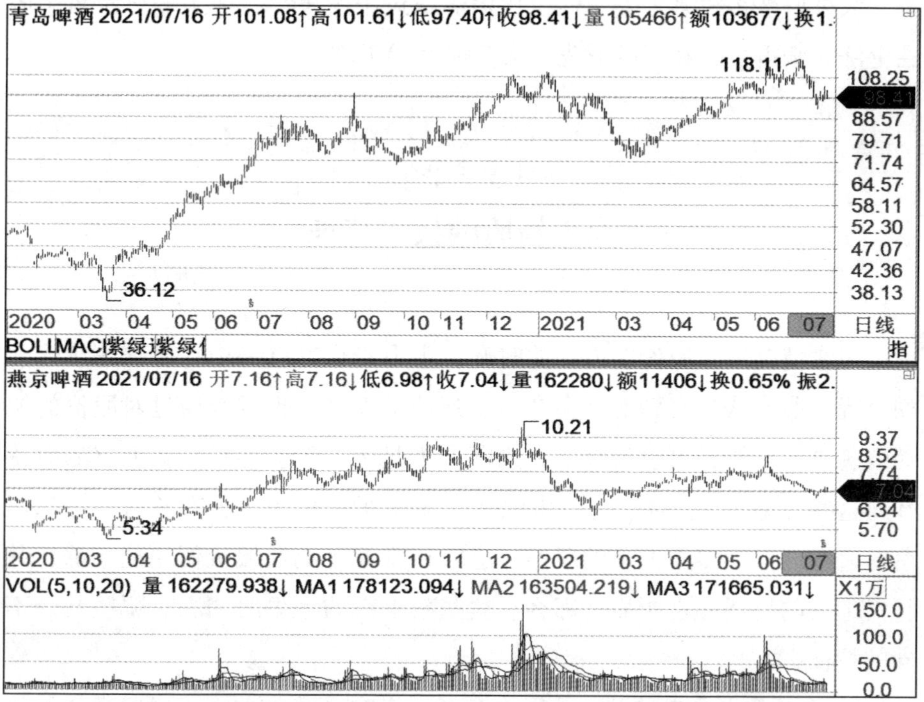

图1-25 青岛啤酒与燕京啤酒2020年1月至2021年7月走势

通过上文案例的讲解，相信大家已经看出，青岛啤酒的大牛股特征非常明显。既然它的身份已定，就必然会对同板块中的其他个股产生领涨的作用。

在青岛啤酒形成上升趋势的时候，燕京啤酒还没有摆脱底部震荡的走势，从上涨的先后顺序来看，青岛啤酒的领涨作用是非常明显的。在青岛啤酒不断上涨的过程中，燕京啤酒受到带动呈上涨趋势；一旦青岛啤酒出现短线小幅度调整走势，燕京啤酒就会同步形成调整，而且调整时间更长、幅度更深，股价震荡的幅度也比青岛啤酒大很多。

进入 2021 年，在大调整结束后，青岛啤酒的股价再次向上创出新高，但燕京啤酒的股价却没有再创新高。青岛啤酒虽然有领涨的作用，但无法带动燕京啤酒创出新高，只能在短线形成一小波行情而已。

持有大牛股虽然会碰到股价深幅调整，但是大牛股拥有调整结束再创新高的能力，而弱势跟风个股很难随之继续向上，甚至会就此转入下跌通道。大牛股涨得再多，安全性也比弱势跟风个股更高，因为弱势跟风个股在上涨时涨得少，在下跌时先于大牛股开始下跌。

第六节

大牛新股的技术特征

正常情况下，股价在波动的时候，主力资金都有一个在底部连续建仓的过程，股价从见底到上涨会有一系列波动痕迹。投资者通过对股价的波动痕迹进行分析，可以很轻松地判断出谁是大牛股。但是，新上市的股票却与这些“老”股票有着很大的差别，新股的股价很少会有长时间底部震荡的过程。但很多新上市的股票，进入正常波动期后股价便快速上涨，并且大牛股的特征非常明显。那么，这些新上市的大牛股到底有哪些与众不同的特征呢？

1. 当股票上市至连续一字板涨停时，成交量连续放大，说明资金操作积极性很高。

2. 上市以后股价快速展开上涨的走势，连续的阳线说明资金做多积极性很高。

3. 上市后股价可能出现调整，但是巨量盘中有正常连续波动、不再形成一字板走势的那一根 K 线会对股价的调整低点起到强大的支撑作用。这是弱势个股不具备的特征。

新股只要上市以后具备了上述特征，就会在后期带动其他同期上市的新股，或是同行业中的个股，展开整体上涨的走势。

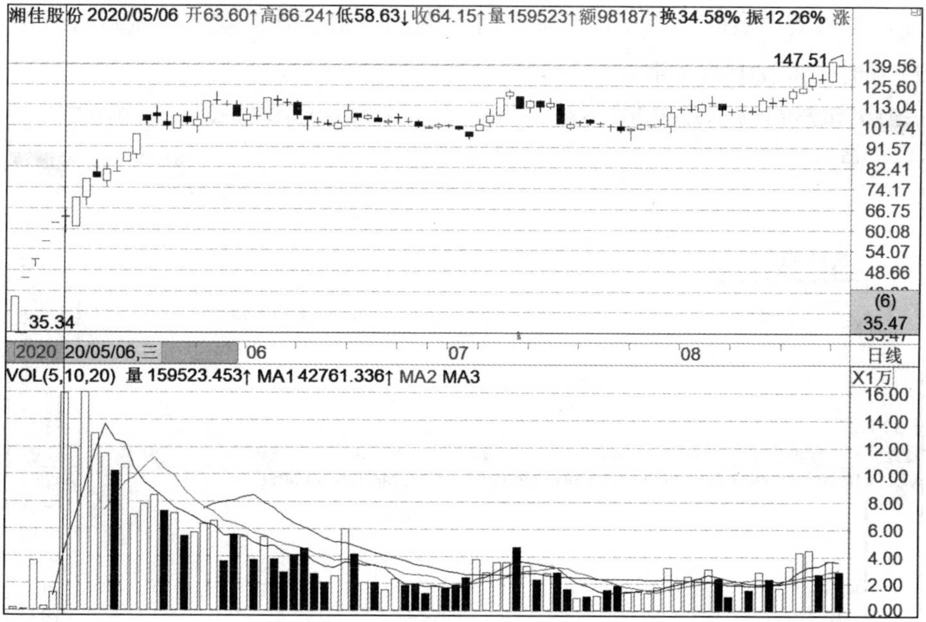

图 1 −26　湘佳股份 2020 年 5 月走势

湘佳股份上市以后股价出现了一轮大幅上涨的走势。受到湘佳股份强势上涨的带动，同期不少新上市的股票纷纷出现了跟风上涨的走势。由于其他个股上涨的时间落后于湘佳股份，因此完全可以将湘佳股份视为新股中的大牛股。

在实战操作中，一只新股只有形成了强势上涨走势以后，投资者才能发觉其龙头特征。那么，在股价上涨的初期，投资者应当如何判断这只新股有没有上涨的潜力呢？

可以看到，湘佳股份在上市以后，量价的配合具有以下特征：

1. 上市以后成交量高度活跃，这说明看好该股的资金非常多，资金大量涌入会对股价的上涨起到强大的促进作用；

2. 股价不再封一字板后，快速出现了延续上涨的行情，这说明资金做多的愿望强烈，获利的迫切性较高；

3. 上市以后，股价波动重心直接位于第一根有正常波动的 K 线上方，主力资金借助巨量资金建好仓后便快速拉抬股价，这是发动行情的明显信号。

找到了资金明显建仓的信号，就等于找到了股价后期必然上涨的信号。介入的资金数量越多，股价在后期上涨的幅度就会越大，就越有可能成为当前新股中的大牛股。

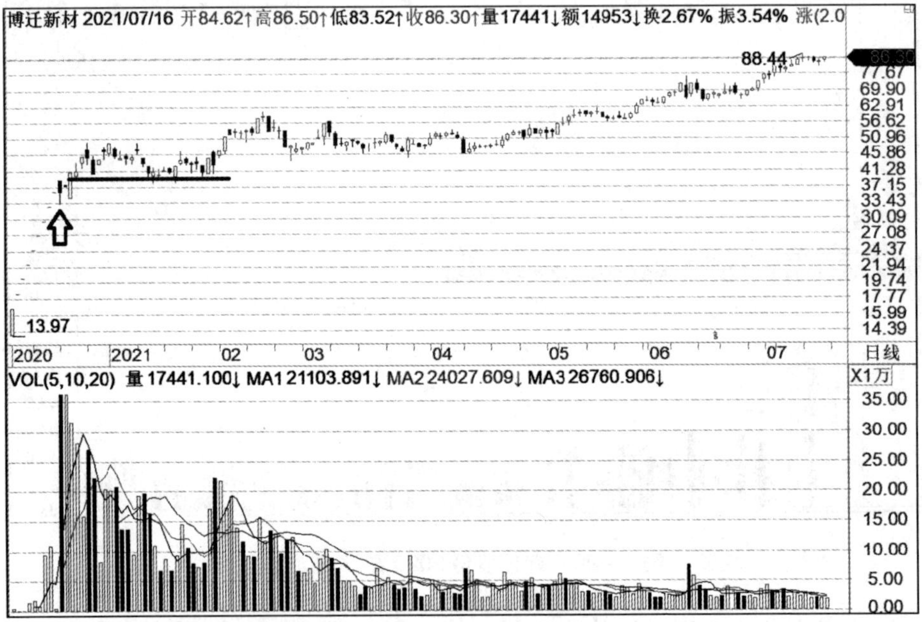

图 1-27　博迁新材 2020 年 12 月走势

博迁新材上市以后，股价略经震荡便在后期展开了一轮长时间的上涨行情，上涨时间的延长对应的是股价上涨幅度的加大，这么大的涨幅绝对不是跟风股所能有的。受到博迁新材强势上涨的影响，同板块个股以及当时新近上市的个股在同期纷纷跟风上涨。领涨作用确定了博迁新材大牛股的地位。

股价强势上涨是后来的事情，在博迁新材上市的时候，投资者有可能提前做出判断的方法吗？答案是肯定的。一只股票的上涨必然与资金的介入有关，只要投资者对成交量的变化进行分析，便可以准确判断股价未来上涨的信号，以及成为大牛股的可能性。在博迁新材上市以后，量价配合形成了如下表现：

1. 一字板终止后，股价整体波动重心稳步向上，这说明主力资金根本不想让价格跌下来，给场外资金低价介入的机会；

2. 股价在上涨时，成交量始终保持着放大的迹象，这说明入场资金非常多，资金的大量介入是股价持续上涨的根本原因；

3. 股价虽然在初期上涨结束以后出现了调整的走势，但是一字板之后有正常波动的首根K线对股价的回落起到了强大的支撑作用。

无论是上市后的上涨走势，还是后期出现的调整走势，都明显非常强势。只有大牛股才能在上涨与下跌时始终保持强势特征。所以，只要对上市后的细节进行分析，找到新股中的大牛股就不是太难的事情。

图1-28　立高食品2021年4月走势

立高食品在上市以后，股价出现了强势上涨的势头。在该股的带动下，同板块个股纷纷连续上涨。一只股票领头，其他股票跟风，这就是标准的大牛股领涨现象。因此，立高食品大牛股的身份是非常明确的。

为什么其他新上市的股票不能像立高食品那样强势上涨呢？这是因为该股自上市以来形成了极为明显的强势特征。立高食品的强势特征表现为以下几点。

1. 上市首日收出了一根较大实体的阳线，这说明资金在这一天拉高建仓的态度积极。

2. 上市以后，股价便连续上涨，接连出现的阳线配合着始终活跃的成交量说明资金非常愿意花高价买入股票。主流资金的持仓成本越高，股价未来上涨的空间就越大。

3. 股票上市以后没有出现连续调整的走势，这说明主力做多心切，不想让股价在低位停留太久。

上市后股价连续波动的位置都在第一天 K 线之上，说明这个区间就是主力资金的建仓区间，主力资金不想给场外资金比自己更好的买进机会。因此，股价才会不断在首根 K 线上方上行。一只新股想要在后期成为大牛股，这是一个必要条件！

图 1－29 爱美客 2020 年 10 月走势

爱美客在上市以后出现了长时间的上涨行情。股价长时间并且大幅度的上涨确立了其大牛股的身份。那么，爱美客上市以后到底有哪些明显的强势特征呢？

1. 股价在上市后便快速上涨，主力资金根本不让股价在低位做过多的停留。上市以后股价上涨越快，说明主力资金的操作越急切。

2. 上市首日的成交量非常活跃，这说明主力资金在盘中建仓的力度很大。主力资金的建仓力度越大，就越能够促使股价在后期长时间、大幅度上涨。

3. 上涨至中途时股价出现了调整的走势，但是调整的低点距离首日K线非常远，这说明主流资金根本不想让股价出现真正的下跌走势。如果主力资金控盘时不想让股价跌，那么股价就会老老实实地涨上去。

4. 在股价主要的上涨过程中，成交量始终没有明显放大，这说明资金持仓心态非常稳定，同时也从侧面反映了主力资金持仓量的巨大。

只要有明显的主流资金介入，股价就不可能形成弱势特征。强势特征越明显，越会促使股价在后期上涨。只要找到一只新股的强势特征，再配合成交量的性质进行分析，投资者就可以很轻松地把握住盈利的机会。

图1-30 玉禾田2020年2月走势

玉禾田是2020年2月一只表现很不错的大牛新股。受到玉禾田强势上涨的带动，同期许多新上市的股票出现了强势上涨的走势。那么为什么只有玉禾田的股价上涨幅度这么大，而其他个股只能跟风呢？

这是因为玉禾田上市以后强势特征明显，并且成交量的变化也向投资者透露出股价后期将会大幅上涨。其强势特征表现有以下几点。

1. 上市后，一字板结束，股价开始正常波动时，虽然收出了阴线并且带有较长的下影线，但结合后期走势来看，盘中的下跌其实只是主力资金借低点大规模建仓，后期因为买盘过多又收复了失地。只要有主力资金在场上积极运作，股价在后期自然会有好的表现。

2. 一字板结束，股价进入正常波动之后便连续上涨，并且阳线实体始终比阴线实体大，这说明资金在盘中做多的态度非常坚决。

3. 上市以后成交量始终保持着较为活跃的状态，参与该股操作的资金数量众多。大量资金的涌入将为股价上涨提供足够的动力。

促使新股快速上涨的资金必然已经在上市首日完成了大部分的建仓，因为在打开一字板之后的第一波正常波动的成交量往往非常大，想要建仓非常容易。巨资的介入不仅体现在上涨走势上，还反映在成交量的变化上。因此，投资者只要对量价的配合进行深入的分析，看透 K 线波动背后资金运作的实质，就可以轻松捕捉到大牛新股上涨带来的盈利机会。主力建仓后会允许其他资金的买入成本比它还低吗？显然不允许。因此，股价必然会在正常波动后的首根 K 线上方运行。仅凭这一点就足以区分出哪些新股会在后期下跌，哪些新股会在后期成为大牛股。

第七节

大牛股与指数的关系

大牛股对同板块中的个股上涨与下跌均有着引领性的作用，因此，它对指数的波动也有着较大的影响。大牛股对指数的影响主要表现为：

1. 在大牛股见底的情况下，指数也基本上会在这一时期形成底部；

2. 在大牛股上涨的情况下，指数也将会随之连续上涨；

3. 在大牛股调整的情况下，指数也将会进行相应的调整；

4. 在大牛股形成顶部时，指数也将会于近期形成顶部；

5. 在大牛股展开下跌走势时，指数也往往会随之走弱。

总结大牛股与指数的关系对于投资者而言好处非常大。当投资者无法判断指数波动未来方向的时候，只要看一下大牛股的波动性质就可以了。只要大牛股没有见顶，指数也必然不会见顶。

图 1－31　山西汾酒与上证指数 2019 年至 2021 年走势

山西汾酒自 2019 年开始出现了一轮持续上涨的行情，而这一时期许多白酒类个股纷纷上涨形成了整体抱团的态势，这意味着有大量资金涌入该板块。因此，这一板块的涨跌必然会对指数的涨跌产生较大的影响。

从 2019 年开始，山西汾酒的股价不断上涨，而与之相对的上证指数也保持着整体向上的态势。虽然上证指数于 2019 年 4 月至 2020 年 4 月在为期一年的时间里形成了宽幅震荡的走势，但由于山西汾酒以及其他白酒类个股均没有见顶的迹象，因此可以判断指数未来继续走高的可能性非常大。如果指数要走弱，那么聚集在白酒板块的资金为何不离场回避风险呢？

从图 1 - 31 中来看，山西汾酒只要不见顶，指数便会继续涨；而山西汾酒调整时，指数会同步调整。二者一涨一跌都比较合拍，但山西汾酒的走势又明显强于指数。山西汾酒既与指数联动良好，又比指数强势，从而涨跌各个环节都对指数的波动产生了影响。

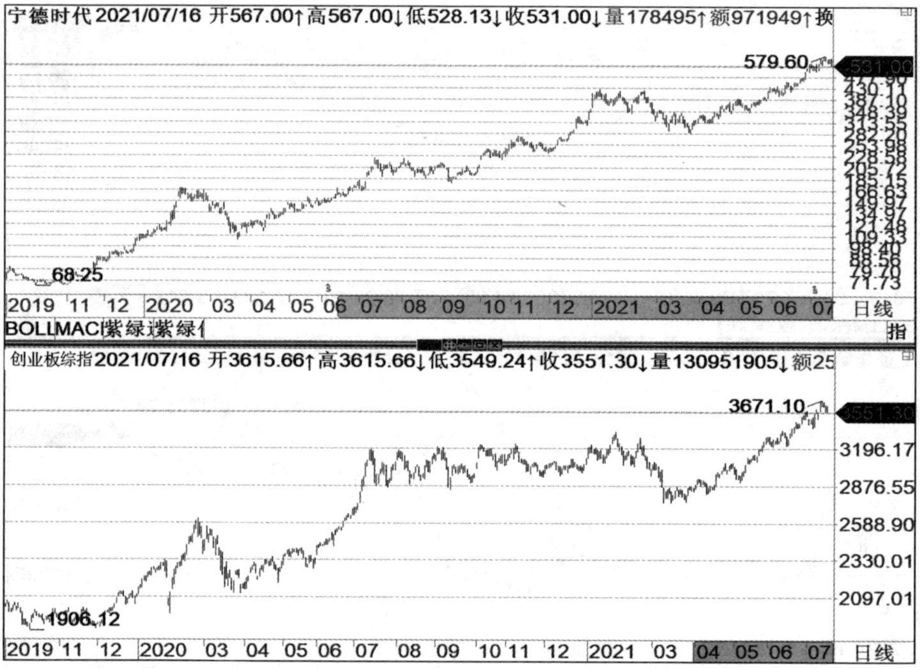

图 1 - 32　宁德时代与创业板综指 2019 年 9 月至 2021 年 7 月走势

宁德时代是从 2019 年开始上涨的一只大牛股。在它的带动下，盘中许多智能车以及电池类个股纷纷大幅上涨。宁德时代的成交额是这个板块中最大的，在指数中的权重比较大，因此，它完全符合大牛股的特征。又因为其上涨周期非常长，所以可以称为“中线大牛股”。

大牛股的地位一旦确立以后，投资者就要意识到，它的波动将会对指数的波动产生明显影响。从图 1 - 32 中可以看到，当宁德时代形成重要调整底部的时候，指数也在同期进入了底部区间；当宁德时代展开上涨行情的时候，指数也随之形成了持续上涨的行情；当宁德时代形成了局部顶部区间的时候，指数在后期的上涨力度也越来越弱。指数的波动与宁德时代的波动关系非常密切。

因为宁德时代有能力带动整体板块中的个股展开上涨行情，可以辐射带动其他相关个股共同上涨，形成做多的合力，所以知道必然会对指数产生强大的影响。投资者只要对大牛股的波动性质进行分析，就可以知道指数当前的波动性质。

图 1－33　富满电子与创业板综指 2020 年 12 月至 2021 年 7 月走势

富满电子是 2021 年上半年的一只大牛股。在它的带动下，同板块个股均出现了不同程度的上涨。由于富满电子上涨力度非常大，并且对同板块中其他个股的带动作用非常明显，因此，说它是大牛股完全是正确的。

一只股票一旦具备了龙头特征，它的波动就必然会对指数的波动产生很大的影响。从图 1－33 中可以看到，在富满电子从底部缓慢爬升期间，指数也完成了最后一跌；在富满电子初期上涨的过程中，指数也随之出现了震荡上涨的走势；当富满电子形成了主升浪走势时，指数也随之连续收出大阳线，开始了一轮大力度的行情。富满电子这只大牛股的见底与上涨都对指数的波动起到了促进作用。

操作富满电子的资金不一定是巨资，但富满电子辐射的同板块以及相关板块的个股资金汇总起来，就是一笔庞大的资金。这样大规模资金的进出操作就必然会对指数产生很大的影响。盯着大牛股判断指数的行情，其实就是借大牛股的波动判断主力资金的动向。主力资金入场则行情起，主流资金离场则行情止。

图1-34　奥园美谷与深证成指2020年9月至2021年7月走势

奥园美谷是2020年10月以后行情中的一只大牛股，它的上涨对同板块中的其他个股产生了绝对的领涨作用。领涨是唯有大牛股才有的特征之一，远比上涨形态的强势更重要。力度大并不一定是大牛股，但有领涨作用的可以直接被判定为大牛股。

在奥园美谷形成了明确的底部开始上涨的时候，指数随之形成了震荡上行、低点不断抬高的技术形态；在奥园美谷明确上涨的时候，指数也随之展开了大力度的上涨行情。大牛股的领涨作用以及对指数上涨的促进作用非常明显。当奥园美谷形成了局部顶部开始调整的时候，指数随之停止上涨，同步调整。由此可见，大牛股不仅可以对指数起到领涨作用，局部的见顶与下跌也可以对指数的波动产生影响。

当投资者发现指数跟随大牛股共同涨跌的时候，指数同期的波动性就很容易判断了。只要大牛股没有形成顶部、资金没有离场，指数就必然会继续上涨；而当大牛股下跌的时候，指数也很难形成强劲的上涨行情。

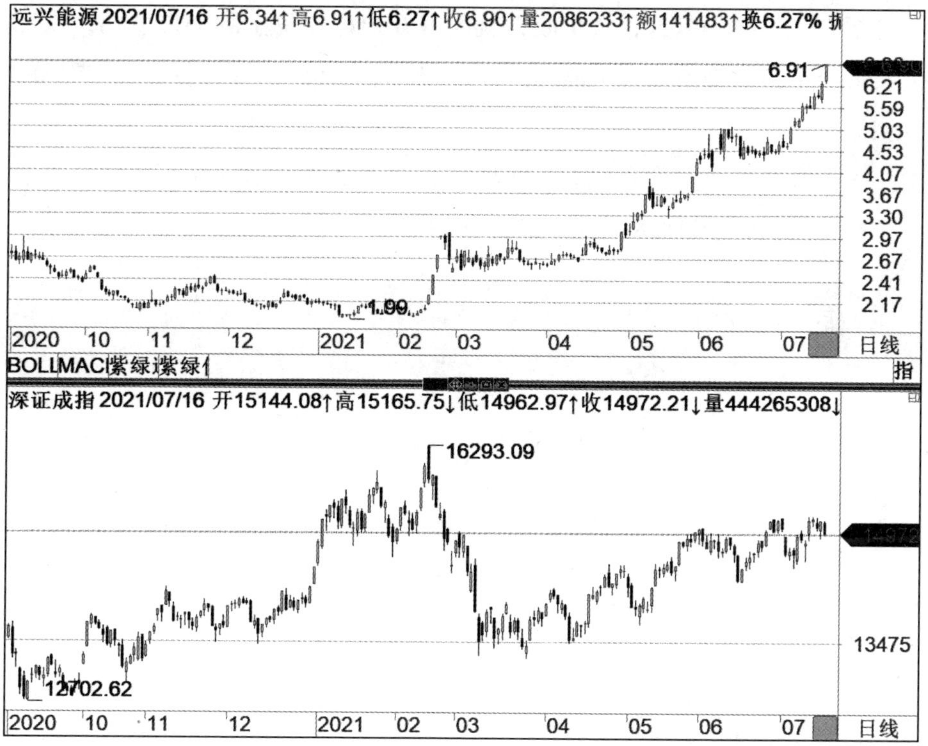

图 1－35　远兴能源与深证成指 2020 年 9 月至 2021 年 7 月走势

远兴能源在图 1－35 中形成了一轮持续震荡上涨的行情。在远兴能源股价上涨的时候，同期市场中只要带有“能源”二字的股票都会跟风上涨，可见远兴能源领涨作用的突出。

远兴能源这只大牛股带动了能源类个股的全局上涨，从而介入该板块的巨量资金形成了一种合力。在这种合力的促进下，该板块的波动必然会对指数的同期波动产生重要影响。从图 1－35 中可以看到，在远兴能源始终保持上涨状态的时候，指数保持着震荡上涨的走势；当远兴能源形成调整并展开短线下跌的时候，指数同步形成了更大力度的调整。

大牛股是一轮行情爆发的导火索，是盘中绝对主力资金运作的结果。这批资金必然会对其他资金起到引导作用。当主力资金做多时，其他跟风资金必然会紧随其后做多股价；当主力资金离场时，其他资金必然会随之离场。资金整体性的进出自然会对指数的波动产生影响，从而在具体操作与分析时，只要盯紧这些大牛股，就能够知道巨量资金的进出意图，从而直接推导出指数当前最有可能的波动趋势，这将会使结论更加贴合市场的真实波动。

若各位读者对本章内容有不解之处，可与笔者的团队联系进行技术咨询。微信：18832021888，QQ：1741864815。

第二章

捕捉牛股短线 K 线买点

K 线是价格波动过程中最简洁的盘口语言，对 K 线形态进行分析应当是每位期望从投资市场中获利的投资者必须进行的工作之一。可以通过阳线和阴线的数量对比出多空力量的大小，可以通过阳线 K 线与阴线 K 线实体的大小判断出多空力量的变化，还可以通过一根根 K 线连续形成的各种技术形态判断出未来价格上涨或下跌的可能性。更重要的是，通过对 K 线形态进行分析，还可以精准把握住股价上涨前的买入时机。正因为对 K 线形态进行分析可以获得这么多有价值的信息，所以投资者一定要掌握本章的内容，从而为轻松把握住大牛股起涨前的买点打下坚实的基础！

第一节
K 线修复

股价在上涨的过程中，总会收出调整的阴线走势。有些阴线出现以后，股价陷入了长时间的弱势波动状态；但是，有些股票收出阴线以后，股价却可以更加强劲地上涨，从而给投资者带来盈利的机会。那么，什么样的调整走势出现以后，股价可能快速上涨呢？

只要在调整的区间内，K 线图形成了 K 线修复的走势，股价后期上涨的概率就是极大的。那么，什么是 K 线修复，它的技术特征又是什么样的？K 线修复，是指在大的上升趋势形成过程中，股价出现了调整的走势（此时的调整可以是一根阴线或多根阴线），而在调整结束后，股价快速收出一根实体极大的阳线，一举覆盖调整的整个区间。

图 2－1　中环股份 2021 年 7 月走势

中环股份经过一段时间的震荡之后，在成交量再次连续放大的情况下出现了一轮持续性的上涨走势。随着股价越来越高，盘中必然会附带很多短线获利盘。一旦这些获利资金在某个位置集体抛盘出局，就很容易使股价收出调整阴线。

很多短线投资者遇到股价上涨中途连续出现几根调整阴线的情况，总是会手足无措。场外的投资者也往往不知道在股价调整时如何设置买点。那么面对这种走势该以什么样的思路做出操作决策呢？如果盘中多方力度非常大，那么调整走势形成以后，股价必然会快速再度展开上攻走势，因为多方不会允许空方长时间影响股价。可以看到，当这几根调整阴线出现以后，股价快速收出了一根大实体的阳线，这一根大实体的阳线覆盖了调整阴线的所有区间，使上升趋势进一步明确。正因为这一根大实体的阳线有恢复上升趋势的作用，所以将这种走势称为“K 线修复”。

一旦修复 K 线形成，场中持股的投资者一定要耐心地继续持股，不能因为股价一时上涨而卖出手中的股票，因为阳线收复阴线的调整区间就是为了后期更大力度的上涨。同时，场外的投资者也应当在修复 K 线形成以后及时入场，只要买在修复 K 线出现时，后期实现盈利就是非常轻松的事情了。

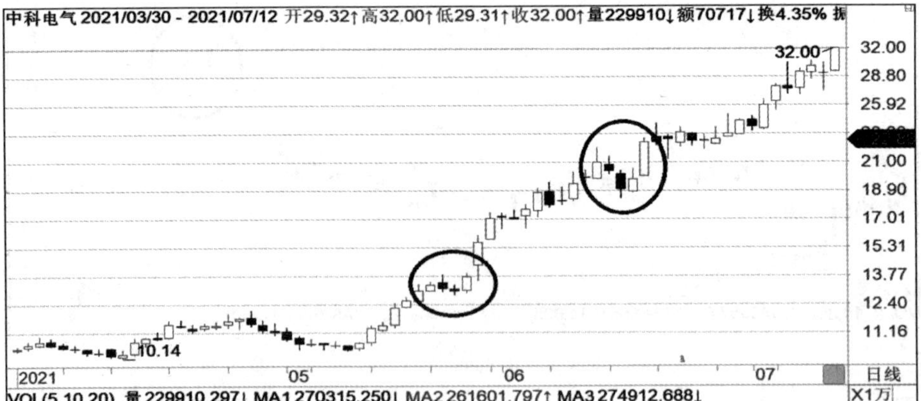

图 2－2　中科电气 2021 年 5 月至 7 月走势

中科电气的股价在初期上涨的时候，出现了短线调整的走势。因为在股价停止上涨的时候，阴线的实体非常小，所以不会对投资者的操作造成干扰，即使是在局部高点买进的投资者，也不会害怕如此小实体的阴线。因此，对于这种调整幅度极小的走势，在实战操作时完全可以忽略。

股价上涨到中途，再次出现了调整的走势，特别是第二根阴线，还有影响上升趋势的迹象，因为此时的成交量出现了放大的迹象。这是资金震仓达到了效果，还是资金“出货”了？在调整阴线出现的当下是很难判断的。在上升趋势不太明确的时候，投资者一定要耐心等待，看看会不会出现修复 K 线。

调整 3 天之后，股价快速收出了一根实体较大的阳线，这一根大阳线覆盖了调整阴线的整个区间。阳线的出现使股价当前的上升趋势更加稳固，虽然阴线暂时影响了上升趋势，但是在阳线的促进作用下上升趋势得以保全。此时，投资者要意识到：修复 K 线已经形成，股价会在后期延续前期的上行趋势。这时要做的就是积极在盘中买进股票，共同维护多方对股价的绝对控制。

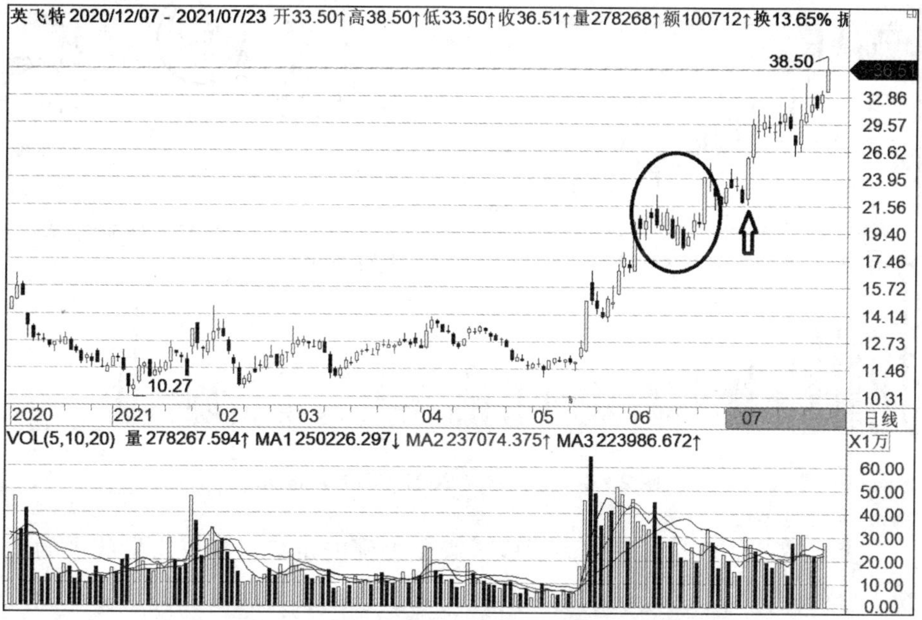

图 2－3 英飞特 2021 年 6 月至 7 月走势

英飞特的股价经过长时间的低位震荡以后，受资金入场推动影响，出现了一轮上涨行情。在2021年5月中旬股价上涨的途中曾经出现过一次调整的走势，调整走势以连续小阳线的形式结束，没有快速收出大阳线，证明此时的股价波动没有形成K线修复的走势。

进入2021年6月，当股价突破新高以后，又出现了一次调整的走势。股价经过了几天的回落以后，随之出现一根带量的大阳线。成交量的温和放大说明盘中资金开始了积极的建仓操作，大实体的阳线说明盘中资金做多的态度非常坚决，同时，这一根大阳线明确收回了整个调整区间。这种技术走势说明K线修复走势已经形成。

K线修复走势的形成，意味着调整彻底结束，新一轮的上涨行情将会就此展开。因此，投资者应当在此时尽早入场建仓。从后期的走势来看，修复K线出现的位置恰是一次非常难得的介入机会。

图2-4 上机数控2021年11月走势

上机数控的股价见底之后形成了震荡上涨的走势，在成交量放大的情况下股价保持向上的走势。明确的方向以及连续放大的量能说明资金此时做多的积极性非常高，在这种情况下，投资者一定要积极地介入其中进行操作。

股价再次突破震荡区间创出新高之后，于2021年7月初又一次出现了调整的走势。调整的主要原因是股价经过连续上涨，累积了不少获利盘，为了后期能够更加轻松地上涨，主力需要打压股价，震仓洗盘，垫高一下市场的平均成本。经过连续一周的调整，股价再次发动上涨行情。成交量的放大说明资金再次展开了积极的操作。受到买盘大力度的推动，股价又一次出现了较大的涨幅。大实体的阳线将这一次股价调整的区间全部吞没，眼看上升趋势就要被连续的调整阴线破坏，但是随着这一根大阳线的形成，上升趋势得以保存。对看似将要出现问题的上升趋势进行修复，使上升趋势更加稳固，这就是修复K线的重要作用。

K线修复走势结束以后，股价便出现了短线连续上涨的走势。只要在趋势被修复的时刻买入，投资者便可以在后期上涨的过程中快速实现高额收益。

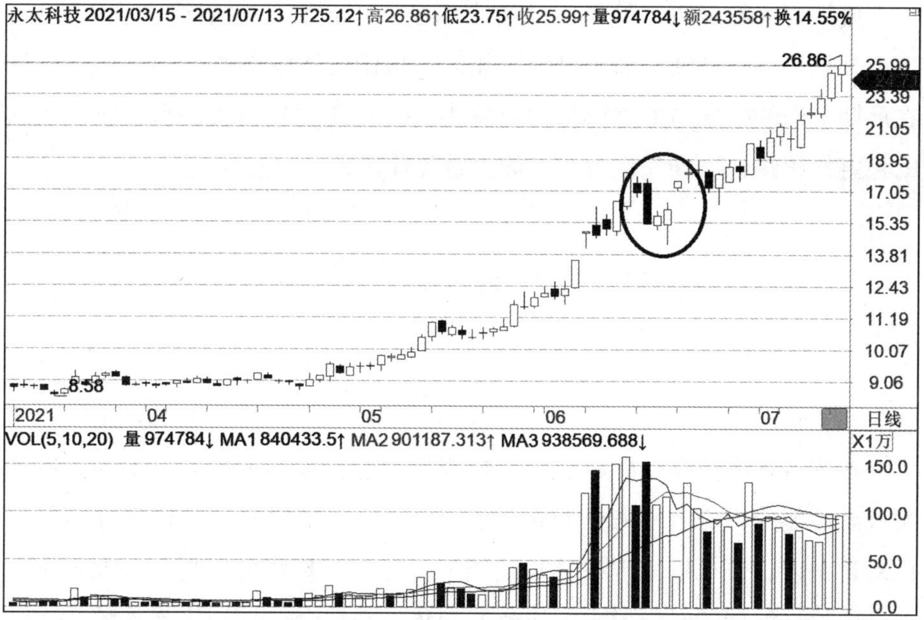

图2－5　永太科技2021年6月走势

永太科技的股价下跌到底部以后，在成交量温和且连续放大的推动下，展开了一轮持续性的上涨行情。从图2－5中可以看到，股价的上升趋势非常明确。对于这种上涨形态非常单一的走势，投资者一定要积极在盘中进行做多操作。形态越单一，股价的涨幅往往越大。

虽然股价的上升趋势非常明确，但并不代表阳线会天天出现。任何股票在上涨的过程中都可能出现调整阴线，而波动性质健康的调整阴线出现以后，股价再次上涨的稳定性将非常强。

上涨的中途，永太科技收出了一根大阴线，使股价短线上升的趋势有了被破坏的迹象。很多下跌行情的开头都是这种放量的大阴线。但股价在小幅震荡了两天后，快速形成了一根大幅高开涨停阳线，吞没了调整阴线的所有实体范围。这意味着调整已经结束，上升趋势将会在后期不断延续。也正是K线修复走势的形成，使股价的上升趋势变得异常明确。因此，当涨停阳线向上吞没了调整阴线的时候，投资者一定要积极地买入，即使在涨停板苦等也一定要挂单入场。

在股价进行调整的时候，投资者可以不对调整的周期做要求。调整两三天或是更久都可以，但是调整结束以后，一定要一根阳线就收复失地，使上升趋势得以延续。如果股价不能以一根阳线吞没调整区间，那么股价在后期上涨的幅度与力度都将相应减小。修复的过程越快，未来股价上涨的稳定性越强，入场操作所获得的收益往往越大。

第二节
大阳托

投资者在实战操作的时候，都希望找到走势强劲的股票，因为只有这类股票才能给投资者带来更大的收益。股价波动的强势除了体现在与指数的对比上外，还可以体现在日K线图中。有一种K线形态叫作“大阳托”，一旦股价在波动的时候形成了如此的走势，必然会在后期出现连续的上涨行情。

大阳托的技术特征为：股价收出了一根意义重大的大阳线，这根大阳线要么突破了重要的压力位，要么是在近期上涨过程中第一根涨停的大阳线，或是具有其他重要意义的大阳线。在这根意义重大的大阳线出现以后，股价随之产生了调整的走势，但是调整的低点始终位于这根大阳线收盘价的上方，大阳线对后期的调整起到了强大的支撑作用。只要股价的波动满足了这种技术特征，股价未来继续上涨的可能性就非常大。

只有主力资金才能推出大实体的阳线，而后为了多赚取收益主力资金又一直“托”着股价，阻止股价下跌。

图2－6　国轩高科2021年6月至7月走势

国轩高科低位震荡一番之后，便展开了连续上涨的走势。在上一个调整高点，受成交量放大的推动，股价收出了一根涨停大阳线。这根涨停大阳线是上涨途中实体最大的阳线，并且位于刚刚创新高的点位，因此可以说这是一根具有重要意义的阳线。

涨停大阳线出现以后，主力资金并没有急于让股价展开连续上涨的行情，而是压制着股价，使之形成震荡的走势。涨停大阳线的出现为场中的投资者带来了短线的高收益，一旦调整走势出现，必然会有投资者卖出，主力资金借助调整走势顺利达到了震仓的目的。股价虽然暂时停止了上涨，但此时的调整并不是为了下跌，而是为了上涨，否则，股价波动时的低点为何始终没有跌破涨停大阳线的收盘价？涨停大阳线对股价后期的震荡走势起到了强大的支撑作用，这种走势就被称为“大阳托”。

从日K线图来看，涨停大阳线对后期股价的波动起到了强大的支撑作用，其背后的含义是：有主流资金在维持着股价，一旦调整走势结束，必然会展开一轮更加强劲的上涨行情。

图2－7　石大胜华2021年5月走势

石大胜华经过一段时间的调整之后，再度展开了一波连续的上涨走势，经过一番震荡上涨，于2021年5月中旬创出了新高。但新高刚一出现，股价便形成了调整的走势，那么我们该如何解读这样的走势呢？

在股价向上突破的时候我们可以看到，一根涨停大阳线随之出现。这根大阳线有力地向上突破了前期的高点压力，让之前所有入场的投资者都处于获利的状态。如果有大量的资金借机出货，那么成交量应当急剧放大，但此时的成交量非常温和，说明主力资金根本没有在此处进行出货操作。如果主力资金不出货，那么就意味着股价还要继续上涨！

突破新高的大阳线出现之后，虽然股价短线形成了调整的走势，但是调整的低点始终受到大阳线收盘价的强大支撑，这根大阳线稳稳地托起了股价的波动重心。一旦大阳托走势形成，投资者就要重点关注该股。股价强势横盘不跌是一种典型的蓄势行为，在短线调整充分以后，上涨行情必将延续下去。

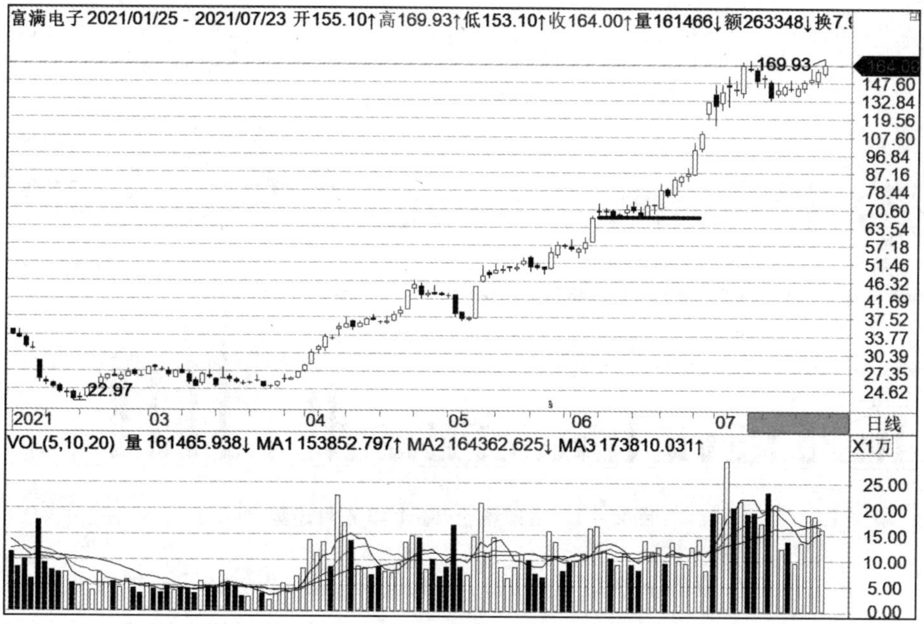

图2－8　富满电子2021年6月走势

富满电子的股价受成交量放大的推动，在2021年6月初收出了一根涨停大阳线。在上涨过程中，要重视每一根涨停大阳线。因为如果没有主力资金的积极维护，仅靠普通投资者的力量是很难收出涨停大阳线的，所以涨停大阳线的出现意味着主力的现身。

涨停大阳线出现以后，股价并没有快速展开上涨走势，而是形成了短线调整的走势。虽然股价每天在盘中均有下探的动作，但是从图2－8中可以看到，调整区间股价下探的低点始终没有跌破涨停大阳线的支撑，说明涨停大阳线对后期股价的波动起到了强大的支撑作用，而这种K线形态正是大阳托的标准走势。

股价的支撑作用并不仅仅是阻止下跌，更重要的是促使股价在后期展开更加强劲的上涨。在后期上涨过程中可以看到，正是因为涨停大阳线的支撑作用十分明显，股价才有能力在后期连续收出大阳线。

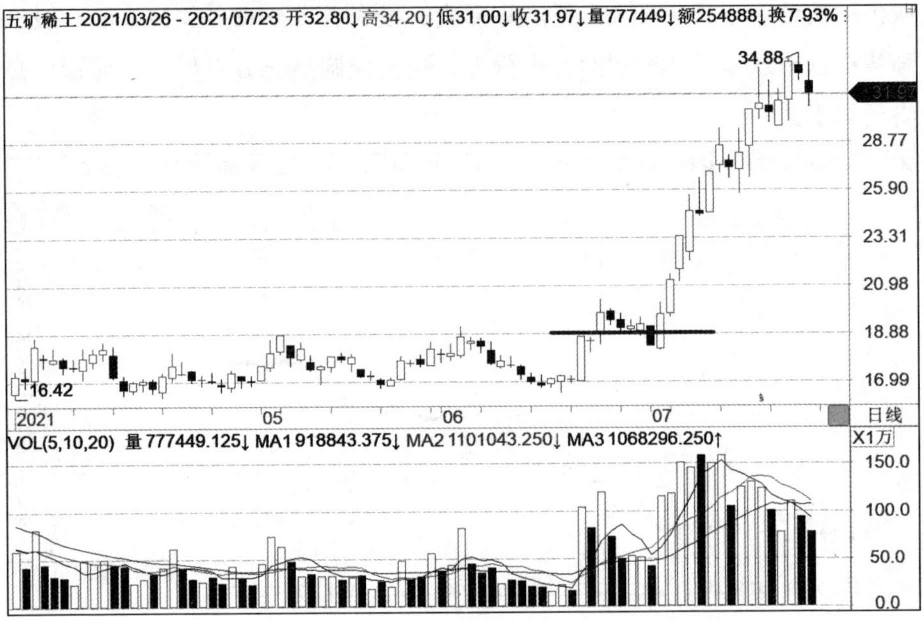

图 2－9　五矿稀土 2021 年 7 月走势

五矿稀土在股价下跌结束以后，在低位震荡区间收出了一根放量大阳线。这根大阳线具有重要意义吗？投资者面对底部区间的大阳线应当如何分析？

大阳线的重要意义并不仅仅在于能否支撑股价不突破重要的压力位。如果一根大阳线的出现可以扭转股价的下降趋势或是将底部的震荡区间牢牢守住，就算它没有突破前期高点的压力，这根大阳线也是具有重要意义的。同时，在五矿稀土底部大阳线出现的时候，成交量出现了明确的放大迹象，说明主力资金在这一天仍然在积极地建仓。有了主力资金的介入，并且大阳线封住了下降趋势，投资者是不是应当积极地关注这只个股呢？

低位涨停大阳线出现之后，股价形成了短线调整的走势，从调整区间的走势来看，低点得到了涨停大阳线的支撑，大阳线收盘价处托住了价格的回落，这种走势就是大阳托技术形态。大阳线为什么要托住股价？自然是因为其中的主力资金想要推高股价以获得收益！大阳线的出现说明主力资金现身了，大阳线能起到支撑作用说明主力资金投入的真金白银起了作用。在这种情况下，股价上涨的概率自然非常大。

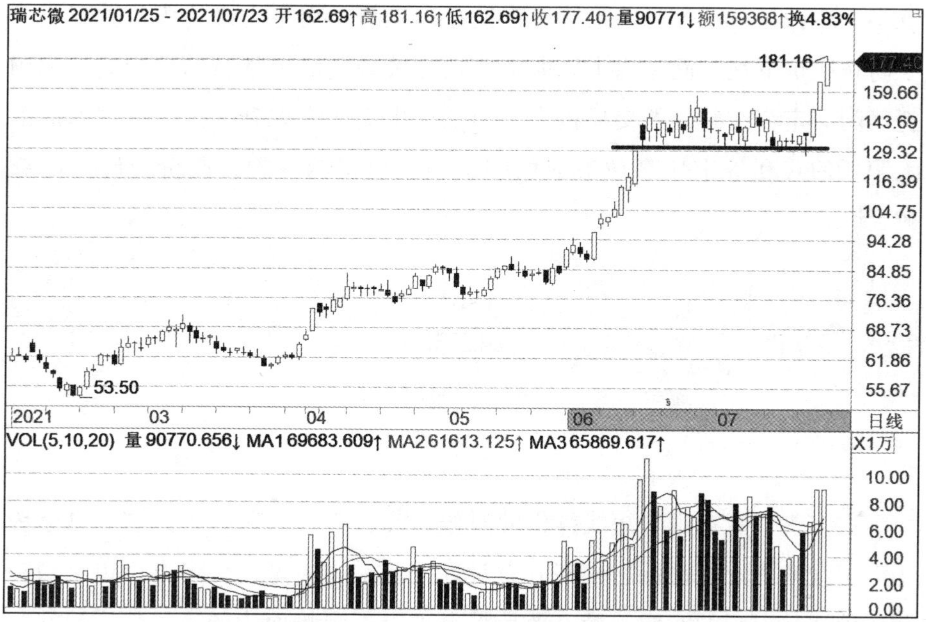

图2-10 瑞芯微2021年6月至7月走势

瑞芯微的大阳线并没有出现在上涨初期，甚至连中期都算不上。2021年6月上旬，股价在高位再次涨停，并且这一天的成交量也最大。巨量大阳线，是不是意味着主力资金要借火热的气氛出货了呢？可以这样怀疑，但不能得出这样的结论。

如果主力资金确实是在出货，那么股价后期就会出现下跌的走势，这根大阳线不可能起到任何支撑作用。因为此时的放量不是主力资金的建仓量，而是出货量。既然起不到支撑作用，那么股价就会跌破这根大阳线。这是站在主力资金出货的角度得出的结论。

如果主力资金在这个位置没有出货，或是暂时还不想出货，股价又该如何波动呢？既然没有到顶部，那么股价就会继续上涨。既然要上涨，就不能让场外资金有很好的低点买入机会，因此股价此时不会跌太多。从图2-10中的走势来看，股价在这一区间虽然持续调整，但调整的低点始终没有跌破大阳线的收盘价，形成了标准的大阳托走势。

只要投资者发现股价在波动的过程中形成了大阳托的走势，就要对其进行重点关注。因为如果没有主力资金细心维护，股价在大幅上涨后面对众多短线抛盘，就不可能维持强势横盘的走势。而主力维持股价并不是为了防止股价下跌，而是为了后期更好地延续当前的上涨行情。因此，大阳托区间必定存在着好的交易机会。当然，也需要意识到一点，低位形成的大阳托的获利肯定比高位形成的多，毕竟位置越理想，股价上涨空间就越大。

第三节
至尊阳线

很多投资者在进行短线操作的时候，都喜欢在大阳线上追涨。这是因为大阳线的形成往往标志着多方力量远大于空方力量，在多方可以绝对控制股价波动方向的时候，投资者是没有理由不顺势而为的。虽然说追涨阳线没有错，但是在实战的时候要意识到，并不是什么样的阳线都可以进行追涨操作。面对出货大阳线，投资者如果进行了错误的追涨操作，就很容易产生亏损。

这一节将为读者介绍一种获利稳定性最强的、可以进行追涨操作的阳线——至尊阳线。只要在股价波动的过程中见到了至尊阳线，就可以不计成本地追涨。因为一旦至尊阳线出现，股价在后期连续上涨的概率是极大的。

至尊阳线一般会出现在两个位置：股价底部区间与上涨中途。在底部区间出现至尊阳线，不仅标志着底部已经明确成立，还表示一轮连续上涨的行情会就此展开；在上涨中途出现至尊阳线，表示股价已经进入主升浪阶段，投资者想要实现收益最大化，一定要积极进行追涨操作。

图2－11　华宏科技2021年2月22日走势

华宏科技股价在见底之后先出现了一轮短线上涨的行情，而后调整到来，股价在短线出现了一定幅度的下跌。在这一波动过程中，成交量在低点区间出现了明显的放大和萎缩，说明有资金开始入场建仓，这时就要密切留意，因为价格随时有可能上涨。

在短线调整到位、股价企稳之后，突然收出了一根涨停大阳线。这根涨停大阳线有强烈的向上趋势。如果主力资金没有做好做多的准备，就不能迅猛地推动股价上涨。这根涨停大阳线的出现提示投资者，底部已经形成。即使这一天股价已经涨停，相对于后期的行情而言，这一天的涨停也仅仅是上涨行情的开始而已。

在涨停走势出现的时候，成交量并没有明确放大，而是出现了缩量式上涨。股价大幅上涨而成交量并没有放大，就是至尊阳线最明显的技术特征。为什么没有大量资金积极地推动，股价还可以大幅上涨呢？这是因为主力资金已经拥有了绝对的控制能力，为了防止在底部出现大量跟风盘，只好用较少的资金快速发动上涨行情。一旦股价快速涨停，投资者再想买入就只能在更高的位置上操作，就会与主力资金的持仓成本拉开很大的距离，使主力资金拥有更大的主动性。

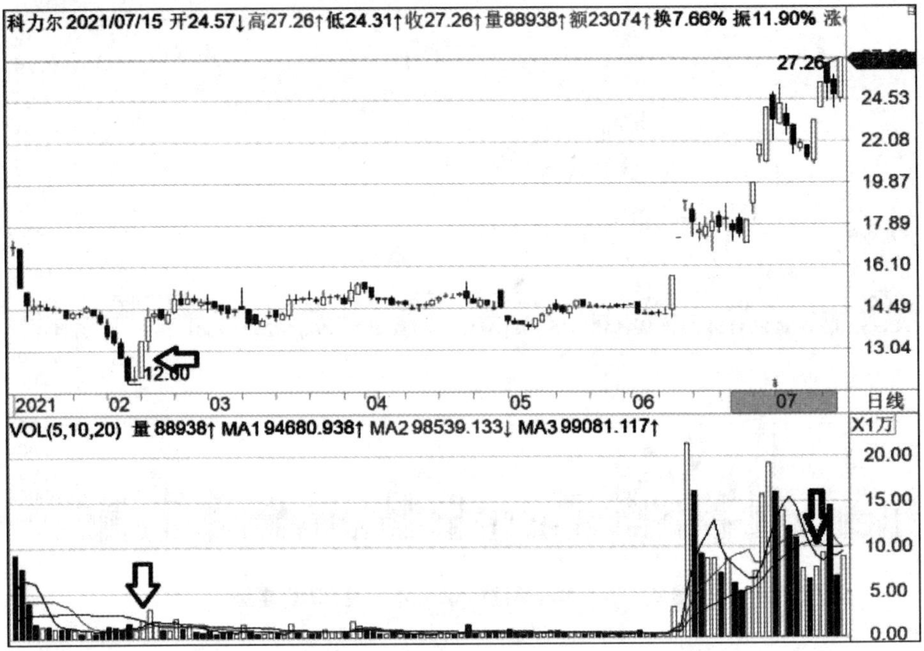

图2－12　科力尔 2021 年 2 月 8 日走势

科力尔的股价在第一次见底的时候，收出了一根至尊阳线，但是由于主力资金没有完成大量建仓操作，因此，股价后期的涨幅并不是很大。在经过了长时间的震荡之后，主力资金才开始大力度地上攻。

主升浪形成并且在第二次调整之后，再次出现了至尊阳线。从图 2－12 中可以看到，在第二个箭头处，涨停板出现时，成交量依然没有明显放大。为什么股价大幅上涨而成交量不必放大呢？这是因为至尊阳线对应的区间并不是主力资金想要出货的区间，在上涨途中主力资金具有绝对的控制能力，只要主力资金不大量出货，普通投资者的操作就很难使成交量放大。

如果主力资金没有出货并且收出大阳线的区间不是顶部，那么继续大胆持仓就可以了。此时的至尊阳线提示投资者，主力资金已经拥有了高度的控盘能力。操作这样一只主力持仓量较大的股票，怎么可能不随之取得较大的盈利呢？

图 2－13　新纶科技 2021 年 5 月 25 日走势

新纶科技的股价在形成底部之前，出现了一段时间的弱势下跌走势。很多时候主力资金会借助股价缓慢的下跌，悄然进行建仓，因为很多投资者在看到股价长时间不涨时就会失去持股的耐心和信心。

在经过连续的震荡下跌之后，新纶科技的股价终于出现了一轮快速上涨的走势。在低点区间，股价快速收出了一根涨停大阳线，说明盘中资金做多的意图非常明显且强烈。而能够促使股价涨停的只有主力资金，主力资金愿意发力做多就意味着底部已经明确形成。

这根大阳线形成的时候，成交量并没有放大，这种量价配合符合至尊阳线的技术特征。一旦至尊阳线出现，股价在后期必然会大幅度上涨。这是因为，不管此时主力是否已经建好仓，还是主力刚开始准备建仓，都说明此区间根本不是顶部。既然不是顶部，而主力资金又现身其中，就意味着后期会出现较大的上涨行情，只有这样主力资金才可以顺利地实现盈利。所以，不管是在上涨中期还是低位，只要出现至尊阳线，都值得投资者积极追涨。

图 2－14　新时达 2021 年 5 月 10 日走势

新时达的股价形成底部以后，在成交量温和放大的推动下出现了震荡上涨的走势。此时的上涨是因为主力资金在建仓，主力资金为了买到更多的股票以及尽可能降低持仓成本，只能压着股价缓慢上行。

那么，出现什么样的技术特征就标志着主力资金已经完成了建仓的操作呢？投资者需要等待大阳线的出现。一旦大阳线出现就表示主力资金要着手大力度地拉抬股价了，如果主力资金没有完成建仓操作，是绝不会轻易推高股价的。从图 2－14 中可以看到，在短线调整完毕以后，一根大阳线有力地向上吞掉了数根调整阴线的实体，并且在大阳线出现的时候，成交量根本没有明确的放大。这种无量大阳线进一步向投资者反映了主力资金的持仓状况。主力资金买下了大量股票而没有在股价创出新高的时候出货，说明该区间根本不是顶部，股价必然会继续上涨。

至尊阳线最明显的技术特征就是上涨时无量。成交量没有放大说明这一天资金做多的数量并不多，如果主力资金没有提前做好充足的准备，又怎么有能力只用很少的资金就推动股价上涨呢？

图 2－15　湘财股份 2021 年 5 月 14 日走势

湘财股份的股价下跌到了底部以后，突然爆发了短线快速上涨的行情。在上涨过程中，K 线形态结构非常简单，根本没有给投资者留下好的低点介入的机会。面对这种短线快速上涨的行情，应当如何第一时间发现机会呢？

股价一起涨便形成了涨停大阳线，并且在第一根涨停大阳线出现的时候，成交量根本没有放大。结合之前的下跌趋势来看，根本没有主力资金提前入场建仓的迹象。没有主力资金建仓，股价却快速上涨，主力资金有什么意图呢？

这根没有放量的大阳线就是至尊阳线，不管它在什么点位出现都值得积极追涨，特别是在低位出现时，在涨停板处排队等待也是值得的。主力资金虽然之前没有建仓，但这根至尊阳线反映出主力资金想采取高举高打的方式进行操作。一上来便用几根大阳线把水搅浑，一旦有大量被套的投资者解套卖出，主力资金就有了快速建仓的好机会，从而边拉高股价边建仓，边建仓边推高股价吸引场外资金跟风，使各种资金形成一种上涨的合力。同时，在巨大成交量的掩护下，一旦主力资金想要出货，就可以轻松地进行。

只要读者多看一些底部出现至尊阳线的案例，就可以正确制订后期的交易计划。把握住股价会在后期出现短线上涨的大好行情，底部区间出现的至尊阳线就是一轮大幅上涨行情的起点。

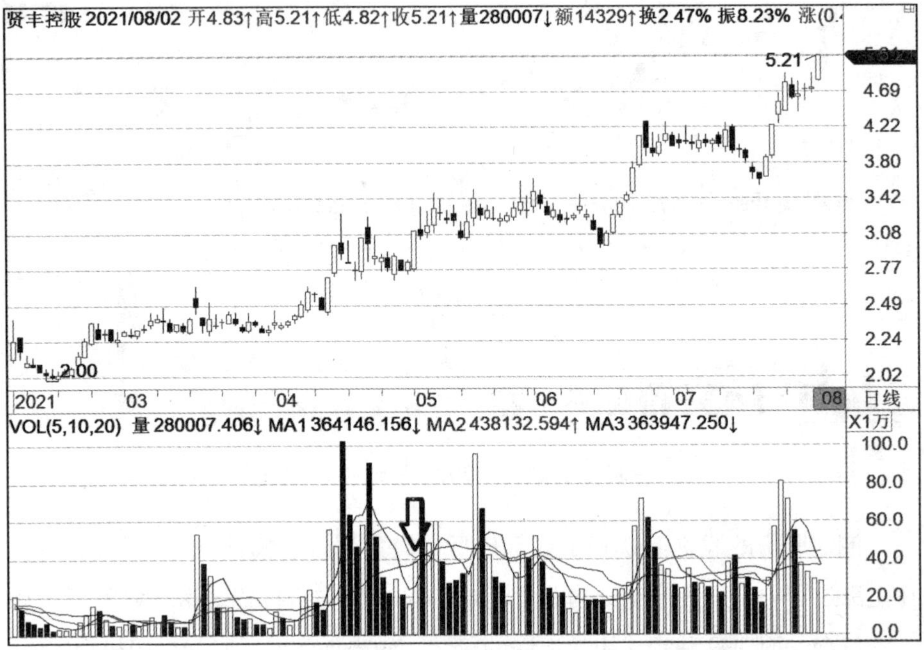

图2－16 贤丰控股2021年5月6日走势

贤丰控股的股价在成交量温和放大的情况下展开了一轮震荡上行的行情。对于投资者而言，一旦形成明确的上升趋势，在上涨的过程中就处处是买入的机会。那么，对于这种不断震荡向上的个股，应当如何在上涨途中建仓呢？

只有明确了股价上涨以后而且必然是连续上涨才可以买入，否则虽然股价上升趋势确立，但一买入就碰上股价调整，短线操作就失败了。因此，在上涨过程中，投资者需要不断寻找那些出现至尊阳线的强势个股。

贤丰控股在上涨过程中出现了一次调整走势，调整结束以后，快速收出了一根大实体的阳线，这根阳线吞没了调整的整个区间，意味着新一轮的上涨行情即将开始。同时，在股价上涨的时候，成交量根本没有放大，这种量价配合完全符合至尊阳线的技术特征，投资者在此时应当坚决入场进行操作。

通过量价配合可知，主力资金并没有在这个区间出货，否则涨停大阳线的成交量就会形成近期较大的量能。不放量的涨停大阳线若出现在股价整体涨幅不大的中途，便意味着大幅上涨的行情还在后面。

图2－17　青青稞酒2021年5月11日走势

青青稞酒的股价在脱离底部之后，在上涨中途出现了一次调整的走势。虽然此时股价不涨会让很多投资者感觉走势很弱，但此时的震荡可以为投资者明确提示机会的所在。

当股价横盘震荡的时候，投资者可以将股价向上突破横盘高点的位置作为买点。什么时候股价在后期完成了突破，什么时候就入场进行操作。调整结束以后，股价出现了突破的走势。随着一根大实体阳线的出现，买点也随之到来。只要股价有了明确向上突破的意向，投资者就要敢于建仓。在这根涨停大阳线出现的时候，成交量并没有明显放大，说明前期被套的资金并没有因为解套而卖出手中的股票。抛盘的减少意味着盘中主力持仓坚决，只要主力不卖，普通投资者怎么交易也不会引发放量。

在至尊阳线出现以后，股价便在后期展开了连续上涨的走势。由于股价涨幅不大，至尊阳线的出现一则说明主力持仓坚决，二则说明这个位置根本不是顶部区间。既然不是顶部区间，并且主力投资已经入场，那么股价就还会继续向上。

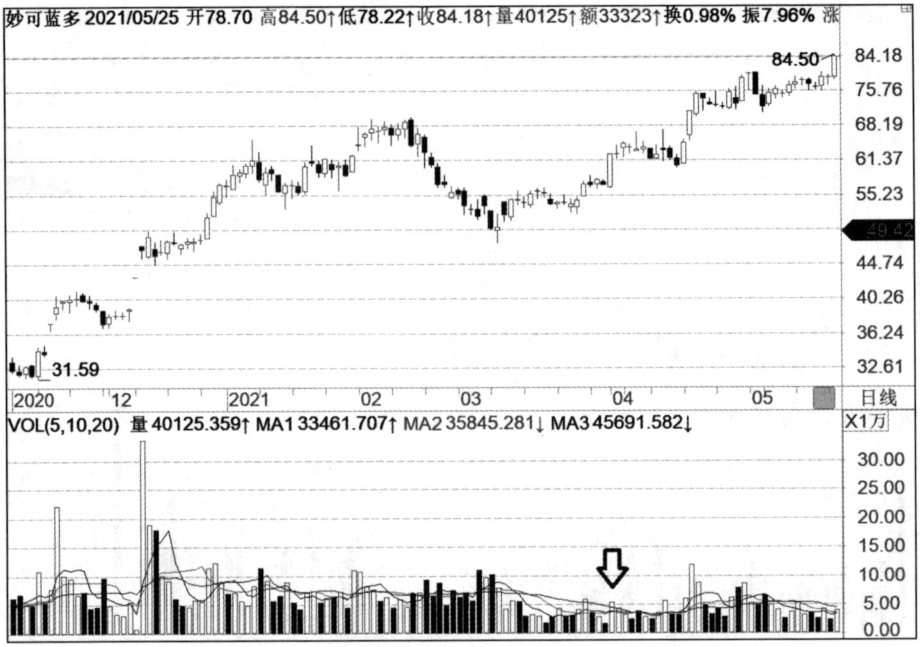

图2－18 妙可蓝多2021年4月1日走势

妙可蓝多的股价经过一大轮上涨行情之后，受市场整体下跌的影响，同步形成了一次短线连续杀跌的走势。由于在下跌过程中还带有放量现象，因此，很容易给投资者造成一种行情将会转折向下的感觉。此时的走势到底是上涨行情的结束，还是上升趋势中一次正常的大调整呢？直到至尊阳线的出现，形势才变得明朗。

杀跌结束之后，股价在低位小幅度震荡。此时，阳线的实体都很小，成交量也比较小，看不出价格有进一步上涨的迹象。经过一段时间的震荡后，突然收出了一根涨停大阳线，上升趋势随之变得明朗起来。并且，在涨停大阳线出现的时候，成交量并没有放大，这说明主力资金持仓非常坚决，并且持仓量很大。杀跌之后又大涨，同时没有大量的抛盘涌现，这就是主力高度持仓的特征。

在上涨中途一旦发现至尊阳线，投资者千万不要畏惧股价高而不敢买入。要想一下，主力有巨量的持仓，如果是出货，怎么可能成交量如此小？既然主力没有出货，那还有什么好怕的？

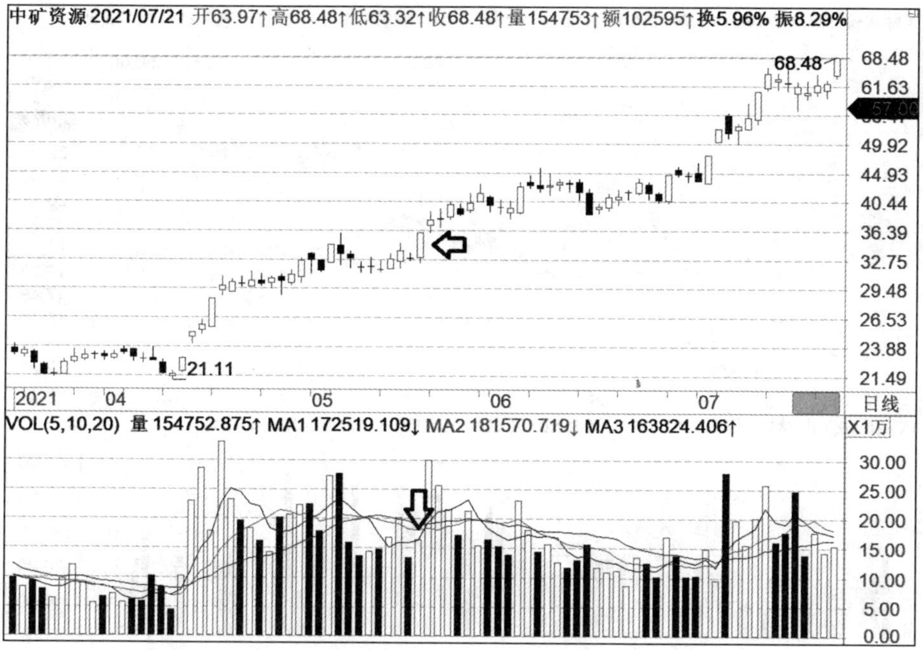

图 2－19 中矿资源 2021 年 5 月 21 日走势

中矿资源的股价在上涨到中途的时候，出现了一次较长时间的震荡行情。面对这种震荡走势，很多投资者都觉得难以操作，跌又不跌，涨又不知道什么时候才会涨。其实，在股价调整的时候，除了主力以外，没有人知道股价上涨的确切时间，投资者能做的就是耐心等待突破点位的到来。

经过近一个月的调整以后，股价终于收出了一根涨停大阳线，有力地向上创下了近期的新高。新高的出现说明主力将要再度拉抬股价。主力如果不是真的想拉抬股价，那么是绝不会轻易给投资者解套的机会的。当投资者处于解套并获利的状态时，成交量却没有明确地放大，说明场中资金的持股心态非常坚定，同时也说明主力已经买下了大量的股票，只有这样，成交量才可以在收出大阳线的时候保持萎缩状态。

一旦无量大涨的至尊阳线买点形成，投资者就需要积极入场进行操作。在横盘区间形成的至尊阳线不仅意味着调整的结束，而且意味着新一轮上涨行情的开始。在股价将要大力度向上的时候，有什么理由不及时买入？

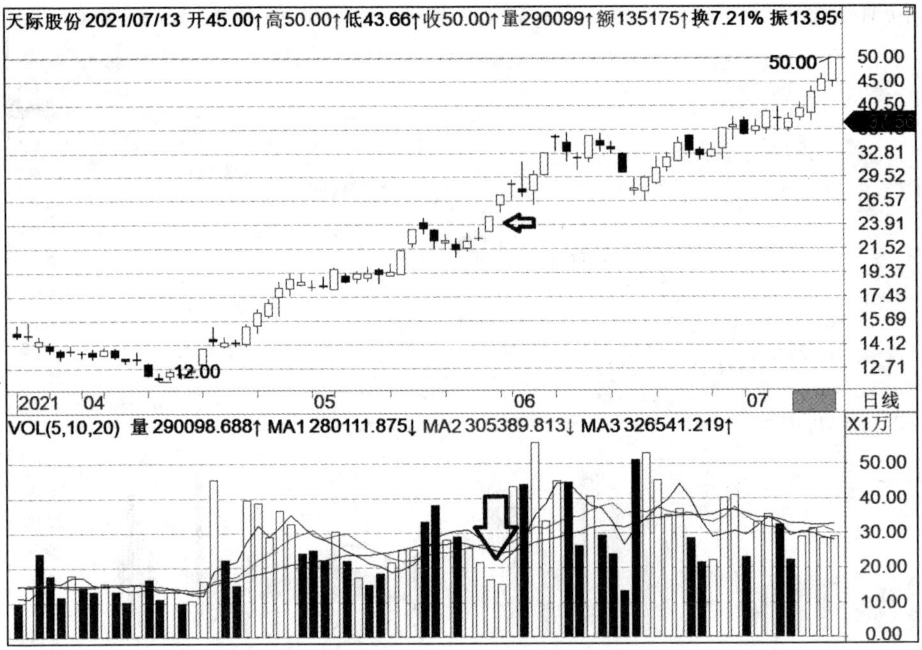

图2－20　天际股份2021年5月28日走势

天际股份的股价在见底之后便形成了连续放量上涨的走势，在股价上涨的中途成交量保持着连续放大的迹象，这说明主力资金建仓非常积极。越多的资金入场建仓，未来股价上涨的空间越大。对于这种主力资金建仓连续且明显的个股，投资者一定要盯住它们身上的各种买点，只要有标准的买点出现，就要积极地介入。

在上涨的途中，股价出现了多次各种形态的买点信号，特别是还出现了一次至尊阳线的买点。股价在其他位置上涨的时候，成交量都配合着出现了放大的迹象，但是中途在收出一根涨停大阳线的时候，成交量却出现了明显的萎缩迹象。为什么股价涨得越高越没有人卖出呢？这是因为主力已经买下了绝大多数的股票，只要主力不卖出，成交量就无法放大。成交量的萎缩在上涨途中是好现象，因为它可以有效限制主力的出货行为。在这种情况下，股价的上涨不就变得很安全了吗？

一只个股不管在股价的底部区间还是上涨中途出现至尊阳线，都代表这只个股有主力潜身其中。有主力介入的股票又有几只会表现不好呢？这也是至尊阳线出现时应当积极买进的原因。无量限制了主力资金的出货，不管是不想出，还是想出但没机会出，只要是没有出货，股价就不会形成顶部；既然此区间不是顶部，那股价就只有上涨这一条路了。

第四节
无量打压建仓点

当主力在低位完成了建仓操作以后，便会在后期不断地推高股价以使投入的资金实现盈利。在股价上涨的过程中，为了摆脱那些低成本获利盘的干扰，主力会不断地进行各种打压震仓操作。已经买入的投资者自然不希望看到股价出现下跌走势，但是对于场外的投资者而言，在主力人为打压股价的时候很可能就是一次好的买入机会。

当然，不可能股价在回落过程中的每一次下跌都是买入的机会，只有满足条件的下跌才可以为投资者带来盈利的机会。在股价调整的时候，经常使用的买点就是无量打压建仓点。无量打压建仓点，是指当股价形成大的上升趋势以后，在短线出现了并不破坏上升趋势的下跌走势，同时在股价下跌的时候，成交量出现了明显的萎缩迹象，等到萎缩至近期最小的程度时，投资者便可以进行建仓操作了。

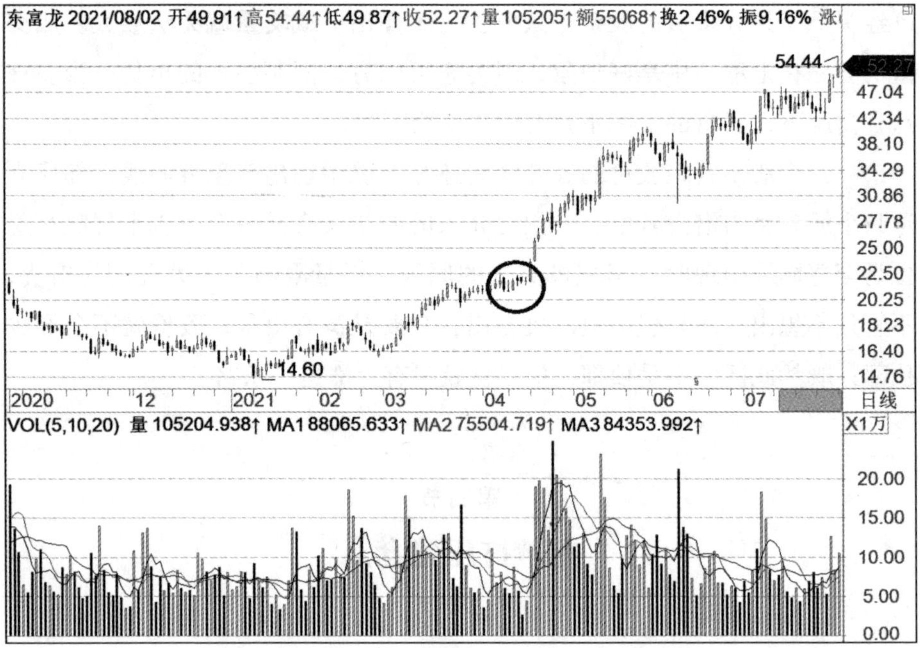

图2－21　东富龙2021年4月走势

东富龙的股价在图2－21中出现了一个长时间的上涨走势。股价上涨的周期越长，上涨途中出现的买点就越多。但是，随着股价不断提高，什么样的买点才最适合投资者进行建仓操作呢?

在股价上涨的过程中进行操作，资金的安全性最重要。要确保资金的安全性，就要求买入的区间不是主力的出货区间。只要主力不出货，资金就不会有风险。同时，在股价上涨的过程中必然会有调整的走势。所以，投资者可以等待股价调整以后再建仓。当股价形成了大的上升趋势以后，一旦发现短线形成了下跌走势，就要对成交量进行分析。如果在股价下跌的过程中主力没有出货，成交量就不会放大，而没有量能放大的回落低点便可以成为投资者极好的短线建仓位。

当东富龙的股价形成了短线调整的走势以后，成交量出现了快速萎缩的趋势。主力资金怎么可能在如此小的成交量中完成出货呢?如果主力无法在当前区间出货，就会继续拉抬股价，因此无量打压的区间就成了场外投资者一次难得的顺势介入机会。

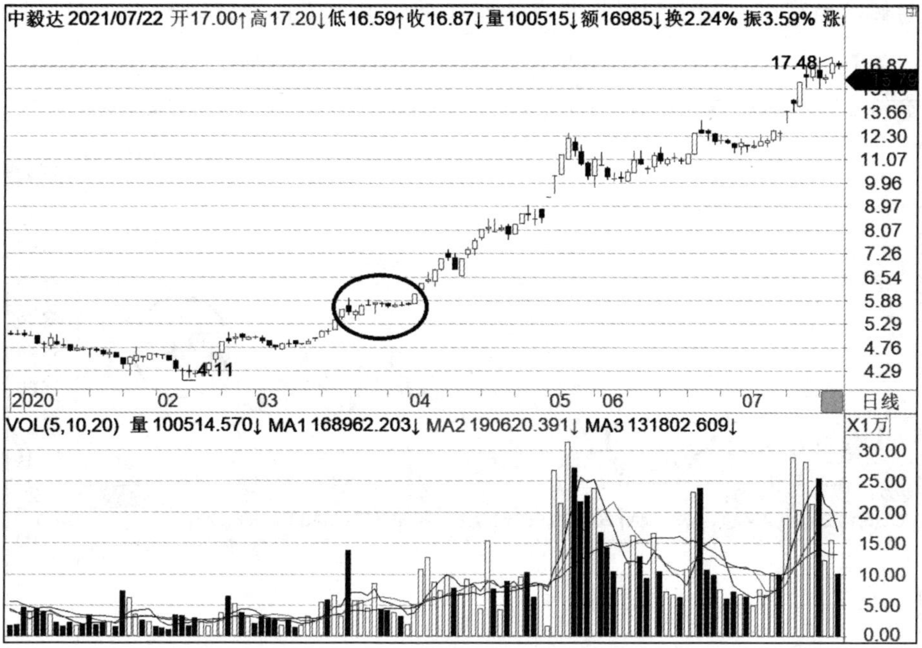

图 2－22　中毅达 2021 年 3 月走势

中毅达的股价在图 2－22 中出现了长时间的上涨行情。在第一次调整结束以后，随着成交量的放大，股价恢复上升趋势。一旦上升趋势进一步明确，投资者就可以择机入场进行做多操作。

那么，该如何在上涨的中途入场呢？股价在上涨的过程中必然会出现调整的走势，只要股价调整时的下跌不是顶部，投资者就可以在上涨的中途买入。那么，如何判断股价调整时的下跌是不是顶部呢？此时就需要对成交量的变化进行重点分析了。如果股价的下跌是顶部，必然会有大量资金在盘中进行出货操作，就会使成交量在高点处出现放大的迹象。但是，中毅达的股价在短线调整的时候，成交量并没有集中放大，说明没有资金在盘中进行出货操作。如果主力没有在当前区间出货，就意味着顶部不在此处，因此股价在后期必然还会展开上涨的走势。

虽然股价暂时停止了上涨，但是资金的性质很重要。主力资金入场以后并没有出货，导致成交量极度萎缩，说明上涨行情必然会延续，否则主力资金如何赚钱呢？因此，当投资者发现股价形成了极度缩量调整走势的时候，就可以在调整的低点建仓，而这个位置的买点也就被称为“无量打压建仓点”。

图 2-23 星云股份 2021 年 7 月走势

星云股份的股价在到达了底部区间以后，形成了缓慢上涨的走势。在初期上涨的过程中，成交量出现了连续温和放大的迹象，说明此时的缓慢上涨是主力在盘中连续建仓导致的。只要有了主流资金入场的迹象，后期就会出现一轮持续性的上涨行情。

主力建仓完毕以后，便开始大力度地推动股价上涨。随着成交量进一步放大，股价终于形成了突破的走势。但是，股价在刚刚创下新高以后，就出现了连续下跌。这是主力进行了一次打压震仓的操作。下跌将使前期低位买入的投资者感到恐慌，从而卖出手中的股票；主力就可以通过震仓来提高普通投资者的持仓成本，并摆脱低成本获利盘的抛压干扰。因此，打压震仓操作是必要的，它有助于提高投资者与主力的持仓成本。虽然股价在短线连续收出阴线，但通过量能分析便可知，股价此时并不是顶部。

在股价短线下跌的时候，成交量出现了大幅度的萎缩，这说明主力根本没有在下跌的过程中出货。如果股价距离主力持仓成本很近且没有资金离场的迹象，就意味着调整结束以后股价必然会继续上涨。因此，此时的无量下跌走势就是一次难得的逢低买入机会。一旦股价的波动形成了无量打压的走势，投资者就可以在缩量的过程中大胆地买入股票。

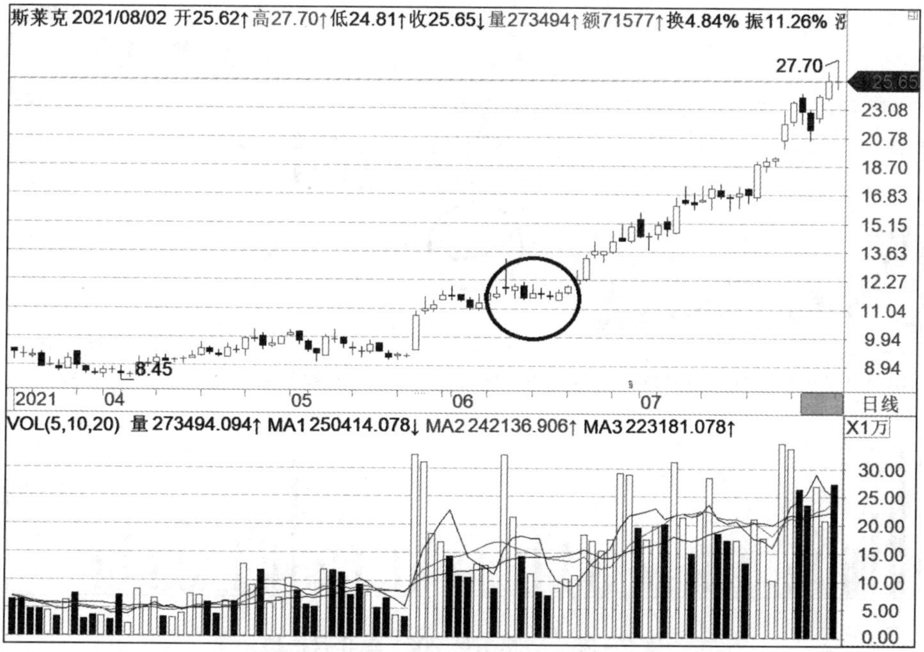

图 2－24　斯莱克 2021 年 6 月走势

斯莱克的股价在图 2－24 中形成了连续上涨的走势。在股价上涨的过程中，总是不断地出现短线调整的走势，但是每一次调整过后，在成交量放大的情况下，股价又可以再度创下新高。由此可见，股价性质良好的短线下跌并不是风险，而是盈利的信号。

在股价调整的时候，投资者应当如何分析以及确定买点呢？最重要的是，判断此时有没有主力出货的迹象。这一点可以很容易地从成交量的变化上区分出来。只要在股价调整的过程中成交量没有出现放大的现象，此时的调整就是安全的。准确判断出股价波动安全以后，应当何时买入呢？

因为股价的波动是安全的，并且股价在后期必然会上涨，所以投资者没必要在乎股价具体的低点在哪里。但是为了尽量买在低位，因此当缩量调整走势形成、股价连续收出两三根阴线时，投资者就可以买入了。当然，如果想更精确地把握住股价调整的低点，各位读者也可以使用本书中的其他买入技巧进行配合操作。

图 2－25　双良节能 2021 年 6 月走势

双良节能的股价在图 2－25 中形成了一轮震荡上涨的行情。在股价持续上涨的时候，投资者买入越早便越可能获得更高的收益，但是总会有很多投资者因为种种原因没能在低位及时建仓，那么在股价不断上涨的时候，投资者在什么位置买入才可以把握住盈利的机会呢？

股价上涨的时间越长，调整出现的次数就越多。只要在股价短线调整的时候分析成交量，发现主力没有出货，就可以在股价调整的相对低点处建仓。

双良节能的股价在形成了明确的上升趋势以后，出现了一次短线调整走势。连续出现的阴线使股价波动的重心明显下移。但是，在股价下跌的时候，成交量始终保持着萎缩状态。股价在下跌时成交量极度萎缩，说明盘中的主力资金持股心态非常稳定。资金在股价短线下跌时坚定持股，就说明这些资金高度看好后市，这样一来，上涨行情必然还会继续。

投资者一旦发现股价的波动形成了缩量调整的走势，就要引起高度重视，并且在股价连续收出几根阴线以后积极地买入。无量打压建仓点的技术形态很容易掌握，股价波动的性质也可以很轻松地判断出来。一般来讲，无量打压建仓点不对股价调整的具体跌幅进行判断，买点是"区域"性的，而不是点的概念。只要在整体上升的趋势下，发现股价形成了缩量下跌的走势，并且股价在下跌的时候没有改变上升的趋势，就满足了买点的技术要求。

第五节
首次放量安全高

投资者都希望股价在上涨的时候成交量可以配合着放大，因为量能的放大意味着主力资金的入场，只有在主力资金的推动下，股价才能有好的表现。有一些股票在放量的过程中股价连续上涨，但是有一些股票在放量以后出现了股价下跌的走势。由此可见，成交量的放大并不完全都是盈利的机会，在很多情况下也是风险到来的信号。那么，什么情况下成交量的放大才是安全的呢？

放量是否安全与资金是流入还是流出有着很大的关系。只有在资金不断向场中流入的情况下，股价才会出现连续上涨的行情。根据这个原理，投资者就可以很轻易地判断出什么时候才是安全的。在下跌行情结束以后，成交量首次出现放量走势的时候，股价波动的安全性就很高，因为主力资金不可能把自己套进去。同时，在下跌过程中成交量往往也保持着萎缩的状态，显然是没有主力建仓的，因此缩量下跌之后的放量就可以确定是主力资金的建仓行为了。主力刚入场，股价后期形成上涨行情的可能性自然比较大；在主力建仓的区间，股价波动的安全性自然较高。

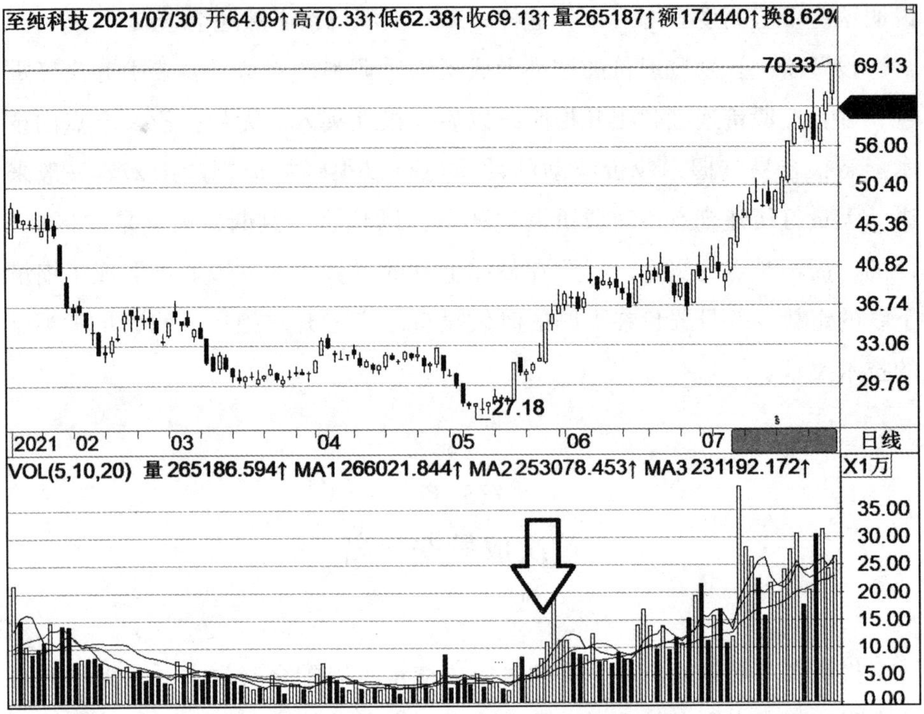

图2－26　至纯科技2021年5月走势

至纯科技的股价在图2－26中出现了一轮大幅度上涨的行情，在股价上涨过程中成交量始终保持着放大的状态，显然这种放量上涨的走势是主力资金主动操盘导致的。只要成交量没有萎缩，上升趋势就很难停止。

在股价上涨的过程中，既有放量上冲回落的走势，也有放量收出阴线的走势。这种走势在当时看的确有一丝危险，但过后看并没有影响股价的上涨。那么，在实战过程中，什么情况下成交量的放大才是最安全、最值得入场操作呢？毕竟在放量上涨的中途介入总会有一些风险，如何知道这一次的放量不会演变成主力资金的出货呢？最安全的放量就是股价的首次放量。

至纯科技的股价形成了底部以后，便出现了上涨的走势。在初期上涨的过程中，成交量出现了密集放大的迹象。由于这是股价下跌以来成交量第一次放大，因此这必然是资金入场建仓的信号。在主力最低成本区间随之买进，安全性必然很高，主力入场总不会是想着把自己套进去吧？

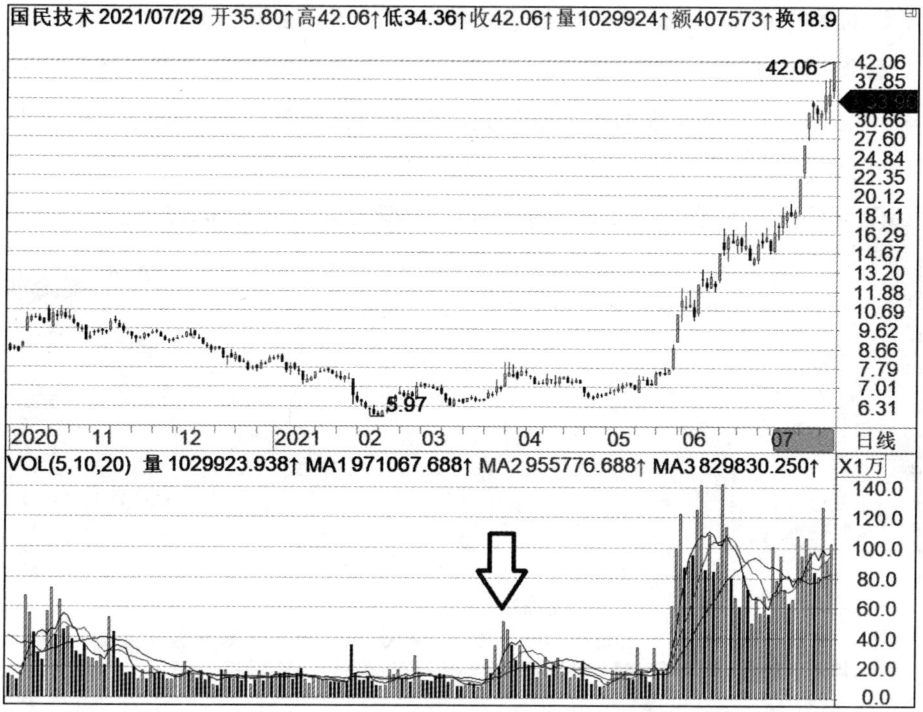

图 2-27　国民技术 2021 年 3 月走势

国民技术在股价上涨的时候，出现了成交量连续放大的迹象。这种密集放量上涨的走势在上涨初期是非常好的，说明资金操作的积极性非常高，有利于股价大幅上升。但是，等股价到了高位之后，这样的放量就随时会带来风险了。因为主力资金可以轻松地在放量区间完成出货操作。成交量越大，主力资金出货所需要的时间就越短。一旦主力资金快速地出货完毕，股价就容易下跌。所以，想判断放量出现时股价是否安全，一定要细致地判断股价所处的位置。

简单来讲，在股价高位出现的放量现象往往安全性比较低，因为此时主力资金获利已经极其丰厚，是否出货就在一念之间。而在主力资金刚刚入场还没有实现太多盈利的时候，股价的波动是安全的。因为刚刚入场的资金在没有盈利的时候是不会进行出货操作的，而资金只要不向场外流出，股价就必然会不断上涨。

从图 2-27 中可以看到，国民技术的股价在下跌结束以后出现了一次明显的量能放大走势。这一次放量现象的形成促使股价在后期展开了一轮大幅度上涨的行情，只要投资者买在首次放量形成的时候，不仅资金的安全性很高，在后期实现的盈利也很大。因为首次放量的点位就是一轮上涨行情的起点，买在主力最低成本区，获利的效果自然最好。

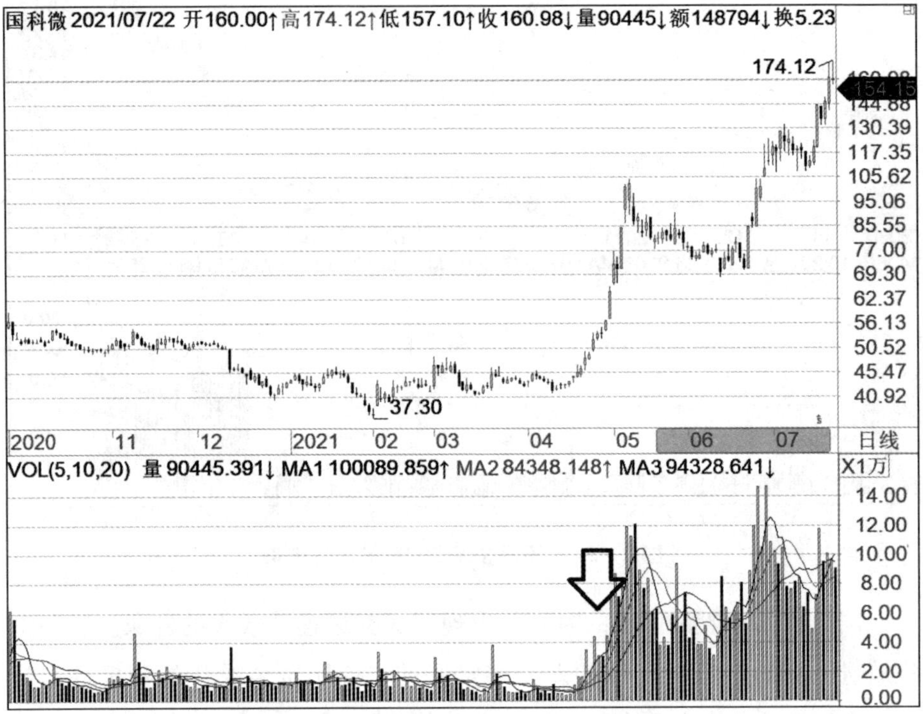

图 2－28　国科微 2021 年 4 月走势

国科微的股价在图 2－28 中出现了一轮连续震荡上涨的走势。在股价上涨的过程中成交量始终保持着放大的状态，说明有资金在盘中不断介入，只要成交量没有萎缩，投资者就要一直留在场中做多。

在第一轮股价上涨到顶部的时候，很多投资者都不敢追涨，生怕买在主力放量出货的高点处，因此判断放量是否安全就变得很重要了。放量的安全与否与主力是否出货有直接关系，只要主力没有出货，无论成交量有多大，安全性都是很高的。如果能进一步在主力资金刚刚入场的时候进行操作，与主力资金成本基本一致，那么安全性会更高。主力赚多少钱你就可以赚多少钱，主力承受多大风险你就会承受多大风险，这是多么惬意的事情，毕竟没有主力资金入场是为了亏钱的。

那么，什么位置的放量是安全性较高的呢？那就是首次放量区间。成交量在长时间低迷以后首次出现连续放大的迹象，往往是资金在盘中建仓的信号。因为，在成交量非常低迷的情况下，主力不可能在盘中建仓或无法大量建仓。所以，第一次的放量必然是资金介入的信号。再配合股价所处的低位，就可以确定成交量放大的安全性了。

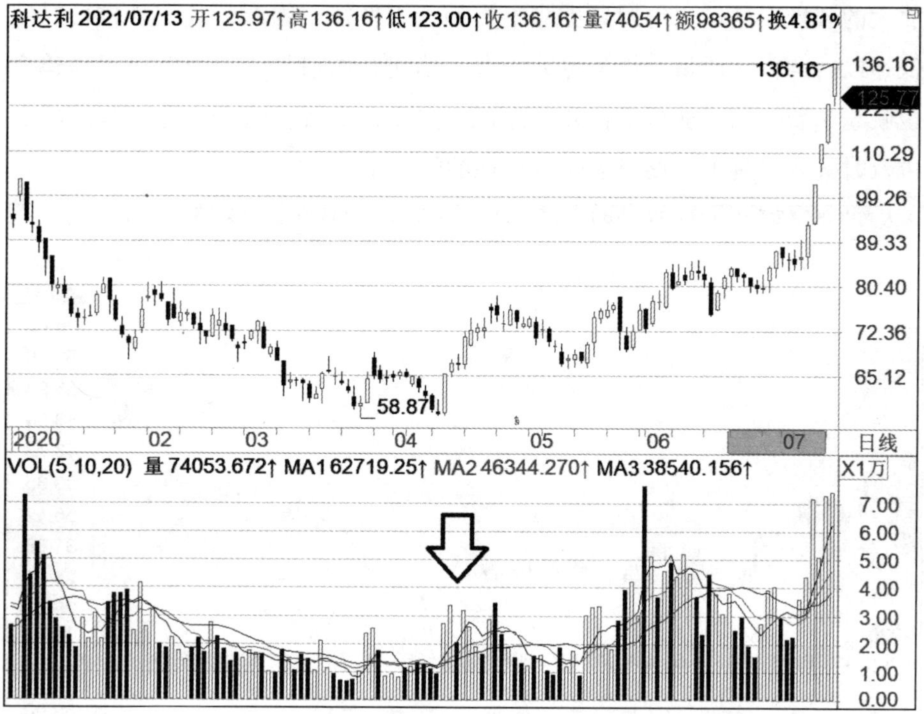

图2－29 科达利2021年4月走势

科达利的股价在图2－29中出现了震荡上涨的走势。从整体上涨的形态来看，股价每一次上涨都伴随着成交量的放大，这说明股价想要走出好的上涨行情，必须有资金积极入场推动。一旦脱离了成交量的放大，就不会出现好的上涨行情了。放量虽好，但要根据不同的位置判断放量的性质。

股价高位的放量往往是主力资金出货的信号，因为这些资金不会在股价大幅上涨后的高位区间建仓。对放量的合理解释就是，主力资金在低位买入以后在高位出货变现。但是，在一段时间的无量下跌走势结束以后首次出现放量现象时，投资者一定要重点关注这种走势，因为成交量首次放大的现象必定是资金在盘中建仓的结果。下跌使股价处于低位，下跌过程中的缩量说明没有主力资金建仓。因此，低位的第一次放量必然是主力资金在建仓，不会有第二种解释。

因为主力资金体量非常庞大，所以主力建仓的时候必然会引发成交量放大的现象，这是主力想藏也藏不住的技术特征。因此，成交量较长时间低迷以后的首次放量，就是主力资金入场建仓的信号。主力资金入场建仓也就意味着一轮上涨行情拉开了序幕，只要投资者在这个安全性很高的点位及时买入，剩下的便是能赚多少钱的问题了。

图2－30 南大光电2021年5月走势

南大光电的股价在前一次上涨行情结束以后出现了长时间弱势震荡的走势。在股价弱势震荡的过程中，成交量始终保持着萎缩的状态，这种量价配合说明盘中根本没有资金进行大规模的建仓。如果股价得不到资金入场的推动，就只能延续当前的弱势波动，重心不断下移。

经过一段时间的弱势波动后，股价终于形成了抬头向上的走势。在股价上涨的时候，成交量随之出现了放大的迹象。成交量持续低迷以后出现的第一次放量现象是什么意思？由于这是成交量的首次放大，因此绝不可能是主力的出货操作。因为巨额主力资金不可能在前期极度低迷的成交量中完成建仓，也没有任何盈利的空间。所以，合理的解释就是，成交量的首次放大是主流资金在盘中进行的建仓操作。

由于资金刚开始不断向场中介入，因此，股价波动的安全性非常高。有主力资金的成本保护，股价不可能出现大幅下跌的走势，并且主力资金入场建仓以后只有拉高股价才能实现盈利。所以，投资者只要在成交量首次出现放大的时候入场建仓，资金必然会大幅增值。首次放量很容易被发现，股价所处的位置又与主力资金成本一致，这就是股价大幅上涨前最理想的买点和股价波动最安全的区间。

第六节

串阴洗盘

主力在股价上涨的过程中总是会进行各种各样的洗盘操作。对于主力来说，只有将低成本的获利盘尽量清理出局才能减轻未来股价上涨的压力，并且在股价上涨到顶部以后，在与投资者成本差距极大的情况下，还可以减少买盘的竞争对手，所以洗盘操作对主力来讲是必需的。

但洗盘操作对于投资者来说是不太友好的，因为不管谁看到股价停止上涨转为短线下跌，都会有较大的持股压力。这一节就为大家介绍一种主力常用的洗盘手法：串阴洗盘。虽然股价在调整过程中连续收出阴线，但只要掌握了其量价的内部配合性质，即使股价收出阴线也不会有太大的心理压力，只要继续持仓迎接后期的上涨行情就可以了。

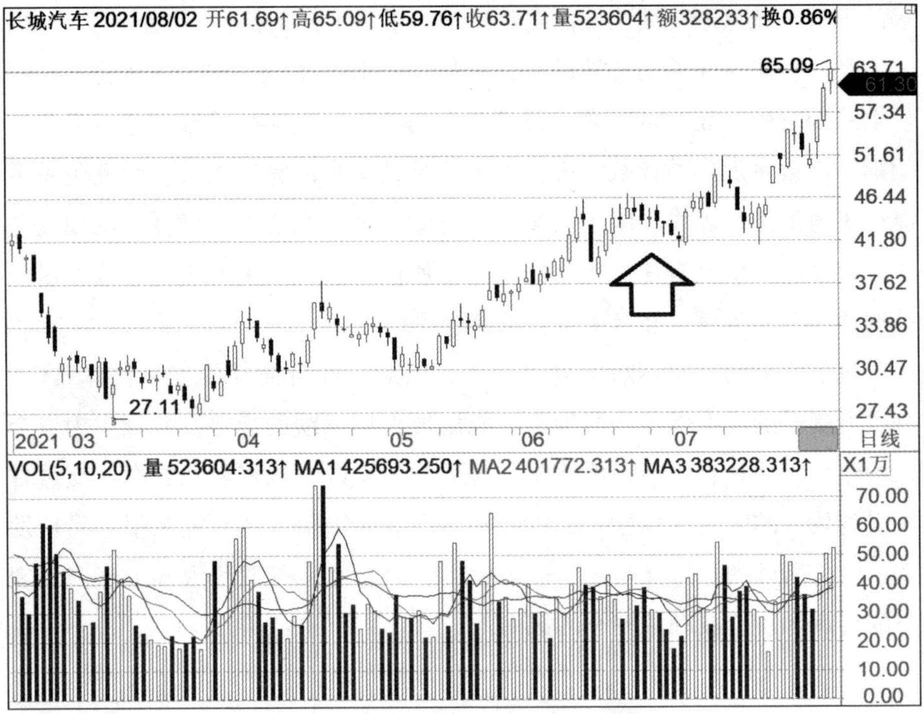

图2－31 长城汽车2021年6月走势

长城汽车在股价上涨的过程中成交量始终保持着温和放大的状态，量能的温和放大说明主力资金的持仓量很大，这种类型的股票往往会有不错的表现。面对这种量能形态，只要巨量没有出现，投资者就没有必要担心顶部的到来。

在股价上涨的过程中，虽然阴线不断出现，但是实体非常小。小实体的阴线说明盘中做空的力度很弱，是无法对投资者起到震慑作用的。所以，主力要想进行更有效率的洗盘就必须加大股价的波动。于是，在股价上涨的中途，主力又一次进行了洗盘的操作。连续几根阴线的出现使股价的波动形态很像双顶形态，并且持续几天的下跌走势足以给投资者造成压力。只有投资者感到害怕，主力才可以顺利地达到震仓的目的，从而抬高市场投资者的持仓成本。

当股价连续收出阴线的时候，投资者应当如何判断股价的波动是否安全呢？此时，可以对成交量的变化进行分析。只要在股价连续收出阴线的时候，成交量没有出现放大的迹象，那么投资者就没有必要担心。较小的成交量显示主力资金没有出货，那么无论收出多少根阴线，都只是主力为了把低成本的投资者驱赶出去而已。主力出不掉货，股价又一直跌，难道主力想自己套住自己吗？显然是不可能的，唯一的解释就是主力想把低成本的投资者赶走，让新投资者接盘，从而提高市场的整体持股成本。

图 2－32　上机数控 2021 年 7 月走势

上机数控的股价在图 2－32 中形成了一轮持续上涨的行情，在股价上涨的过程中成交量也始终保持连续放大的状态。在有主力资金积极运作的情况下，会为投资者带来非常不错的行情。

虽然股价后期的上涨走势非常强势，但低位买入的投资者想把手中的股票一路持有到高位是比较困难的事情，因为在股价强势上涨之前，主力进行了各种各样的洗盘操作，既有大阴线洗盘，也有串阴洗盘，这些洗盘方式肯定会吓跑很多投资者。大阴线洗盘难以识别，只有过后才可以发觉是不是主力出货。但串阴洗盘就比较好识别了，碰到这种走势时不要害怕，一定要大胆持仓。在股价回落时，连续出现了5天阴线。如果说两三天的阴线投资者还可以承受，那么连续下跌一周的走势并不是所有投资者都能承受得了的。此时一连串的阴线到底是主力在出货还是在震仓呢?

在股价下跌的时候，成交量并没有出现放大的迹象，说明盘中的资金并没有进行出货操作。既然通过成交量确定了主力没有出货，那么股价的连续下跌就是主力的震仓。这是主力人为制造的下跌，目的就是将低成本的投资者赶出去，以减少后期股价上涨的抛压。

图2－33 晶澳科技2021年6月走势

晶澳科技的股价在图2－33中出现了一轮幅度还算不错的上涨行情。在股价上涨初期，成交量保持着明显活跃的状态；而在股价上涨的中后期成交量越来越少，说明主力资金的持仓量在不断增加。主力越是高度持仓，行情上涨的延续性就越好。

虽然股价的上涨走势并不是非常复杂，但在股价到达高位之前坚定持股并不是一件容易的事情。因为在股价上涨之前主力进行了一次串阴洗盘的操作。股价在近期连续收出阴线，这种走势总会让投资者感到害怕，看到股价没完没了地下跌、资金不断地缩水，谁都会产生巨大的持股压力。虽然连续的下跌非常可怕，但是投资者仍然要顶住压力，仔细对股价的波动性质进行分析。

虽然股价连续收出了阴线，但是在下跌的过程中，成交量始终保持着萎缩的状态，这说明主力的主流资金并没有在股价下跌的过程中进行出货操作。主流资金没有出货就说明这个区间不是真正的顶部。既然不是顶部，那就只能是上涨的中途。因此，资金没有出货的下跌往往是主力的洗盘操作，此时投资者不必介意阴线的数量，而应当对资金的流向进行重点分析。也正是因为主力资金没有出货，所以即使连续收出了好几天的阴线，股价整体下跌的幅度也不是很大。

图 2－34　星云股份 2021 年 7 月走势

星云股份的股价在图 2－34 中出现了一轮标准的震荡上涨行情。在股价上涨的过程中，成交量的放大说明资金在盘中不断积极地进行交易，只要主力资金始终在盘中进行操作，股价的上涨行情就不会终止。

上涨行情是令人快乐的，但是在享受这份快乐之前，持股往往会让投资者感到痛苦。在股价上涨之前，曾连续出现短线下跌的走势。连续收出的四根阴线给投资者的持股带来了极大的障碍。天天收阴线的形态让人看不到希望，并且会增加内心的恐惧：万一突然收出大阴线怎么办？而此时股价下跌的目的就是让投资者感到害怕，从而卖出手中的股票。如果在 20 多元买入的投资者都在 30 多元时卖出，那么新买入的投资者的成本都在 30 多元，而主力的持股成本还在 20 多元处，两者的持股成本就会产生极大的差距了。

虽然股价连续收出了阴线，但是成交量始终保持着萎缩的状态，提示投资者主力并没有出货，证明股价的波动是安全的。在这种情况下，投资者所要做的就是继续耐心持股，不要被连续出现的四根阴线吓住。如果能冷静观察就可以发现，虽然股价连续收跌，但是每一根阴线的实体都非常小。主力并不是靠大幅下跌来洗盘，而是通过制造一种“下跌无尽头”的假象来迫使投资者做出卖出决定。

主力为什么要用让股价连续收出阴线的方式进行洗盘呢？因为投资者都非常害怕股价下跌。如果股价下跌了两三天还不足以给投资者造成巨大的心理压力，那么当投资者看到股价连续数天都在下跌，心中的恐惧难免与日俱增。市场中有一种技术形态叫“三只乌鸦”，说的就是连续三天收阴就要看跌。在这种情况下，投资者很难保持健康的持股心态。

当 K 线不断收出阴线的时候，谁也不知道后期股价会出现多大的跌幅，就会有一些投资者为了回避风险而卖出。在股价下跌的时候，投资者一定要仔细进行分析：为什么在股价连续收出阴线的时候，成交量始终保持萎缩的状态，为什么股价连续收出阴线但下跌的幅度并不大呢？这是因为主力此时不想出货，所以成交量非常小；同时，主力又不想让股价大跌给场外投资者以更低价格买进的机会，所以只能使用连续小幅下跌的方式进行洗盘。一旦连续的阴线达到了主力震仓的目的，后期必然会快速地展开上涨行情。

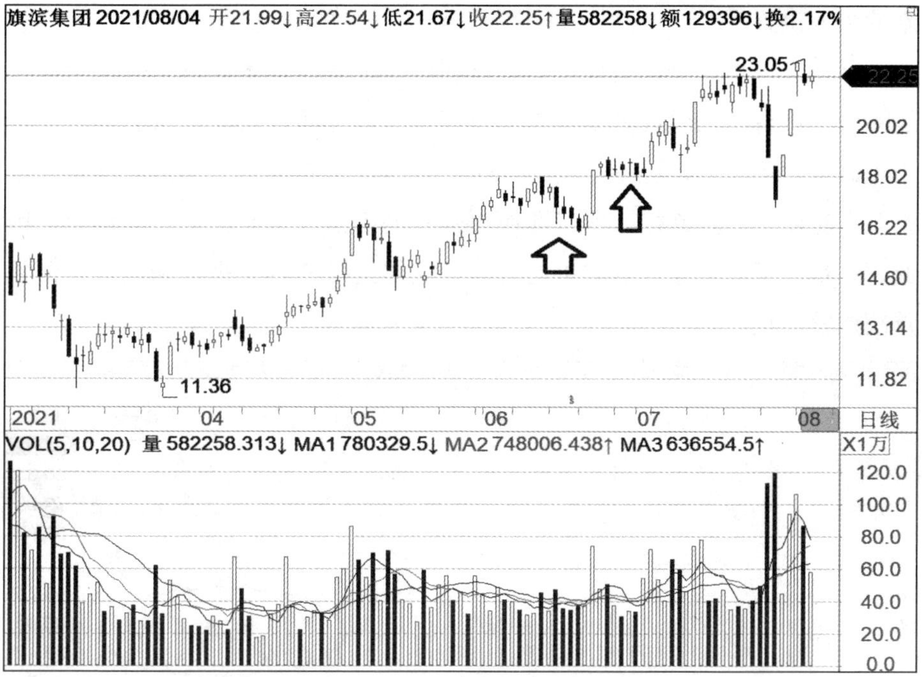

图 2－35　旗滨集团 2021 年 6 月走势

结合这些因素，再来看旗滨集团股价上涨中途的串阴走势，便可以得知主力资金的操作意图了。连续收阴线但整体跌幅不大，说明空方力量较弱。空方如果真有力度直接砸跌停不是更好吗？何必扭扭捏捏？连续收阴线时成交量很少，那么是谁的持仓心态这么稳定，在股价下跌时稳稳持仓不出？显然只能是知道股价后期会如何波动的主力资金。主力资金不出，我们也不出，这样一来，就可以把低成本的股票一直持有到高位了。

第七节

首次调整买点

由于种种原因，很多投资者在股价刚刚起涨的时候错过了好的低点买入机会，在股价不断强势上涨的过程中，又不愿意眼看着盈利的机会被不断错过。那么如果错过了低位的买点，应当如何在股价上涨的过程中确定新的买入位置呢？

喜欢进行短线操作的投资者可以利用各种分时技术在盘中把握短线买点；对于进行中长线或日线操作的投资者，最好的方法就是耐心等待股价出现调整走势以后再进行相应的操作。因为股价上涨之后必然会调整，多空双方轮流交替是铁律，所以即使再强势的上涨，也必然会出现调整。因此，在错过了低点介入的时机之后，最能够给投资者带来盈利机会的便是首次调整买点。

图 2－36　南大光电 2021 年 6 月走势

南大光电的股价见底之后便展开了快速上涨的走势。在股价上涨的过程中，成交量始终保持放大状态，说明盘中资金做多的意愿非常强烈，在这种情况下，投资者一定要尽早入场进行操作。

但是，股价初期上涨的过程中根本没有给投资者留下较好的低点买入机会，股价每天都收出阳线，场外投资者不得不提高买入价位。如果投资者不想买在上涨的高点应当如何操作呢？最好的办法就是等待股价出现首次调整买点时再入场。首次调整买点的含义是，在股价上涨的过程中，出现第一次真正意义上的调整走势。一旦股价在上涨途中出现首次调整走势，在调整区间就会随处都是买点，因为相对后期的上涨行情，这里就是最低点。

南大光电在上涨途中出现了一次横盘震荡的调整走势，因为此时的调整是股价上升趋势形成后的第一次调整，所以这个位置绝对不是顶部，此时的调整仅是多方的一次休整。否则面对这么多的获利盘，股价为什么跌不下去呢？

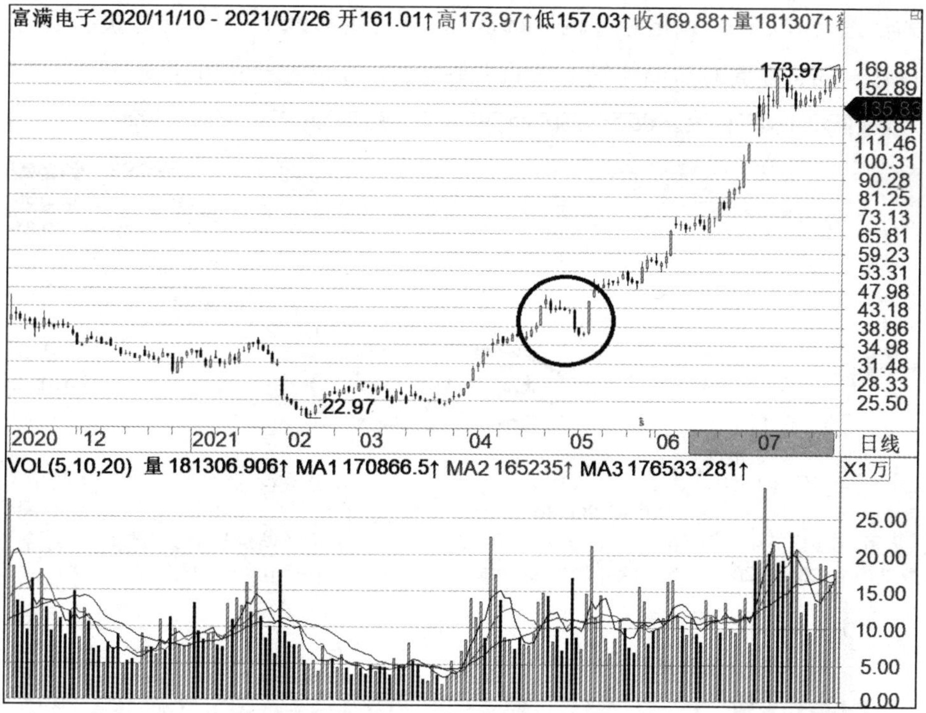

图2－37　富满电子2021年4月走势

富满电子的股价跌落到底部以后略做震荡便出现了上涨的行情。在股价初期上涨的时候，成交量出现了明确的放大迹象，说明有资金在股价第一轮上涨的过程中进行大规模的建仓。只要有资金入场做多，股价就会在后期出现持续上涨的走势。

经过了连续的短线上涨，主力如果继续买入股票，成本就会抬高很多，同时会累积下许多比主力平均成本还要低的获利买盘。在这种情况下，调整走势必然会出现，无论是为了降低建仓成本，还是为了甩掉低成本获利盘，主力都有必要让股价暂时停止上涨。一旦股价此时出现调整，主力的建仓成本就可以降低很多，还可以引出许多获利投资者抛盘，帮助主力建仓。由此可见，底部形成以后的股价首次调整并不是顶部，而是为主力建仓服务的。如果主力都敢在首次调整的区间内进行积极建仓，那么投资者还有必要害怕吗?

从图 2－37 中可以看到，相对后期行情来看，富满电子出现首次调整的位置恰恰是一个新的重要的底部区间。投资者只要在这个位置进行建仓操作，那么在面对后期连续上涨的走势时，心中必定会乐开了花。

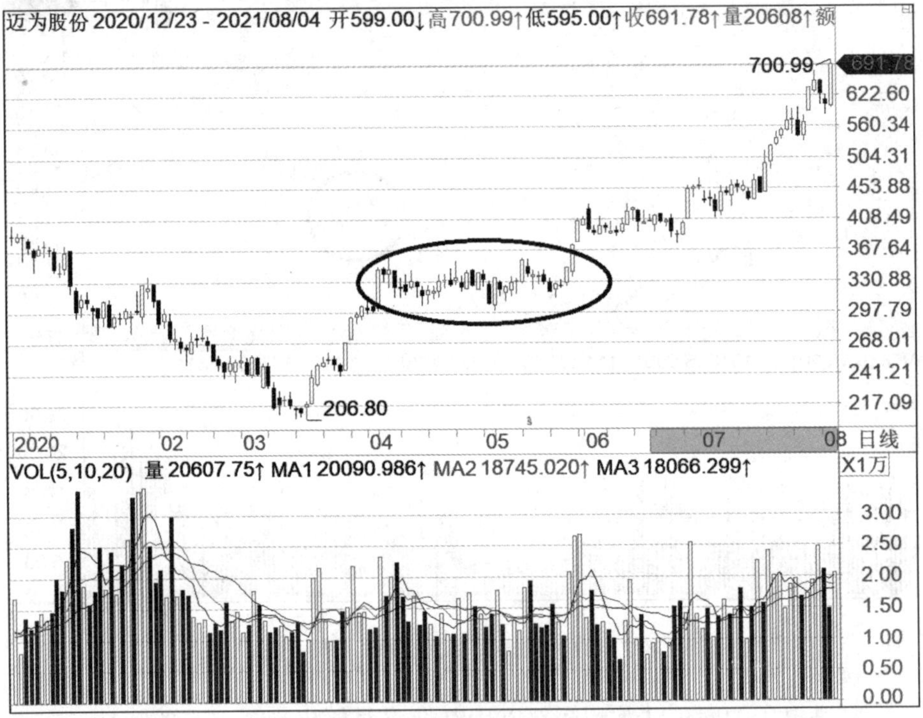

图 2－38　迈为股份 2021 年 4 月走势

迈为股份的股价形成了底部以后迅速呈短线上涨的走势，让投资者基本没有了低位买入的机会，只能在第一轮上涨的过程中追高买进。但并不是所有投资者都愿意追高买进，那么该如何寻找新的介入点呢？如果错过了低位买进的机会又不想追高，那么可以死等首次调整买点的出现。

首次调整买点有两层意义：其一，它是上升趋势形成以后的首次大力度调整，因为此时的股价距离主力建仓成本区间不远，所以往往不是顶部，并且主力往往会在这个区间积极增仓，因此在这个区间买进安全性很高；其二，由于此时股价已经摆脱了主力的最低成本区，低位买入的投资者都产生了一定幅度的盈利，为了避免受到后期在股价高位大量低成本获利盘集中出货的影响，主力有必要一步一步地将这些低成本获利盘清理出去，拉大与普通投资者的持仓成本差距，由此必然会出现调整走势。因此，把上升趋势中的第一次调整视作首次调整买点也是正确的。

从图 2－38 中可以看到，股价出现了一次力度较大的调整走势，虽然股价长时间没有上涨，但从成交量的变化上可以看出，股价的停滞并不是因为主力在出货，而是因为在阴线出现的时候，成交量并没有放大的迹象，反而出现了明显的萎缩。主力巨量的持仓怎么可能在不断萎缩的成交量中完成出货呢？由于主力资金依然停留在场中，所以股价此时的调整恰恰是最好的介入时机，并且这是股价上升趋势形成以后首次出现的调整走势，无论买在调整区间的哪一个位置都可以在后期实现较大的盈利。

图 2－39　富临精工 2021 年 6 月走势

富临精工的股价下跌到位以后，形成了一轮连续上涨的走势。在股价上涨的途中虽然收出了几根小阴线，但跌幅很小，并没有给投资者留下好的中途介入机会。如果没有出现连续性调整走势，就没有好的低点介入机会。

由于股价见底之后的上涨形态结构非常简单，因此会有很多投资者错过低点介入的时机。如果没有来得及在低点区间进行建仓，那么后期应当在什么时候再次买入呢？最好的方法之一就是等到调整走势出现再入场。就算股价涨得再猛也必然会形成调整，即使主力资金不出货，市场中其他赚得足够多的资金离场也可能会把价格打下来。所以，上涨之后必然出现调整，健康的调整之后股价也必然会再度上涨。如果把握好这个市场节奏，操作就简单了。

对于后期行情而言，在调整区间的任何位置都可以进行建仓，但是本着收益最大化的原则，制定买点的时候还是需要讲究一些方法。一轮上涨行情中会出现多次调整，调整的次数越多便意味着股价的整体涨幅越大；涨幅越大，离顶部就越近，获利空间也就越小。所以，利润最大的介入点位就在首次调整区间。识别股价的第一轮上涨并不难，上涨之后只要出现调整，就是首次调整区间，此时整个区间都是好的介入点，只要股价在这个区间连续收出了阴线就可以毫不犹豫地入场了。

图2－40　斯迪克2021年6月走势

斯迪克的股价在上涨之前形成了长时间的低位箱体震荡走势，当股价放量突破了箱体震荡高点之后，一轮上涨行情即随之展开。在第一轮上涨行情出现的时候，给投资者留下了突破新高的介入点。除了抄底外，这是股价上涨行情展开之前的第一个顺势介入位。

虽然股价上涨初期的买入信号非常明确，但是依然会有很多投资者担心股价的突破是虚假的从而不敢入场。随着股价一天天上涨，那些没有在低点买入的投资者应当如何在后期把握住盈利机会呢？此时，对于投资者而言，最好的方法就是在股价出现首次调整买点的时候进行操作。在上涨的中途，股价连续收出了两根阴线，股价短线上升的趋势有了被破坏的迹象。虽然上升趋势看似不乐观，但是成交量在股价调整时出现了明确的萎缩迹象，说明盘中的主力资金根本没有进行任何出货操作，只要主力资金仍然停留在场中，股价波动的安全性就会非常高。

突破新高的上涨是见底后的第一轮上涨，第一轮上涨之后的调整便是首次调整，首次调整区间收出的阴线为投资者带来了极好的买进机会。之所以把首次调整区间视作买点，是因为主力在这个区间并没有出货，只要主力不出货，无论股价如何波动，都是安全的。

图2－41 富瀚微2021年6月走势

富瀚微的股价一经见底便在成交量放大的情况下快速展开了上涨行情。成交量随着股价一天天上涨而不断放大，说明股价的上涨得到了资金的认可，只要有资金不断介入，上涨行情就能够延续。

在股价初期上涨的过程中，阳线不断出现，这种走势说明资金此时做多的态度非常坚决。但是连续的阳线必然使很多投资者没有机会买入。面对股价如此强劲的上涨，投资者应当如何操作呢？阳线不可能一直出现，一旦在上涨过程中出现了调整阴线，投资者就可以积极入场了。因为初期连续上涨的阳线是主力在建仓，并非真正的主升浪行情，所以初期的调整也绝不会是顶部。

按照首次调整买点，在收出第一根阴线以后入场，股价后期再次出现了连续上涨的行情。如果首次调整规模大，则会提供多次中途介入的机会；如果首次调整规模小，则可能在调整两三天后继续展开上涨行情。但股价到底是大规模调整还是短线调整是无法事先得知的，因此只要在走势确定后第一次收出调整阴线，就可以视为出现首次调整走势，当股价连续收出两根阴线的时候就可以买进。既然主力没有出货，股价安全性就很高，后期上涨的概率就极大，也就没必要计较首次调整区间的介入点是不是这个区间的最低点了。上涨之前所有的价格都是好价格！

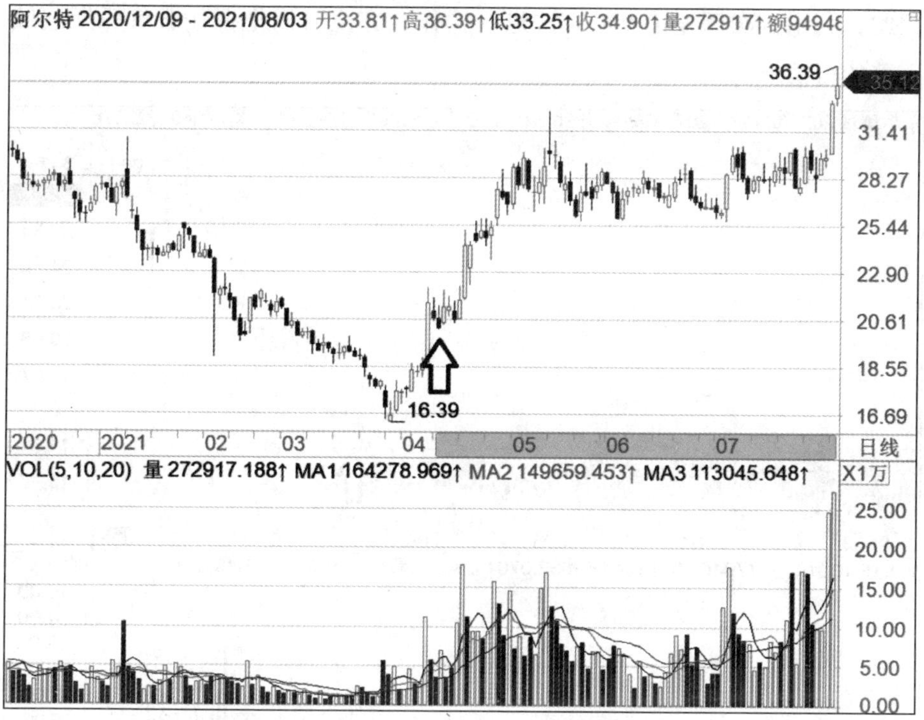

图2－42　阿尔特2021年4月走势

阿尔特的股价见底之后，在成交量连续放大的情况下出现了短线快速上涨的走势。在股价初期上涨的过程中，均量线保持着向上的趋势，说明盘中资金在非常有秩序地介入。主力资金在不断地进行建仓的操作，股价又怎么可能不上涨呢？

由于股价初期上涨的速度比较快，并且是以连续收阳线的形式进行，因此必然会有很多投资者把握不住低位买入的时机，一犹豫便错过了最好的买点。当投资者错过了低位买点以后，在股价上涨的途中可以利用首次调整买点，于上涨中途把握入场机会。对于短线快速上涨的个股而言，在连续出现阳线以后，只要收出第一根阴线就可以视为首次调整走势出现。

阿尔特的股价在底部收出了多根阳线以后，终于收出了第一根阴线。这根阴线是自上升趋势形成以来的首次调整阴线，因此投资者可以在阴线形成的低点处建仓。既然确定有资金入场，距离主力持仓成本并不远，就可以知道股价当前的安全性很高，因为主力没有任何出货的空间和意愿。因此，利用首次调整买点的方法进行操作，完全可以把握住股价后期连续上涨的行情。

图 2-43　东华测试 2021 年 6 月走势

东华测试的股价在出现了长时间的调整并调整到位后，在资金再度入场做多的情况下又展开了一轮大幅度的上涨走势。在股价上涨初期，成交量非常完美，每天都保持着放大的状态，这说明主力资金正在不断地向场中介入，为后期连续的上涨提供了足够的动力。

由于股价在低位震荡区间没有形成任何标准的买点技术形态，因此低点买入的投资者并不多，而后股价短线快速上涨的走势又让投资者错过了机会。面对股价的上涨，还没有买入的投资者此时应当如何操作呢？只能耐心等待股价出现首次调整走势以后再入场建仓。股价经过短线上涨后，终于收出了第一根调整阴线。这根阴线的实体非常小，如果主力正在大规模出货，那么股价又怎么可能只跌这么一点呢？阴线实体较小说明抛盘很轻，显然不是主力资金在出货，既然主力资金没有出货，此时调整的性质就是安全的。

在首次调整阴线出现时，阴线的实体越小，就越值得买进，因为阴线实体的大小直接反映了多空双方的力量对比。首次调整买点出现以后，东华测试的股价便在后期出现了连续上涨的走势，由此可见第一根阴线的位置根本没有大风险。

图 2－44　联创股份 2021 年 7 月走势

在联创股份的股价进入底部区间以后，出现了缓慢上涨的走势。在初期股价震荡上行的时候，成交量出现了温和放大的迹象，说明盘中有资金正在不断建仓。只要投资者发现了资金的建仓行为，就可以确认这只股票价格后期会上涨。

经过一段时间的震荡，主力买下了较多的底仓股票，便开始发力推高股价。随着成交量的进一步放大，阳线一根接一根地出现，每天都可以给场中的投资者带来不错的收益，同时不断提高着场外投资者的买入成本。经过几天的上涨，股价收出了一根正常的调整阴线，就是这根阴线再次为投资者带来了买入的机会。主力在进行操作的时候，很少会一口气把股价拉高到顶部区间，股价在上涨途中会经常收出调整阴线。第一根调整阴线离主力的成本区最近，主力还没有获得巨大收益，根本不会在这个位置进行出货，因此在首次调整阴线处买入，资金并不会有什么风险。

在第一根调整阴线出现以后，联创股份的股价很快便再度加速上行，由此可见，主力并不想给投资者留下太多逢低买入的机会。如果不懂得运用首次调整买点进行操作，就会白白丢掉盈利的机会。

图 2－45　中矿资源 2021 年 4 月走势

中矿资源的股价见底以后，在成交量急速放大的情况下展开了短线快速上涨的走势。股价在上涨初期涨得越快，能够及时买入的投资者就会越少。错过最低点的买入机会，并不意味着错过整个上涨过程。只要投资者运用正确的方法在上涨过程中的合理位置建仓，照样可以实现高额的盈利。

在股价快速上涨的过程中，除了其他分时绝技外，首次调整买点也是一个不错的买点。中矿资源在股价见底上涨的中途收出了第一根调整的小阴线，明确具备了首次调整的特征，因此投资者可以在这个位置积极地建仓。上涨力度越大的股票，首次调整买点就越有效。因为那些上涨力度比较大的股票往往会在调整阴线出现以后马上展开上涨的行情，投资者一旦买入，资金在近期就可以迅速增值。

首次调整买点无论是出现在调整的过程中，还是出现在股价短线上涨后收出第一根阴线时，都可以积极地对其加以利用。此时我们看中的是股价安全的波动性质，并不是具体的介入点。只要股价波动的性质是安全的，上涨的概率就极大，只不过是马上上涨还是过些天再上涨的区别而已。

第八节

极度缩量买点

K 线形态可以向投资者提示股价的方向，而成交量的变化则可以向投资者提示盘中资金的流向。因此，只有将成交量的变化与股价形态的变化结合起来进行分析，才能对股价波动进行准确的定性。在实战操作的时候，投资者都希望能够保证资金的安全，那么到底有没有一种买入方法可以将风险降至最低呢？有的，这种买入方法就是极度缩量买点。

极度缩量买点可以出现在股价上涨过程中的任意位置，当然最好是在股价上涨的初期或中期，这样未来的盈利空间才更大。在极度缩量买点区间，无论出现阳线还是调整阴线，都可以买进，K 线的具体形态并不是最主要的参考因素，成交量的变化才是买点是否成立的决定因素。在股价上涨的过程中，只有成交量极度萎缩，股价始终保持缩量上涨的状态，投资者入场的安全性才最高。因为缩量反映出主力资金已经完成了大规模的建仓操作，只要不出货就不会大量放量，而不大量放量就可以继续持有或大胆买进。

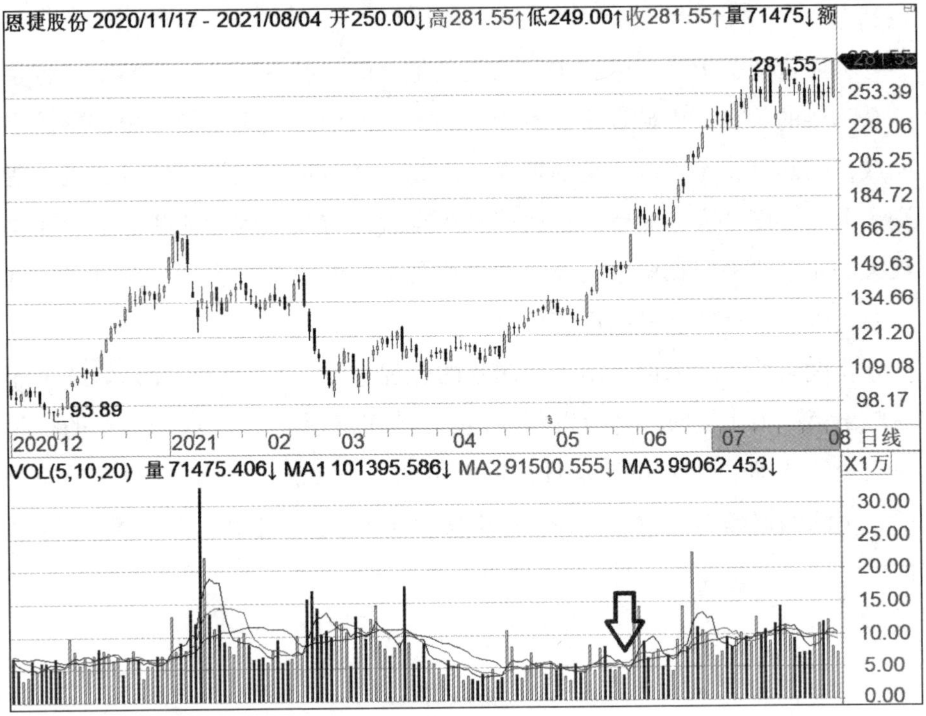

图2－46　恩捷股份2021年5月走势

恩捷股份的股价在上涨之前的低位形成了连续放量的走势。成交量的密集放大说明主力资金在盘中进行了大力度的建仓操作，只要有主流资金介入，股价就必然会在后期展开连续的上涨走势。

当股价形成上升趋势以后，投资者应当如何操作呢？在盘中操作，最重要的就是确保资金的安全，因此只能在主力还没有出货的情况下进行操作。那么，在股价上涨的过程中，投资者应当如何判断主力有没有出货？如果主力出货，成交量就会产生明显的放大迹象；如果主力没有出货，成交量就不会超规模放大。所以，量能的大小是判断主力出货与否的重要标志。

恩捷股份的股价在上涨后的调整过程中，成交量极度低迷，说明主力持有大量的股票而不愿意卖出。主力不卖出，便意味着当前股价的波动区间并不是顶部；只要顶部未到，投资者就可以在股价极度缩量上涨过程中的任何位置积极地建仓。

图2－47 双良节能2021年6月走势

双良节能的股价在图2－47中形成了一轮长时间的震荡上涨行情。面对股价连续上涨，很少有投资者可以实现大幅的收益，这是为什么呢？主要原因就是投资者买点设置错误，在股价调整的过程中不敢逢低建仓，而在股价上涨的过程中又不敢追涨，这样一来机会便一次次地被错过了。

只要股价形成大的上升趋势，投资者就没必要理会短线小幅度的震荡，而应当多从成交量的变化入手进行分析，因为成交量的变化代表了盘中资金的流向，只要主流资金没有出货，投资者就可以在任意位置买入。在双良节能中期上涨的过程中，始终没有出现放量的现象。主力巨大的持仓量怎么可能在如此小的成交量中顺利地完成出货操作呢？因此，无论股价是上涨还是短线调整，只要大趋势没有改变，投资者就可以进行买入。

极度缩量买点不强调 K 线形态中的具体买入位置，只要成交量没有放大、始终保持低迷，投资者就可以在极度缩量现象出现的时候买入股票。资金进出的流向远比具体的买入价格更重要！

图 2－48　双环传动 2021 年 11 月走势

双环传动在 2021 年初上涨的过程中，成交量形成了温和放大的走势，说明有资金开始了建仓，但由于年初成交量的密集程度较差，因此主力建仓的数量并不是太多。在经过了 2021 年 3 月的调整之后，成交量再度放大，说明主力的建仓操作具有连续性。既然主力资金愿意持续建仓，股价在后期就会持续上涨。

主力资金的介入是为了在后期实现盈利，当股价上升趋势形成的时候，投资者应当在什么位置买入呢？买入点的设置与主力的操作方式有重要的关系，如果投资者判断不准成交量的性质，就只能进行短线操作。但是，如果投资者可以在股价上涨的过程中通过成交量判断主力交易行为的性质，就没有必要在意具体的买入点位，只要成交量没有放大，股价就还会继续上涨。

双环传动的股价在上涨的过程中，随着股价越来越高，中途调整的成交量却越来越少，说明主力此时的持仓信心非常坚定。在这么小的成交量中，主力根本没有任何出货的机会，那还有什么可担心的呢？因此，当每一次成交量出现极度低迷的状态时，都是买入的好机会。

图 2－49 斯迪克 2021 年 6 月走势

斯迪克在股价上涨的初期，成交量出现了密集放大的迹象。成交量的变化将主力的持仓成本和操作意图完全透露给了投资者。掌握了主力持仓成本的所在，知道了主力正在积极地进行建仓操作，投资者就可以掌握更大的主动权。

从图 2－49 中可以看到，股价在脱离了主力的成本区间以后，在中途调整时成交量始终保持着非常低迷的状态。这种极小的量能形态说明主力在股价调整的过程中根本没有进行任何出货操作。主力不出货而股价短线小幅度下跌，意味着此次调整的性质只不过是上涨中途的一次震仓而已。既然主力资金始终不出货，那投资者还有什么可担心的？此时不仅不应当害怕，还应当敢于在成交量极度低迷的时候积极地入场买进或是加仓。

在股价上涨的过程中，成交量越少，说明主力持仓量越大，主力花费的资金越多。不管股价是上涨还是调整，只要股价没有出现大幅上涨，成交量始终保持着极度萎缩的状态，买点就无处不在。

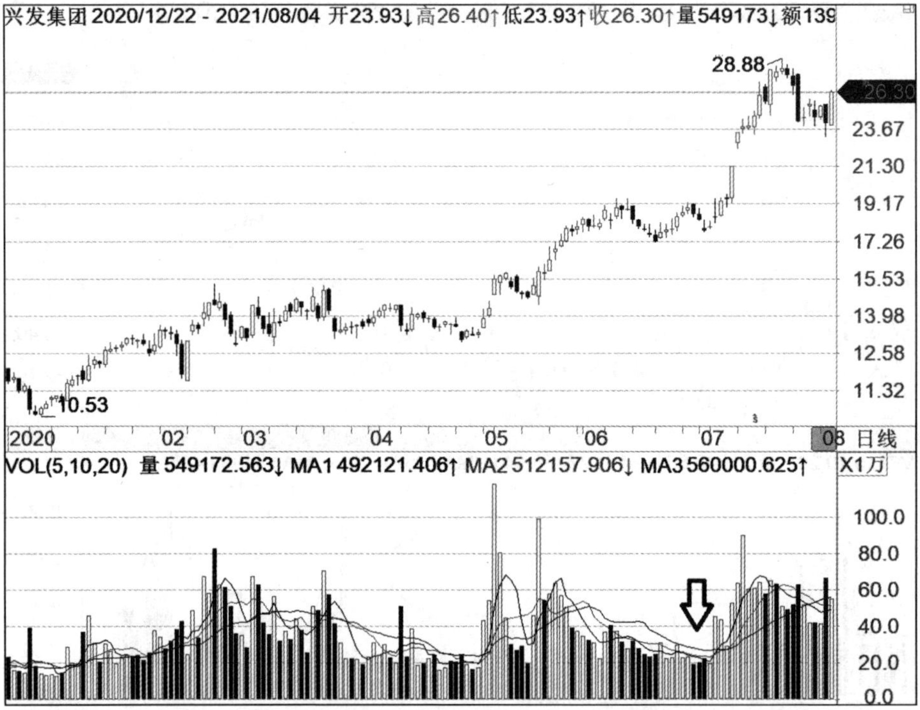

图 2－50　兴发集团 2021 年 6 月走势

兴发集团在股价上涨的初期，成交量都出现了密集的放大。量能在同一个区间内不断放大，说明有主力资金在进行大规模的建仓操作。只要投资者发现了主力资金大力度建仓的迹象，就可以确定股价后期必然上涨。

当股价突破了主力的持仓成本区间以后，上升趋势就变得越来越明显了。一旦股价形成大的上升趋势，投资者应当在什么位置进行建仓呢？如果投资者是进行短线操作，就需要根据具体的 K 线形态来把握买点；但是如果投资者顺应大势进行中长线操作，就应当在大趋势形成的情况下忽视短线 K 线的涨跌，而多从成交量的变化入手进行分析。

兴发集团在股价上涨过程中的调整区间，成交量始终保持萎缩。此时的量能形态说明主力已经买下了大量股票，只要主力不出货，成交量就不会放大，而在极度缩量状态下，投资者可以放心大胆地进行操作。

极度缩量买点属于中长线操作买点，因为这种买入方法并不注重 K 线的具体形态，只对成交量的变化有严格的要求。无论股价是上涨还是调整，成交量都不能放大，并且在上涨的过程中成交量越少越好，能萎缩到起涨前低迷的量能状态是最好的。在成交量保持极度萎缩状态的时候，对每一根阳线都可以进行追涨操作，对每一根阴线都可以在盘中的低点完成建仓。

若各位读者对本章内容有不解之处，可与笔者的团队联系进行技术咨询。微信：18832021888，QQ：1741864815。

第三章

指标捕捉短线买点

技术指标可以简化股价复杂的波动形态，极大地减轻投资者的分析压力，以最高的效率得出最贴近市场真实波动的分析结论。每款指标都从不同角度向投资者提示了市场的某个事实，投资者只要掌握正确加工这些事实的方法，便可以在指标的帮助下更好地确定进场与离场的点位以及具体的交易计划。虽然技术指标不是万能的，但没有它是万万不能的。不管是新手还是老手，多参考一下技术指标都会获得大大的好处！

第一节
精准买点

MACD 指标对于很多投资者来说并不陌生，但是能在实战中运用好的人并不多，主要原因就是很多投资者不懂得 MACD 指标在什么情况下或是形成什么样的提示信号，获利的稳定性才会更高。如果不懂得指标的正确使用场景，就难以出现好的实战效果。

本节将为各位读者介绍 MACD 指标的一种稳定性最高的买入形态——精准买点。无论什么水平的投资者，只要见到 MACD 指标形成了如此的技术形态，就可以放心大胆地进行操作。MACD 指标一旦形成精准买点，就算股价没有爆发一轮不错的上涨行情，想在近期断续下跌也是非常困难的。

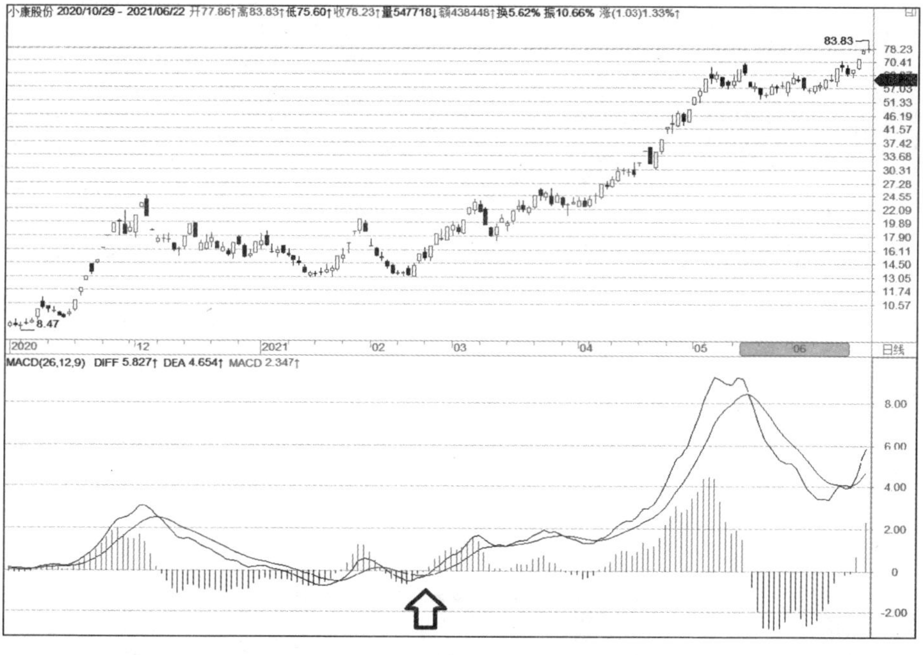

图 3-1 小康股份 2021 年 2 月走势

小康股份的股价在前一次顶部形成以后，出现了连续震荡下跌的走势，因为下跌的幅度并不是很大，下跌的时间也不是很长，所以若从 K 线形态进行分析是很难找到低点介入的机会的。

当无法从 K 线形态上得到操作结论时，投资者就要利用技术指标进行辅助分析了。从图 3 -1 中可以看到，在股价下跌的末期，MACD 指标先后形成了两个金叉买点的提示信号，第一个金叉提示投资者股价可能已接近底部区间，应当密切关注；第二个金叉提示投资者最佳买点所在。按照 MACD 指标先后两次出现的金叉买点提示信号，投资者可以准确地在股价抬高的第二个金叉处把握住股价上涨前的最低点区间。

将 MACD 指标的第一个金叉视作底部提示信号而不急于操作是一种稳健的方法，可以过滤掉 MACD 指标经常出现的“伪信号”，只有金叉买点先后出现两个，才可以给投资者带来最稳定的盈利机会。

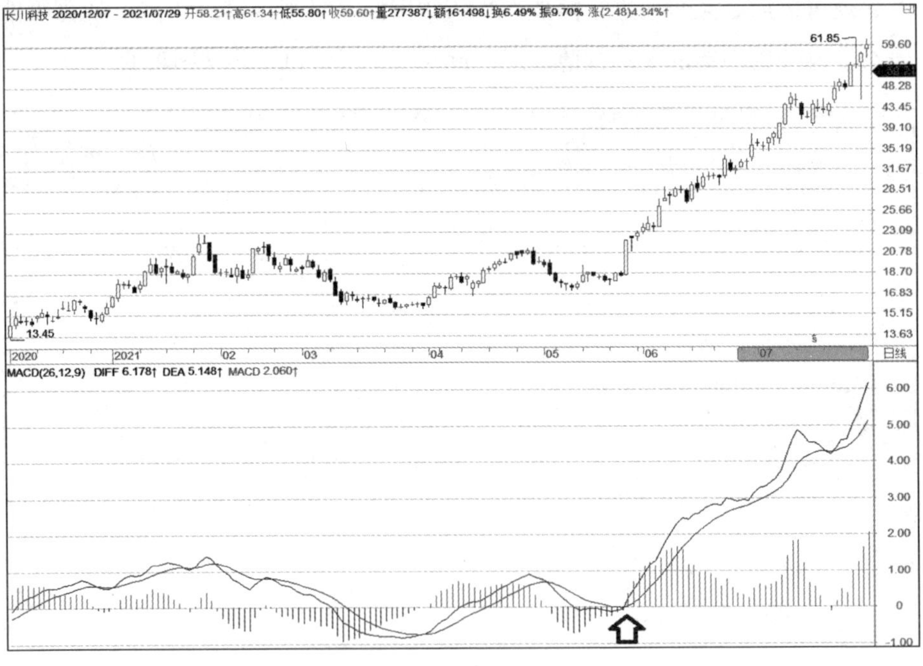

图 3 -2 长川科技 2021 年 5 月走势

长川科技的股价在形成了一次阶段性顶部以后，出现了大幅调整的走势。在股价大幅调整的时候，MACD 指标始终保持着空头排列的形态。在 MACD 指标空头向下排列的时候，投资者是绝对不能入场进行操作的，因为在这一区间内股价下跌的风险是极大的，我们无法得知股价会出现怎样深度的下跌，所以不宜过早入场。

在经过了一段时间的下跌以后，MACD 指标在低位形成了第一个金叉买点信号。在第一个金叉出现的时候，由于股价依然呈下降趋势，投资者是不能进行操作的，必须等到下一个更明确的买入信号出现。股价在经过了又一番震荡以后，MACD 指标再次形成了一个金叉买点信号。接连两次出现的抬高形式的金叉信号是什么含义呢？

MACD 指标的变化是在提示投资者股价的底部就在这个区间，第一个金叉表明了股价大的底部区间可能所在，而第二个金叉则进一步确认了底部的到来。所以，当 MACD 指标出现两个金叉确定底部的时候，投资者就可以在这个区间内建仓了。有两个确认的金叉才是值得信任的买点信号。

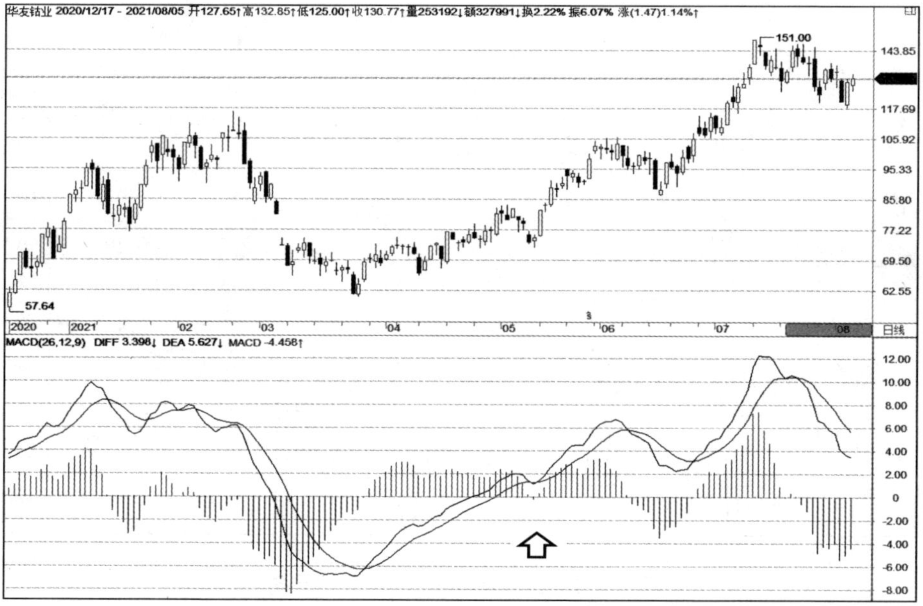

图 3-3 华友钴业 2021 年 5 月走势

华友钴业的股价在上涨之前出现了一轮短线大幅下跌的走势，在股价下跌的时候，MACD 指标始终保持着明确的空头排列形态。在这种情况下，如果投资者入场进行操作，那么风险将会极大。

经过一段时间的下跌以后，MACD 指标形成了第一个金叉买点信号，因为此时股价的下降趋势并没有明显转变，所以投资者应当抱着谨慎的态度，不要过早入场，等形势明朗了再积极操作。股价经过一轮震荡以后，MACD 指标再度形成了一个金叉买入信号。在不长的时间里 MACD 指标连续出现两个买入信号，表明股价进一步上涨的行情就在眼前，在第二个金叉形成的时候，大好的操作机会就到来了。

在 MACD 指标第二个金叉买点形成以后，股价出现了一轮连续上涨的行情。之所以将这种买入方法称为“精准买点”，是因为 MACD 指标一旦形成这种形态，股价上涨的稳定性就是极高的，并且第二个抬高的金叉买点信号点对应的股价还是后期行情中难得的一个重要低点。

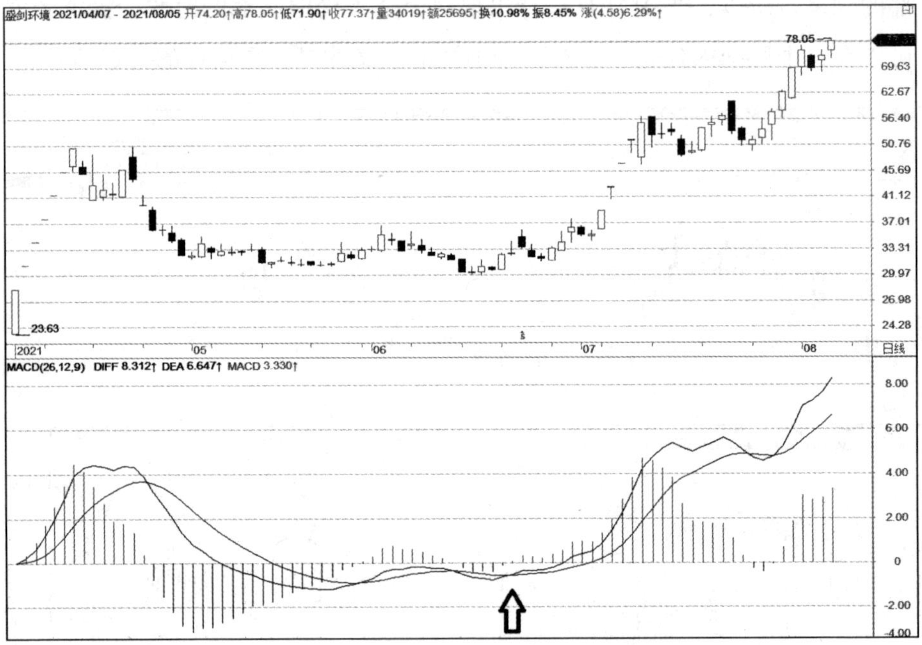

图 3－4　盛剑环境 2021 年 6 月走势

盛剑环境的股价在进入正常波动状态后，便呈现出连续下跌的走势。在股价下跌的过程中，MACD 指标始终保持着空头排列形态，不断提示投资者风险在延续。在一轮下跌结束后，MACD 指标第一次形成了金叉的现象，此时可以入场买进吗？

在实战中，第一个金叉只能被视作提示积极关注的信号，不宜直接作为买入信号，因为在这个时候主力还没有开始建仓，所以不能过于乐观。但是，如果 MACD 指标可以形成第二个金叉信号，投资者入场操作的安全性就比较高了。

在图 3－4 中，MACD 指标在形成第一个金叉后，股价并没有好的表现，而是在后期继续形成了创新低的走势。当形成 MACD 指标第二个金叉时，股价才走出了真正的上涨行情。

计算题要验算一下才能保证结果准确，而 MACD 指标的金叉买点只有经过二次确认，才能提高股价后期上涨的稳定性。第二个金叉必须出现抬高的形态，与前一个金叉信号之间不能夹杂过多、过碎的波动，否则会有走势脱节的可能。同时，两个金叉间隔的时间不宜过短也不宜过长，既要有一定的时间间隔，给主力资金留出建仓的时间，也不宜间隔时间太长，导致走势的关联性越来越弱。

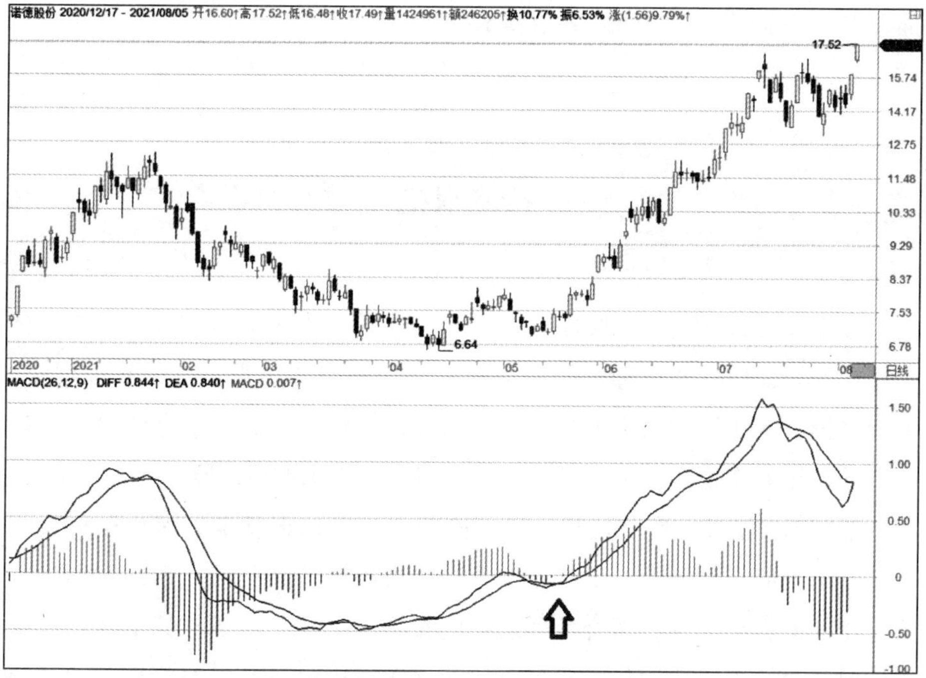

图 3－5 诺德股份 2021 年 5 月走势

诺德股份的股价在上涨之前出现了一段时间的震荡下跌走势。在主要的下跌过程中，投资者完全可以参考 MACD 指标的空头排列信号，空仓在场外等待机会的到来。如此一来，不管股价如何下跌，都不会产生亏损的风险。MACD 指标不仅可以提示风险，还可以通过金叉买点信号提示投资者获利机会的到来。

股价在下跌到底部之后，MACD 指标形成了第一个金叉，但不具备买入的参考价值，投资者绝不能在下跌之后的 MACD 指标第一个金叉处操作。在很短的时间内，MACD 指标形成了第二个金叉，与第一个金叉相比，第二个金叉位置没有抬高，因此，第二个金叉的点位依然不能操作。并不是出现第二个金叉就可以买进，而是第二个金叉抬高才可以买进。

经过一番震荡，第三个金叉出现。这个金叉与第二个金叉相比明显出现了抬高的迹象，因此，真正的买点就在第三个金叉的位置。只有看到抬高的 MACD 指标第二个金叉，投资者才可以积极大胆地入场进行操作。精准买点不是乱叫的，它的确名副其实！

第二节 抄底双枪

很多投资者在进行短线操作的时候喜欢使用 KD 指标，但由于该指标是纯粹的短线指标，指标线的波动非常频繁并且线体形态有时比较混乱，使很多投资者使用的效果不是太好。那么，有没有什么好的方法可以让投资者的使用效率更高，更容易捕捉到价格波动带来的机会呢？

使用 KD 指标抄底双枪技巧进行操作，就可以成功地把握住股价短线上涨行情的起点。抄底双枪的操作方法非常简单，并且买点形成时的指标形态也非常容易确认，适合各种水平的投资者使用。需要注意的是，在买入的时候要抱着短线操作的态度，因为 KD 指标本身是短线指标，无法提示中长线操作。短线买入后，在有一定盈利做保护并且止损方法正确时，才有可能将短线盈利一步步转变为中长线操作。

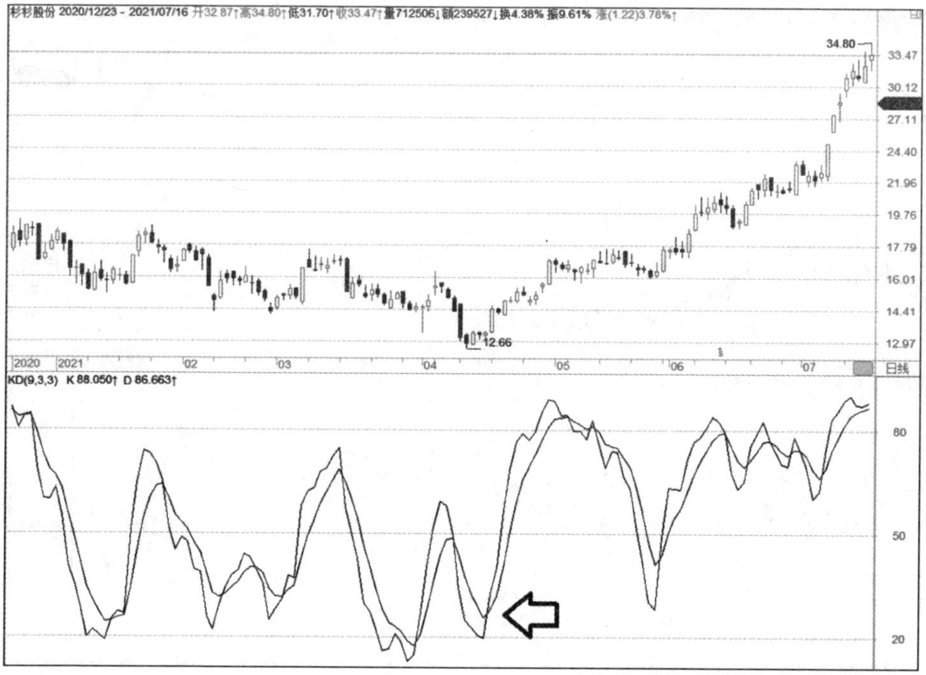

图 3-6　杉杉股份 2021 年 4 月走势

杉杉股份在股价震荡下跌的时候，KD 指标的高位死叉为投资者发出了反弹高点的风险信号。在下跌过程中，只要 KD 指标没有从较高的数值区间回落到较低的数值区间，股价的波动就不会给投资者带来任何好的短线盈利机会。

在股价经过连续下跌以后，KD 指标终于在低数值区间形成了第一次金叉买点信号。不过，由于 KD 指标的波动非常灵敏，面对第一个金叉买点还是谨慎为好，不宜直接入场。股价再次经过短线回落后，KD 指标也再度于低数值区间形成了第二个金叉买点提示信号。第二个金叉与第一个金叉相比属于一种验证，预示着股价后期上涨的可能性较大。

KD 指标在形成第一个金叉时，提示短线可能有介入的机会，形成第二个金叉时便可以直接入场买进了。第二个金叉的作用是验证，验证短线底部较大的可靠性。在股价经过较长时间的下跌后，一旦连续出现两个 KD 指标金叉买入信号，就可以积极入场了。

图 3－7　道氏技术 2021 年 4 月走势

道氏技术的股价在主要下跌过程中，KD 指标始终保持着空头排列的形态。在 KD 指标没有回落至低数值区间前，不管价格如何波动都不宜入场做多。由于 KD 指标是短线性质的指标，因此，它提示的交易机会是短线性质的，提示的风险信号也是短线性质的。

在 2021 年 3 月中旬下跌中途，KD 指标先后形成了两个金叉，但是在形成这两个金叉后，股价继续下跌，使买点信号失败。虽然这次提示失败了，但从图 3－7 中的 K 线形态来看，并不会造成太大的亏损。在 KD 指标形成的第二个金叉时买进，在股价创新低或 KD 指标重新形成死叉时止损，投资者绝不会出现大的亏损，而小亏则基本不必理会，一笔交易就全部赚回来了。在第二个金叉买点失败后，切不可将第二个金叉再与第三个金叉做比较。在第二个金叉失败后，后期想再进行操作，需要等待新的形态，即将第三个金叉与第四个金叉进行配对分析。

经过一个多月的下跌以后，KD 指标重新形成了金叉买入信号。在前两个金叉失败后，这个金叉就是新的第一个金叉了。它的出现提示投资者底部区间有可能到来，投资者应当从此时开始密切留意股价的动向。在经过短线再次下跌后，KD 指标形成了第二个金叉买入信号。连续两个金叉是在提示投资者：股价短线下跌的风险已经排除，此时应当积极入场进行操作。在抄底双枪买点形成以后，股价便在后期出现了一轮连续上涨的行情，随着盈利的不断扩大，就有了将短线单转变为中长线单的机会。

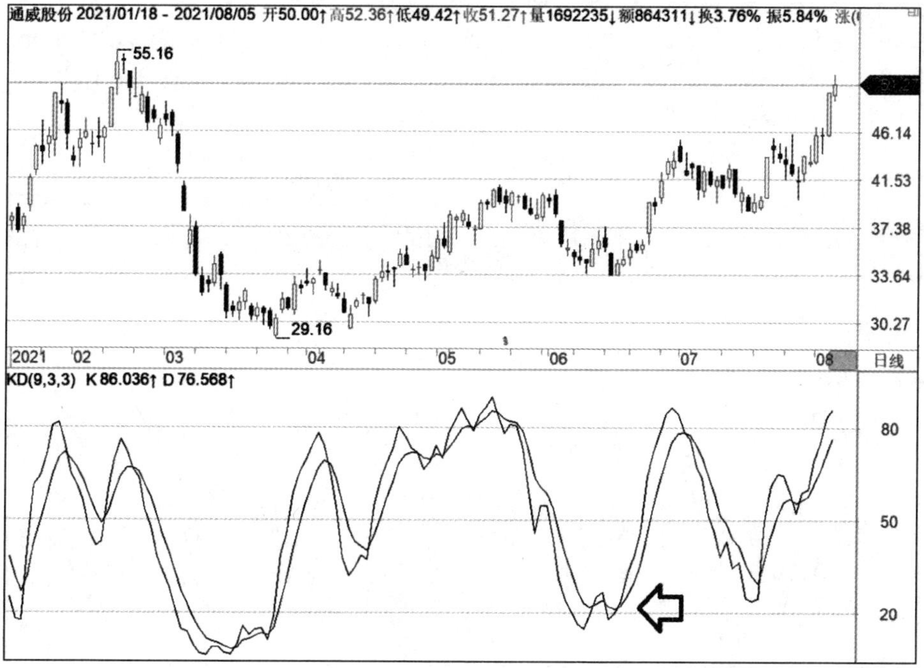

图 3－8　通威股份 2021 年 8 月走势

通威股份的股价在第二轮上涨行情开始之前，出现了一轮短线下跌的走势。股价的下跌促使 KD 指标线保持着下降的趋势，只要 KD 指标没有回落到低数值区间，短线下跌的风险就不能排除，投资者如果在 KD 指标由高到低的回落过程中进行操作将会非常危险。

当股价经过短线较快的下跌以后，杀跌动能已经变得非常虚弱，这就使 KD 指标在低数值区间形成了第一个金叉信号。在 KD 指标形成第一个金叉买点的时候，由于股价的下降趋势并没有完全结束，不宜过早入场操作。随着股价短线再次下跌，KD 指标又形成了一个金叉买入信号，在时间相隔很短的情况下 KD 指标连续两次提示投资者买入，足以证明股价短线底部的成立。

抄底双枪买点信号成立以后，股价便在后期出现了一轮短线快速上涨的走势。由此可见，正确使用KD指标完全可以帮助投资者成功把握短线盈利的机会。虽然下跌走势看似无章可循，但是只要利用技术指标辅助进行操作，也就很容易找到介入点了。

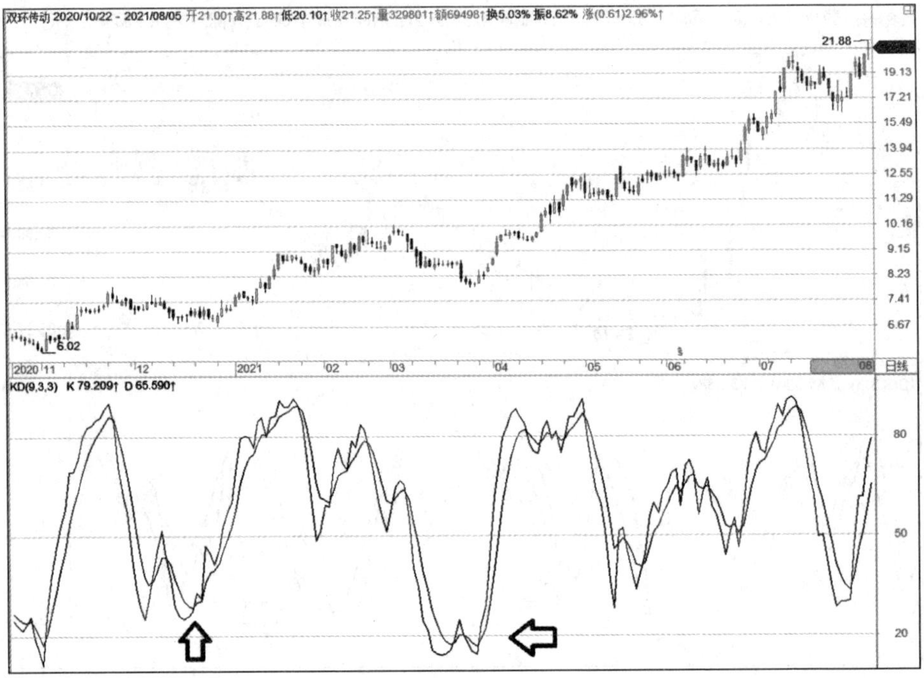

图3－9　双环传动2021年3月走势

双环传动的股价在上涨中途，先后形成了两次抄底双枪的走势。虽然股价所处的位置不同，短线底部的形态也不同（一次是水平的底部，一次是创新低的底部），但KD指标都及时地向投资者发出了一致的买入提示信号。那么，KD指标的信号有着怎样的技术特点呢？

在第一轮大调整的下跌低点，KD指标形成了第一个金叉信号。由于这是下跌以来的第一个金叉，因此最好采取谨慎的态度先不入场买进。股价在低点震荡了几天之后，KD指标再次形成了金叉信号，对第一个金叉进行了验证。在这种情况下就可以积极大胆地入场操作了。在下跌或调整的低点区间，先后两个间隔时间不长的 KD 指标金叉，往往都提示了很好的逢低入场的机会，不能轻易放过。

第二轮大调整的低点也是如此。在 KD 指标回落到低数值区间后，先形成了第一个金叉，为稳妥起见此时依然不去操作。随着股价再次短线破位，第二个金叉买入信号随之出现，这个时候便可以大胆地进行操作了。价格是否破位并不重要，重要的是 KD 指标在低数值区间先后两次形成的买入信号往往可以促使股价形成上涨行情。

KD 指标到达低数值区间，向投资者发出了价格下跌空间不大的信号。在下跌空间不大的情况下，先后两次形成的买入信号直接宣告了下跌行情的结束、上涨行情的到来。此时入场就会抓住一波不错的行情，即使形态失败也只会产生很小的亏损。用较小的损失换取一轮行情，这难道不值得吗？

图 3－10　沧州明珠 2021 年 6 月走势

沧州明珠在图 3－10 中形成了一轮连续震荡上涨的行情，股价在上涨过程中低点不断抬高，显示多方力量明显强于空方力量，多头非常有节奏地、一步一个台阶地控制着股价的上涨。技术形态的规律性越明显，投资者操作的难度就越小。

2021 年 6 月下旬，股价短线下跌，KD 指标回落到低数值后，形成了第一个金叉。此时的金叉可以被视作机会有可能到来的信号，应当引起重视，而不宜直接入场进行操作。又跌了一天之后，股价开始了快速的上涨行情，在上涨之前形成了第二个金叉。先后形成两个金叉，这是抄底双枪的技术形态吗？

两个金叉的确是在股价同一波动区间形成的，它们之间有着密切的联系，但相比上述几个案例，这个案例有一个很大的区别，那就是第二个金叉距离第一个金叉较远，而不像前几个案例中的金叉都基本处在同一个水平位上。这种金叉位置落差较大的形态并不属于标准形态，对于这种不规则的形态，是不宜进行操作的。

首先，抄底双枪要求两个金叉出现的时间不能间隔太久、位置落差不能太大。其次，第二个金叉相比第一个金叉，若能形成抬高的形态是最好的，当然，这一点不做硬性要求。最后，KD 指标先后形成的两个金叉一定要在低数值区间，否则股价没有到达低位，短线的上涨空间就变小了。KD 指标数值越小，说明股价的下跌越充分，后市的机会就越好。

第三节

绝地反攻

MACD 指标可以准确地向投资者提示趋势的方向以及股价波动的力度。无论是中线操作还是短线操作，MACD 指标都可以及时向投资者发出操作提示，甚至可以在趋势见底或见顶之前向投资者发出方向转变的信号。因此，在实战操作时，一定要多参考 MACD 指标的提示信号，以确保操作的准确性。

绝地反攻是利用 MACD 指标总结出来的一种短线操作方法，该方法的买入点出现在股价调整完毕、新一轮上涨行情即将开始的时候。在这个位置买入可以在很短的时间里实现较高的收益，直接搭上价格调整到位以后连续上涨的顺风车。

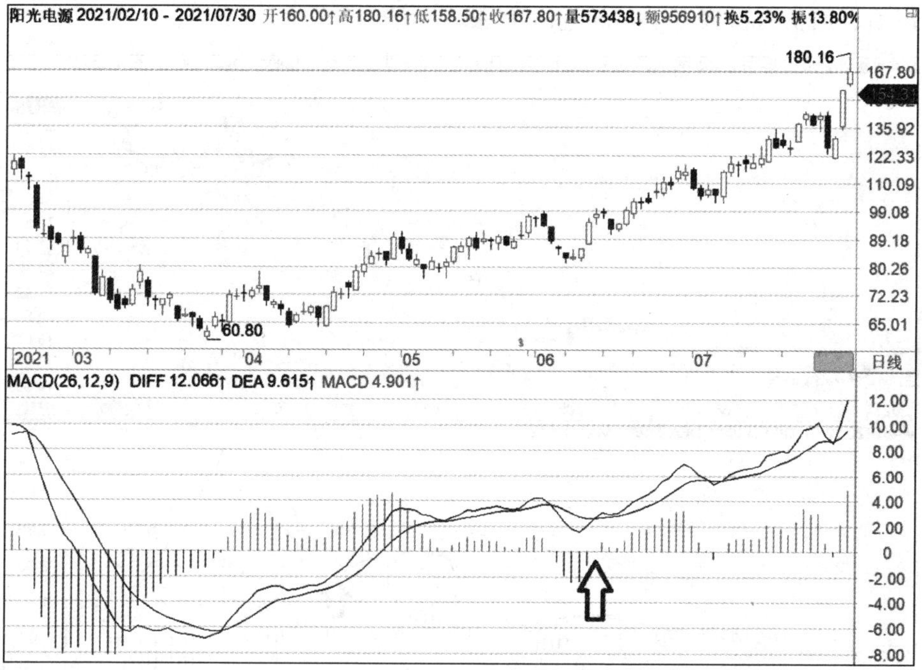

图 3－11　阳光电源 2021 年 6 月走势

阳光电源的股价回落到底部以后，形成了持续震荡上涨的走势。一旦股价扭转了下降趋势并形成明确的上升趋势，投资者就要及时入场，能抓住底部机会的就去抄底，错过抄底机会的就要在上涨中途调整的过程中寻找低点积极入场。

在经过三小波持续的上涨之后，主力便开始进行打压震仓的操作了。随着股价波动重心短线快速下移，MACD 指标随之形成了死叉的走势。在常规操作中，一旦 MACD 指标形成死叉，投资者就会卖出手中的股票规避风险，但此时卖出操作是错误的。股价看似陷入了困境——股价短线快速下跌并且 MACD 指标形成死叉，但这是主力人为操作的结果。MACD 指标形成死叉不久后重新形成了金叉，这种走势就是绝地反攻最明显的技术特征。

一旦 MACD 指标形成了绝地反攻的走势，投资者就要在 MACD 指标形成金叉的时候及时买入股票，因为多方在成功进行了反击之后必然会乘胜追击。从股价后期的波动中也可以看到，在 MACD 指标形成绝地反攻买点以后，股价再次展开了一轮连续上涨。

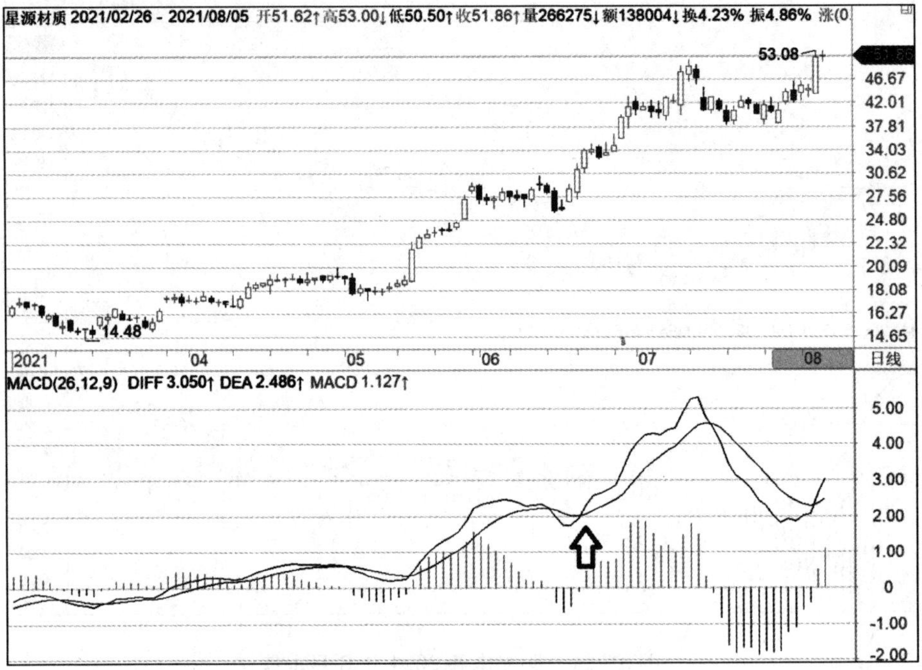

图 3－12　星源材质 2021 年 6 月走势

星源材质的股价一经见底便形成了连续上涨的走势。随着股价的上涨，MACD 指标及时地为投资者发出了金叉的提示。对于没有任何规律的金叉，投资者把握不住买点是很正常的，毕竟不可能在所有金叉形成时都入场操作。那么，怎样的金叉才是有规律并值得进行操作的呢？

当股价有了一定涨幅以后，主力便开始进行打压操作了。由于本次下跌力度相对较大，形成了上升趋势过程中力度最大的一次调整，MACD 指标形成了死叉的走势。但是，此时的死叉并不是真正的卖点，如果此时股价真要下跌，那么早就连续收出阴线了。MACD 指标在形成死叉以后，很快重新形成金叉。死叉与金叉之间间隔的时间非常短，这种形态就是绝地反攻最明显的技术特征。这就是最有规律的金叉信号，也是最值得操作的金叉信号。

在绝地反攻买点信号出现以后，星源材质的股价便以更快的速度展开了一轮上涨。在调整结束的时刻向投资者发出买入信号，正是绝地反攻的意义。既然调整已经结束，那么无论股价上涨的力度有多大就都是正常的了。

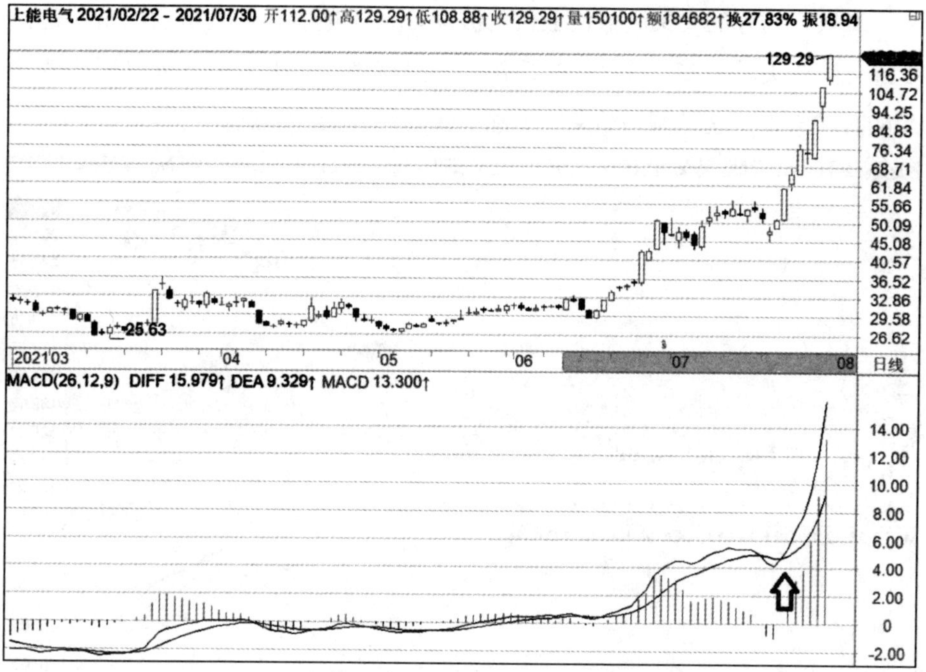

图 3－13　上能电气 2021 年 7 月走势

上能电气的股价在低位徘徊一段时间以后，随着 MACD 指标金叉的连续出现，终于形成了持续上涨的走势。MACD 指标的两条指标线明确向上的形态提示了投资者未来股价可靠的波动方向。一旦 MACD 指标明确形成上升趋势，投资者要做的就是等待上涨中途出现好的介入时机，赶紧入场建仓。

股价创出新高以后，主力打压震仓，股价随之回落。短线的下跌使 MACD 指标同步形成了死叉。当 MACD 指标形成死叉的时候，投资者一定要对股价下跌的性质进行分析。如果下跌的性质是主力资金在出货，投资者就要及时卖出手中的股票；如果下跌的性质只不过是主力在打压震仓，投资者就要继续持有手中的股票。正是因为上能电气股价下跌的性质属于震仓，所以投资者不必匆忙离场，可以暂时忍受一下股价此时短线的下跌。只要不是顶部，上涨就是必然的事情，只是时间的早晚而已。MACD

指标在形成死叉以后，很快又形成了金叉买点。MACD 指标在极短的时间里经历了由死叉转变为金叉的走势，宣告了绝地反攻买点的成立。

MACD 指标的死叉看似使股价的波动陷入了绝境，但是随后股价快速的上涨化险为夷。在多方成功组织反击时，投资者一定要及时在死叉转变为金叉的时候买入，这是调整结束、上涨行情即将开始的起点。

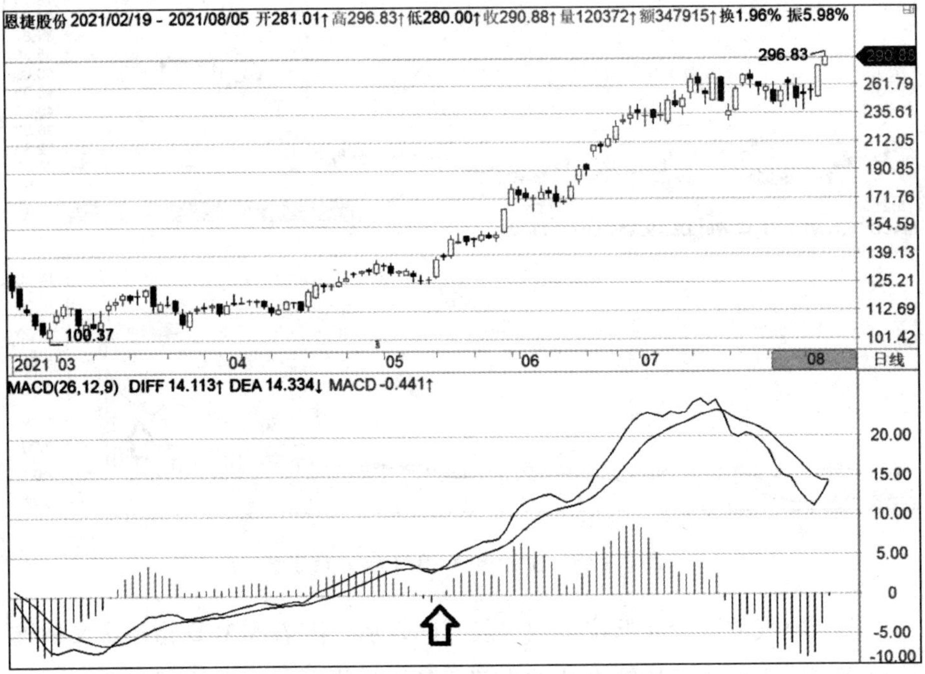

图 3－14　恩捷股份 2021 年 5 月走势

恩捷股份的股价在形成了底部以后，受股价波动重心企稳的带动，MACD 指标于低位形成了金叉以及明确的上升趋势。虽然股价依然在低位区间保持震荡并未马上上涨，但 MACD 指标坚定的上升趋势向投资者发出了未来股价大概率会向上的信号，这也就意味着投资者应当做好随时入场操作的准备。

在股价上涨的过程中，主力总是会进行各种各样的打压震仓操作，只有让股价和技术指标形成令投资者恐惧的形态，才可以将低位买入的投资者吓出去，从而抬高市场的平均持仓成本。许多投资者会在 MACD 指标形成死叉的时候卖出股票，因此主力会专门打压股价使 MACD 指标形成死叉，这样就能够让投资者产生离场回避风险的想法。

因为上涨中途 MACD 指标形成死叉并不是由于资金出货，所以当死叉形成以后，股价会马上展开新的上涨行情。随着股价的上涨，MACD 指标又会在很短的时间里形成金叉。在相隔时间很短的情况下，MACD 指标形成了由死叉转变为金叉的走势，也就是绝地反攻买点的信号。这种信号一旦出现就意味着调整已经彻底结束，主力准备加大力度拉抬股价了。即使之前死叉时卖出了股票，当金叉买入信号重新形成时，也要果断地再次入场，切不可丢掉此时难得的买入机会。

有的股票的股价在 MACD 指标形成死叉以后便连续下跌，而有的股票在死叉形成以后出现上涨。那么，投资者如何在死叉出现时就准确判断未来会不会形成金叉呢？

答案就是，投资者必须知道形成死叉时股价下跌的性质是什么，下跌的性质不同会使死叉形成以后的走势不同。只有股价下跌的性质是主力震仓时，才会大概率形成绝地反攻买点。那么，投资者如何判断当前股价的波动是不是主力震仓呢？一方面，投资者要对成交量的变化进行分析。如果股价在前期上涨时出现了首次放量的现象，并且在下跌时成交量急速萎缩，资金并没有向场外撤离，下跌就是安全的，与之对应的 MACD 指标死叉也就不会引发什么风险。另一方面，投资者一定要对股价的位置进行分析。如果死叉形成以后股价还能上涨，就意味着当前股价并不是顶部，而是上涨的中途；既然是上涨的中途，那么股价现有的整体涨幅肯定不会太大；若是涨幅过大，主力有了足够的盈利空间，就会寻找机会变现收益。

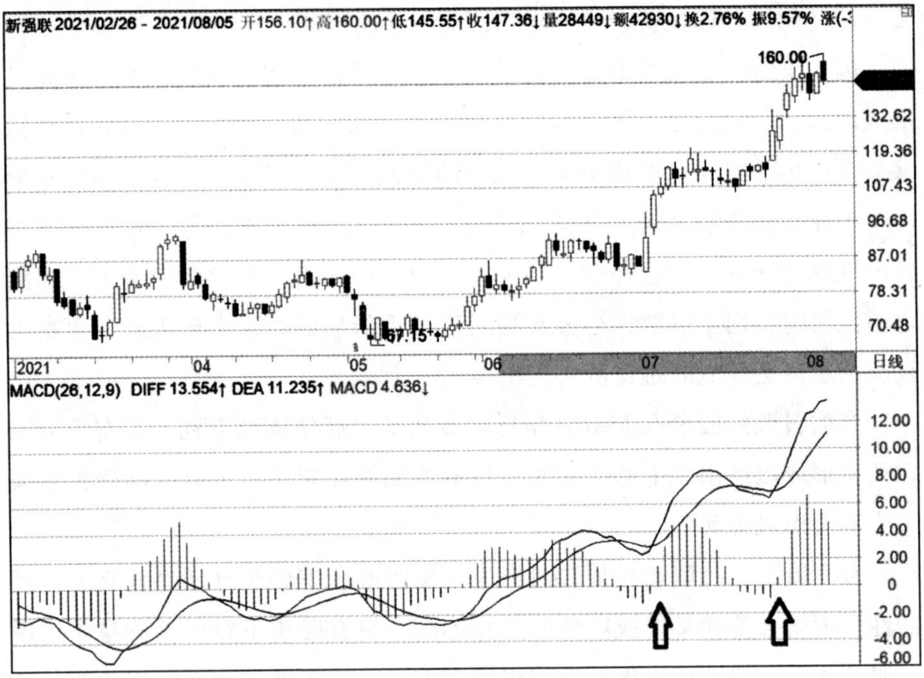

图 3－15　新强联 2021 年 7 月走势

新强联的股价在下跌结束以后，形成了震荡上行的走势。第一次形成绝地反攻买点信号时，股价仅处于上涨的初期，这个点位别说主力巨大的资金了，就是普通投资者也不可能有太多的盈利，因此这个位置绝不会是顶部。不在顶部的死叉不是那么危险。第二次形成绝地反攻买点时，股价也仅经历了两波上涨，就算第一波上涨过程中主力全部完成了建仓，但第二波上涨的幅度并不大，主力虽然有盈利但并不算丰厚，因此这个点位形成顶部的可能性也不大。这种温和震荡上涨的走势很少有两波就见顶的，两波上涨就见顶的走势，都是以股价短线大幅上涨为前提条件的。

MACD 指标形成死叉以后，投资者是不能够入场的，持仓的投资者如果能够对股价定性则可以在主力震仓时暂时忍耐、继续持仓。只有在金叉出现的情况下，场外的投资者才可以入场建仓，金叉不出现，调整便没有结束，上涨行情就不会马上展开。在金叉形成的时候一定要注意，金叉与死叉之间间隔的时间越短，股价在后期上涨的稳定性就越高。

第四节
龙抬头

在学会了绝地反攻买入方法以后，投资者就可以进一步学习绝地反攻的另一种变形买入方法了，这种新的买入方法被称为“龙抬头”。龙抬头也是利用 MACD 指标进行操作的一种短线买入方式，技术形态与绝地反攻相近，唯一的区别就在于：绝地反攻中 MACD 指标形成了死叉，而龙抬头买点形成的时候 MACD 指标没有形成死叉。

龙抬头买点形成时 MACD 指标的具体表现为：MACD 指标慢线始终保持着上升的趋势，但是指标快线因股价的回落而形成了向下的走势，并且在马上就要与慢线形成死叉的时候，受到股价连续上涨的带动，MACD 指标快线又再度上行。一旦 MACD 指标快线再次形成上行趋势，龙抬头买点就形成了，投资者就可以入场进行操作了。

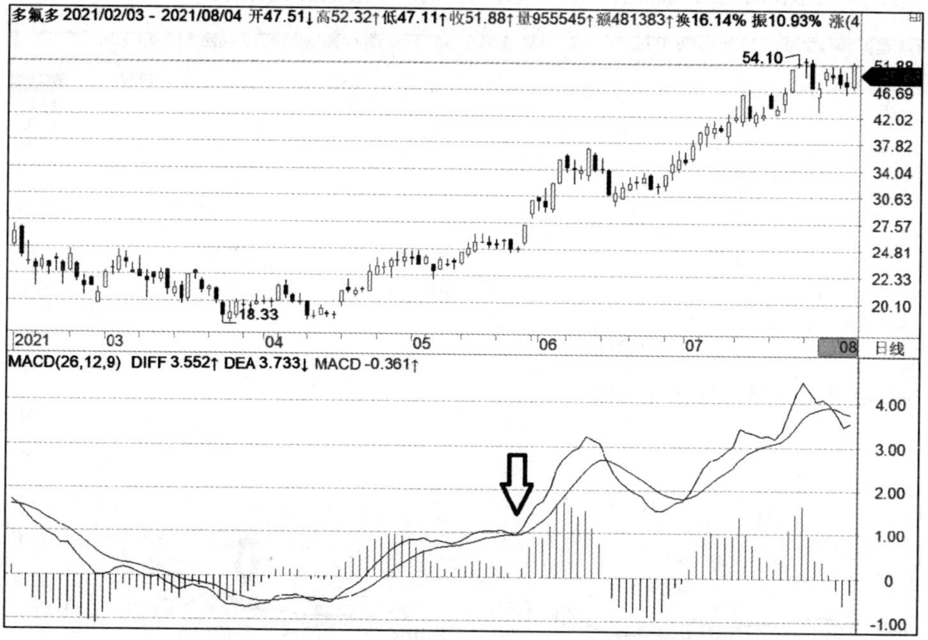

图 3－16　多氟多 2021 年 5 月走势

多氟多的股价在下跌到底部后，先后形成两个金叉买点信号，一轮上涨行情随之出现。随着股价的上涨，MACD 指标同步形成了明确的上升趋势，这就为投资者点明了未来大概率可能走出的方向。

股价在维持了一个月左右之后，由于主力的打压操作，短线再次出现了调整的走势。阳线实体并不大，股价又老是涨涨跌跌，对于这种速度较慢的波动形态，投资者难免会产生换个强势上涨个股的想法。那么，对于这种上涨初期力度并不是很大并且出现调整的走势，该如何进行分析呢？

在股价上涨的过程中，MACD 指标慢线始终保持着上升的趋势，为投资者提示了后期股价稳定的大方向。随着短线上涨停止、调整出现，指标快线形成了向下勾头的走势，但是并没有与慢线形成死叉。MACD 指标在股价调整时没有形成死叉，说明盘中做多的力度大于做空的力度。在快线与慢线将要形成死叉的时候，股价突然起涨，随着涨停大阳线的出现，MACD 指标快速转头向上，这种技术形态就是龙抬头的买入信号。在快线向慢线靠近时，可能会出现死叉使短线风险延续，因此此时不适合入场操作，而一旦快线又转变成向上的走势，就意味着调整结束、新一轮上涨行情展开。

图 3－17　百川股份 2021 年 7 月走势

百川股份的股价见底之后走出了一轮上涨的行情，随后形成了调整的走势。从股价调整区间可以看到，MACD 指标先后形成了两个低点抬高的金叉，这样的技术形态意味着股价后期继续上涨的概率是很大的。

调整结束，股价开始慢慢上涨，短线再度出现了一次小幅调整的走势。由于第一波的上涨较为温和，没有出现大实体的阳线，股价整体涨幅不是很大，并且调整区间波动重心下移的幅度也比较小，因此可以确定，主力在这个区间出货的可能性比较小。如果没有明显的主力出货迹象，那么股价此时波动的安全性就非常高了。在这一前提下，若出现了买点信号，投资者就可以积极地入场进行操作了。

第二个抬高的金叉形成后，在股价继续小幅度调整的区间，MACD 指标快线出现向下掉头的迹象，但是指标慢线的上升趋势提示了投资者股价后期还将继续上涨。快线虽然出现了下降迹象但是并没有与慢线形成死叉，说明多方当前依然占据着绝对的控制地位。如果 MACD 指标的快线与慢线没有形成死叉，投资者就要高度重视股价的短线回落走势，一旦 MACD 指标快线在没形成死叉前重新形成了上行趋势，就意味着龙抬头买点已经形成了。在股价安全性较高的情况下，一旦买点形成，投资者就可以积极地入场操作了，因为股价后期继续上涨的可能性是非常大的。

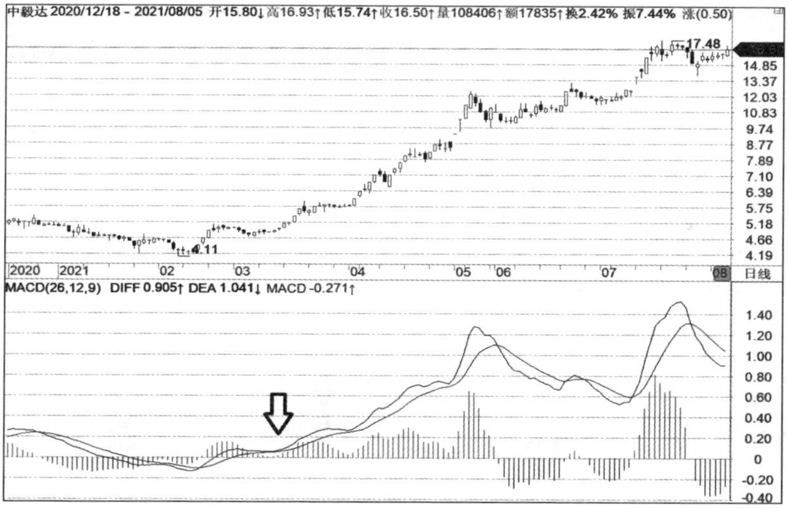

图 3－18　中毅达 2021 年 3 月走势

MACD 指标有快、慢两条趋势线，投资者在实战分析的时候到底应当重点关注谁，是不是进行短线操作的投资者就没有必要关注慢线的形态了？为了从股价的波动中获得更准确的多空信号，投资者在使用 MACD 指标时必须同时关注快线和慢线，从两者的形态以及关系上寻找实战操作所必需的指示信号。

在中毅达股价的主要上涨阶段中，MACD 指标慢线始终保持着明确的上升趋势。MACD 指标慢线的方向就是股价中长线的趋势，在股价波动的大方向没有发生改变的情况下，顺势做多将会获得更高的收益。在指标慢线不断向上的过程中，应当如何寻找上涨中途的买点？此时就需要借助 MACD 指标快线来进行同步分析了。

在股价第一波上涨结束、开始调整的时候，指标快线随着股价的下跌出现了下降的趋势。虽然指标快线下行，但是并没有与指标慢线形成死叉，说明空方无力改变股价的波动趋势。在指标快线快要接近慢线的时候，调整结束、股价再次起涨又将指标快线拉起并重新形成向上的趋势。MACD 指标线的这种变化形态正是龙抬头买点的特征。在股价上涨过程中，一旦见到龙抬头买点，投资者就要积极入场，因为这是调整结束、新一轮上涨行情开始的信号。

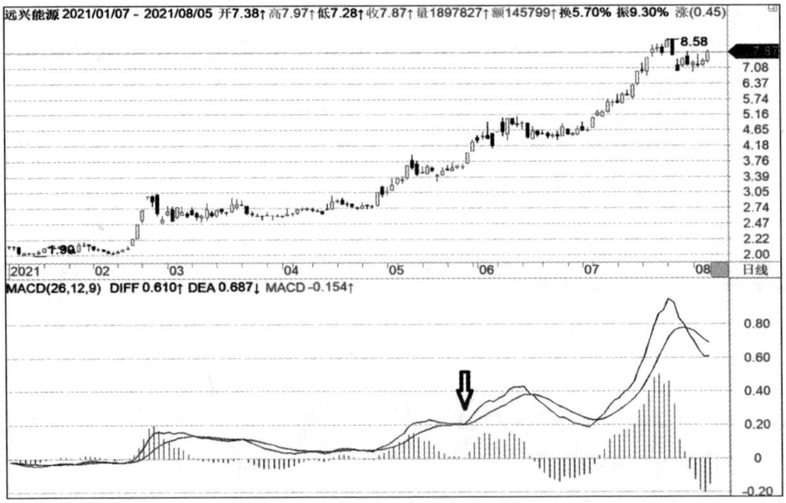

图 3－19　远兴能源 2021 年 5 月走势

远兴能源的股价见底之后形成了第一轮快速上涨的行情，连续的涨停一下子就把股价的活跃性激发了出来。强大的多头力量也使股价后期的调整始终保持着横盘的状态。面对这种调而不跌的走势，投资者一定要意识到，股价后期还将进一步上涨。

股价创出新高之后出现了调整的走势。股价暂时的停滞导致 MACD 指标快线形成了下降的趋势。虽然指标快线掉头向下，但是 MACD 指标慢线明确的上升趋势提示了投资者中长线的趋势依然向上，再加上股价此时的整体涨幅并不是很大，主力没有获得丰厚的利润以及出货的条件，因此股价在这个区域无论怎样波动都是安全的。既然 MACD 指标慢线依然向上，那么对快线暂时性的向下就不必太过重视。

经过几天的调整后，股价再次形成了上升的趋势。受到上升趋势的带动，MACD 指标快线再度形成了向上的走势，龙抬头买点到来，意味着调整结束、新一轮上涨行情开始。从这个点位介入，恰好可以及时抓住股价后期持续上涨带来的盈利机会。快线与慢线将要而没有死叉，而后两条指标线双双抬头向上，这就是龙抬头买点的技术特征。

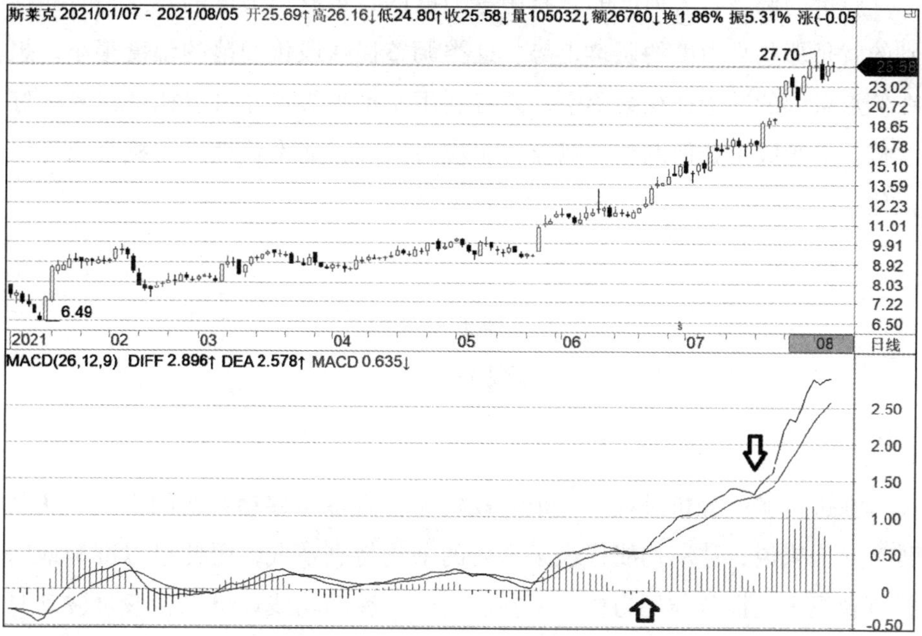

图 3－20　斯莱克 2021 年 7 月走势

斯莱克的股价在图 3－20 中形成了一轮震荡上行的走势。面对这种连绵不断的上涨走势，该如何在调整出现的时候及时地抓住机会呢？毕竟投资者总是会因为种种原因，错过低位买入的机会，想要实现盈利就必须懂得在上涨中途选择好的时机入场。在这种情况下，一定要参考 MACD 指标的提示信号。

很多股票在上涨的过程中都会出现调整走势，只要调整不具备顶部的特征，投资者就可以借机逢低建仓。斯莱克的股价在上涨的过程中形成了一次绝地反攻的买点信号：MACD 指标受股价调整的影响形成了死叉，但在很短的时间内又重新形成了金叉。金叉就是买点，在这个位置进行操作能够立即捕捉股价的下一波上涨。

股价进一步上涨之后，再次出现调整。这次 MACD 指标快线虽然又出现了向下拐的迹象，但并没有像上一次一样与指标慢线形成死叉，而是在两者将要接触到的时候，受到股价上涨的带动，重新向上。这种马上就要形成死叉，却又重新双双向上的走势就是龙抬头买点信号，在这个位置进行操作，同样可以捕捉到股价一轮上涨行情的起点。

股价的调整有大力度的，有中等力度的，也有小力度的，龙抬头捕捉到的就是那些小力度的调整走势。这类调整往往股价回落的幅度很小，想在低点买入的愿望往往会落空，只有利用龙抬头买点才可以抓住买入的好时机。不管股价如何调整，只要有了应对策略，无论什么样的机会都可以抓住。

第五节

鞭打快牛

在进行实战分析过程中，很多投资者喜欢参考移动均线的提示。从某种意义上来说，移动均线代表了市场的平均持仓情况，因此可以准确地向投资者提示支撑位与压力位的所在。同时，移动均线还可以在股价波动时向投资者提示较为稳定的趋势。一个指标具备了多种信号提示功能，投资者喜欢使用它来进行分析与操作是很正常的。

本节将为读者讲解移动均线提示的一种买点：鞭打快牛。如果股价形成了明确的上升趋势，同时各条移动均线均同步形成了上升趋势，那么当盘中出现调整走势时，如果调整低点回落到了5日移动均线或10日移动均线附近，并且在得到支撑以后再度展开快速上涨的走势，那么这种技术形态就被称为“鞭打快牛”。移动均线就像鞭子一样，股价只要靠近便会将它抽打上去。5日移动均线就能起到支撑作用是最好的，若不能，10日移动均线则必须产生强大的支撑作用。产生支撑作用的移动均线周期越短，对股价后期上涨的促进作用就越强。

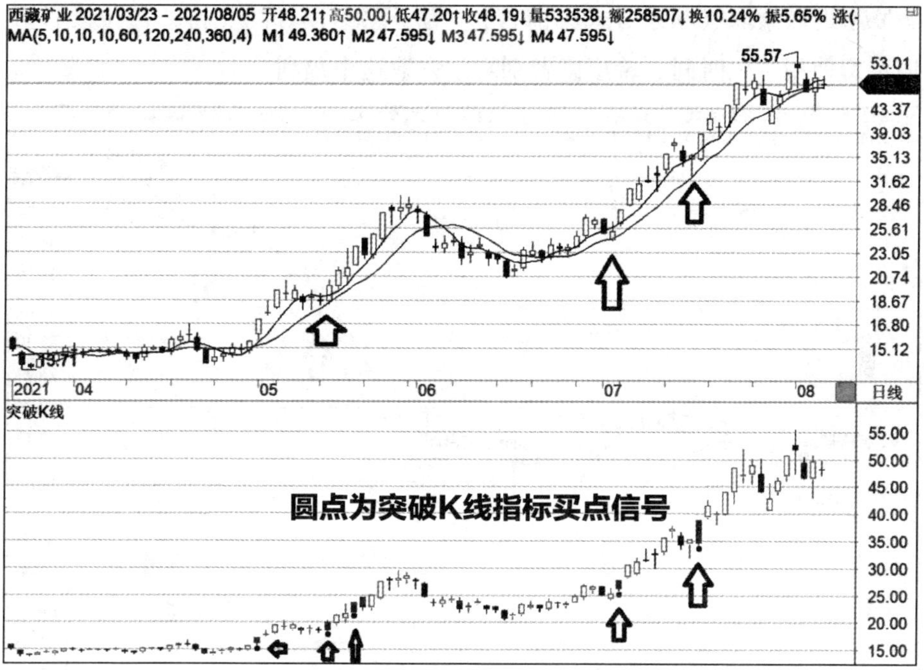

图3－21　西藏矿业2021年7月走势

西藏矿业的股价经过一番低位震荡以后，展开了一轮连续上涨的走势。上涨过程中大实体阳线不断出现，说明主力实力非常强。跟庄就要跟强庄，而强庄最明显的特征就是非常容易拉出涨停板。因此，一定要多多留意，这种遍地都是涨停板的个股随时准备捕捉各种性质的买点。

在股价上涨的过程中，总是会出现各种各样的调整走势。每当调整走势出现，对于投资者来说就是一次难得的中途买入机会。那么，该如何利用移动均线找到买点呢？从图 3 - 21 中可以看到，股价上涨过程中出现了多次调整的走势，但是每次调整的低点到了 5 日移动均线或 10 日移动均线处时，就会受到支撑停止短线下跌，并重新转为上涨。

这种走势就好像牛儿原本停下了前进的脚步，被皮鞭一阵抽打则再度扬蹄狂奔一般。当股价与移动均线形成了鞭打快牛的形态时，投资者一定要在股价受到支撑的位置买入，或是在股价受到支撑再度上涨的时候积极建仓。

［图 3 - 21 中下方的突破 K 线指标买点信号是笔者发明的，请各位读者联系助教索取（联系方式见前言）。为了感谢读者的支持，各位读者可以免费使用一段时间，希望读者别忘了领取这个福利。］

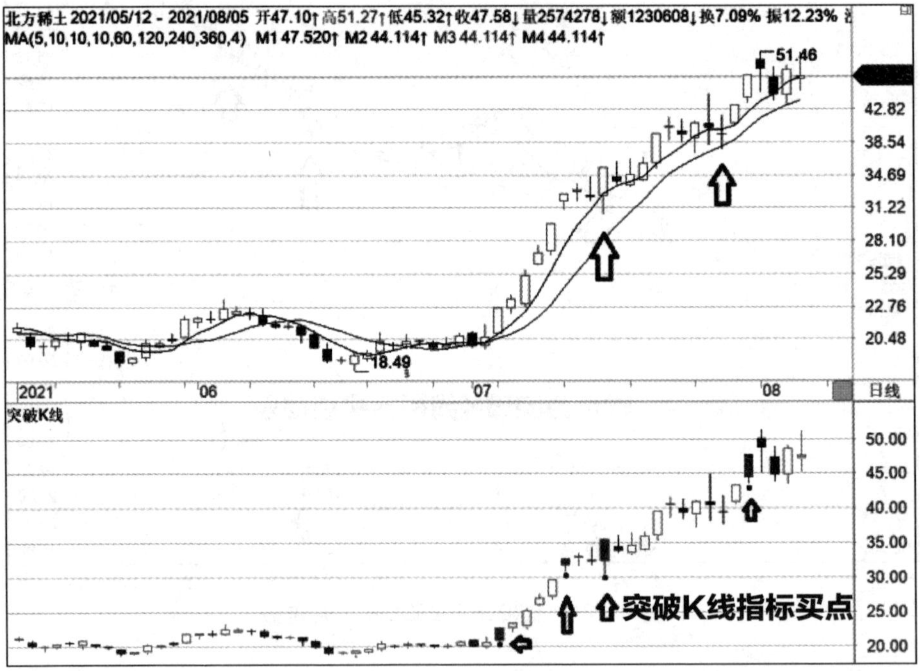

图 3 - 22　北方稀土 2021 年 7 月走势

北方稀土的股价在低位形成了左高右低的 W 底形态以后，出现了一轮快速上涨的走势。在上涨过程中，涨停大阳线不断出现。试想，若没有大量主力资金积极入场运作，股价又怎么可能表现得如此强劲？因此，对于这种强势特征明显的个股，投资者一定要根据各种买入信号的提示积极入场做多。

在股价上涨的过程中，除了突破 K 线指标买点可以多次提示短线追涨的买点，还有什么方法可以找到好的买点呢？此时，投资者需要参考移动均线，使用鞭打快牛的方法进行操作。能够形成鞭打快牛买点的个股必然是盘中上涨力度最大的那类股票，而投资者只有操作这类个股才能在最短的时间里获得最大的收益。

股价在上涨过程中出现了两次调整的走势，每次调整低点到达 5 日移动均线或是 10 日移动均线处的时候，都会获得均线的支撑并且再度展开新一轮的上涨行情。只要均线的鞭子抽在了“牛屁股”（调整低点）上，大幅度的上涨行情便会延续，只要投资者发现这种走势，就可以在调整低点积极做多，若股价上涨速度较快，则可以在股价受到支撑上涨时及时跟进。

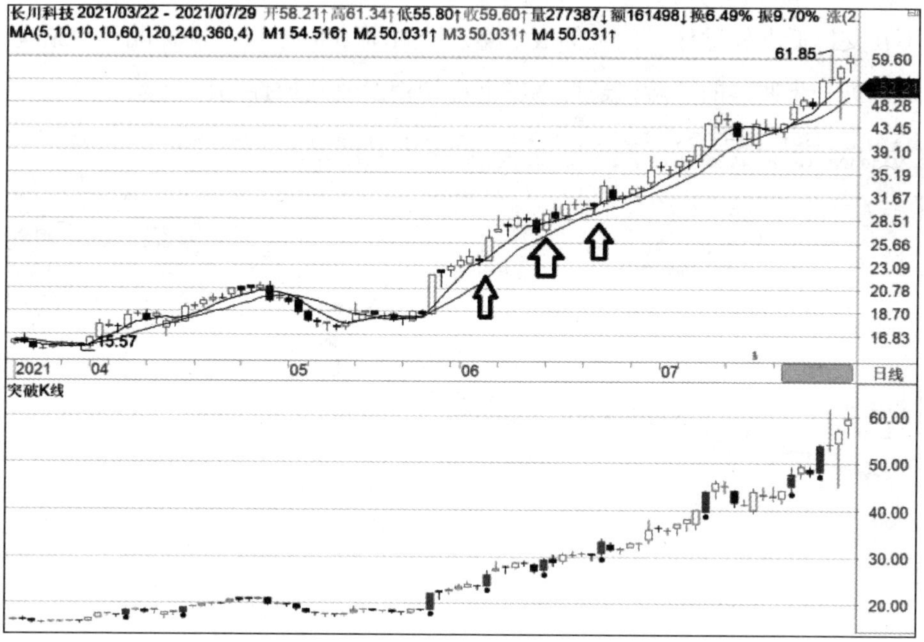

图 3－23　长川科技 2021 年 6 月走势

长川科技的股价在强势上涨的过程中，上升趋势非常坚定，没有出现较大幅度的调整。面对这种不断上涨的股票，投资者应当如何进行短线操作呢？除了可以使用突破 K 线指标买点这种短线追强势股的指标进行操作以外，还可以利用鞭打快牛的形态锁定买点。

在股价上涨的过程中，虽然没有出现幅度较深的调整走势，但是当股价连续收出阳线以后，便会出现调整的阴线，这些调整阴线对于投资者来说就是最好的买入机会。从图 3－23 中可以看到，股价在调整的时候，回落的低点恰恰达到 5 日移动均线或 10 日移动均线，移动均线对股价起到了强大的支撑作用，新一轮的上涨行情会再次出现。

股价调整并不可怕，只要能得到移动均线的支撑，投资者就可以放心大胆地进行操作。鞭子不停地抽打，股价就会不断上涨。在具体分析时，股价在 5 日移动均线处企稳比在 10 日移动均线处企稳更好，发挥支撑作用的移动均线周期越短，股价后期上涨的力度便会越大。如果不确定股价到底是在 5 日移动均线处企稳，还是在 10 日移动均线处企稳，投资者也可以不在支撑低点处操作，而是等股价重新上涨时及时跟进，这样既可以避免股价进一步回落的风险，还可以在上涨初期及时地捕捉到机会。

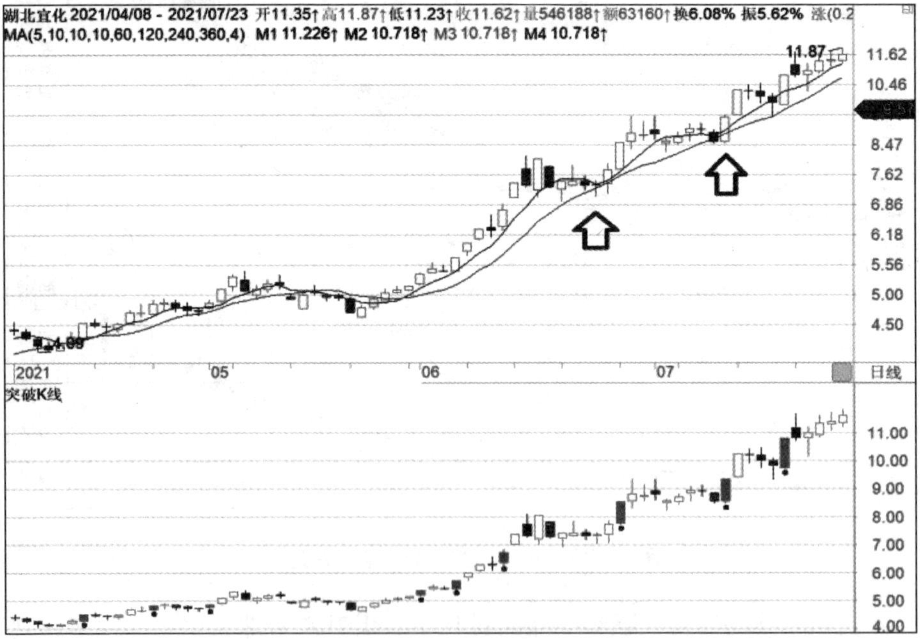

图 3－24　湖北宜化 2021 年 6 月至 7 月走势

湖北宜化的股价形成了震荡上涨的走势，虽然股价涨涨调调，但是每次调整的回落幅度都不大，特别是主升浪阶段，连10日移动均线都没有跌破过，因此，在低点逢低做多的想法注定是要落空的。那么，在面对这种调整回落幅度很小的上涨行情时，该如何捕捉买点呢？各位读者可以联系助教免费领取突破K线指标买点信号，参考指标信号决策上涨中途的介入点，也可以使用鞭打快牛的方法寻找强势调整形态的买入机会。

在股价主升浪阶段出现了三次强势调整的走势，虽然调整位置各不相同，但是有着明显的共性：每一次调整的幅度都非常小。调整幅度越小说明多方力量越大。因此，股价在后期上涨的可能性是非常大的。较小的调整幅度使股价每次回落到10日移动均线处时，都受到了移动均线的强大支撑，而后形成了短线上涨的走势。由此可以看到一种股价波动的规律：碰到调整幅度小的形态，只要10日移动均线对股价形成支撑，就可以大胆入场做多。若是支撑有效，就可以在短线获得非常不错的收益；若形态失败，只要提前制定好合理的止损点位，就只会带来较小的亏损。用小的亏损换取大的盈利，这肯定是值得的。

不管是5日移动均线还是10日移动均线，都是短周期均线，可以代表市场最高的成本所在。支撑位越高，股价后期的上涨也就越快。是谁这么迫不及待地想要拉升股价？自然是潜身其中实力强大的主力。

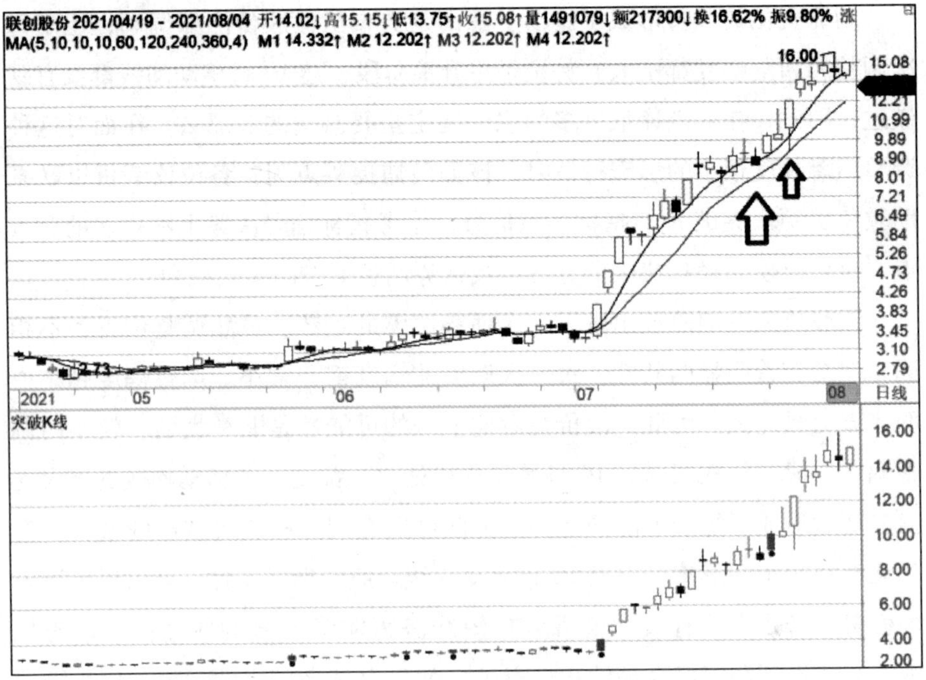

图 3－25　联创股份 2021 年 7 月走势

联创股份在图 3－25 中出现了一轮短线大幅上涨的走势。在股价上涨的起点，突破 K 线指标买点及时提示了投资者买点的到来，并且在股价上涨的中途再次发出了买入的提示。由于突破 K 线指标买点是一种强势追涨型的买入指标，不一定所有的投资者都喜欢使用它。那么如果想在股价强势上涨中途的调整低点处进行操作，该如何确定买点呢？

只要股价上涨力度大，并且调整幅度小，投资者就可以在股价上涨的过程中使用鞭打快牛买入法进行操作。从图 3－25 来看，在股价上涨的过程中，出现了多次调整走势，这些调整都是以一根阴线就完成调整的形式出现。因此，想要在更低的点位买进是无法实现的。从图 3－25 来看，股价在短线调整时，调整的低点都受到了 5 日移动均线的支撑。5 日移动均线鞭子一抽，股价就会上涨。只要见到股价低点靠近 5 日移动均线或者是 10 日移动均线，就要密切留意调整低点买入机会的到来。

一旦股价在上涨过程中形成了鞭打快牛的走势，投资者就要在股价受到支撑的位置及时买入。不要总想着万一没撑住怎么办，只要提前制定好了严格的止损规矩，就要坚信完全可以用小亏换得大赚。如果在移动均线支撑的低点确实不敢买，也不必勉强自己，可以耐心等待股价有了上涨迹象的时候再买入。这样一来，股价不仅在低点有买进的机会，恢复上涨时也有买进的机会，只要股价后期能够上涨，买点就不会被放跑。

第六节
不死凤凰

移动均线可以对股价起到支撑作用，但是主力在震仓的时候有时会人为地将股价打落至移动均线的下方。由于此时股价跌破了移动均线，会给投资者留下一种支撑失效的印象，因此必然有很多投资者会在股价跌破移动均线时错误地进行止损操作，从而中了主力震仓的圈套。

在主力震仓的时候，股价并不是在真正的顶部，主力也根本没有出货的意愿，只是为了让低成本投资者出局、高成本投资者接盘，从而提高市场的整体平均持仓成本，与主力的持仓成本拉开距离。只要股价不是在顶部位置便会在后期继续上涨。因此，股价跌破移动均线的时候不仅不用担心，而且要密切留意是否会有可能形成不死凤凰买点形态。不死凤凰买点，是指股价短线跌破了 5 日移动均线或 10 日移动均线，但随后很快上涨到了最高的那条移动均线上方。最高的那条移动均线多是 5 日移动均线，也可能是 10 日移动均线。

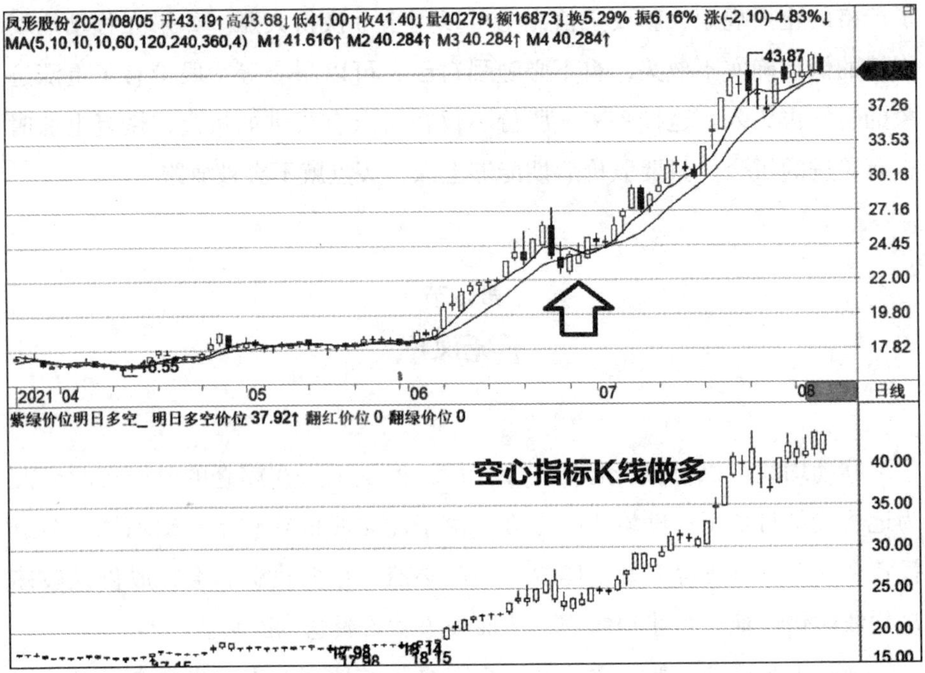

图 3－26　凤形股份 2021 年 6 月走势

凤形股份的股价下跌到底部以后，先走出了一波缓慢的上涨，而后便开始了大力度的上涨。大实体阳线意味着主力向投资者发出了“我就在这里”的信号。若没有主力资金的积极操作，股价又哪里来的强劲上涨的动力呢？

上涨到中途，主力开始了打压震仓的操作：一根大实体阴线从天而降，并且调整阴线明确跌破了 5 日移动均线和 10 日移动均线。当破位走势出现的时候，必然有很多投资者进行止损的操作，因为 5 日移动均线和 10 日移动均线既可以提示买点所在，也可以作为止损点来帮助投资者回避风险。但是，股价跌破 5 日移动均线和 10 日移动均线以后，立即呈现快速上涨的走势，被阳线收复了“失地”。这种破位后又马上复位的走势就是不死凤凰买点最明显的技术特征。

不死凤凰买点往往出现在股价上涨的中途。股价看似跌破了移动均线，趋势将有所转变，但马上就会有阳线来拯救股价，使股价重新回到移动均线上方。只要股价站在最高的移动均线上方，就可以入场进行买入操作。股价企稳意味着调整的结束以及上涨的延续，从这个点位介入自然可以获得不菲的收益。

图 3－26 中展示了笔者发明的趋势监控指标。当股价上涨的时候，趋势监控指标会及时地转变为空心的形态提示投资者做多，并且在股价持续上涨的过程中一直保持空心状态；一旦对应的卖点到来，空心指标就会转成实心形态提示投资者注意回避风险。这个指标同样免费赠送给各位读者，请联系助教索取。愿好的工具可以帮您降低分析与操作的难度。

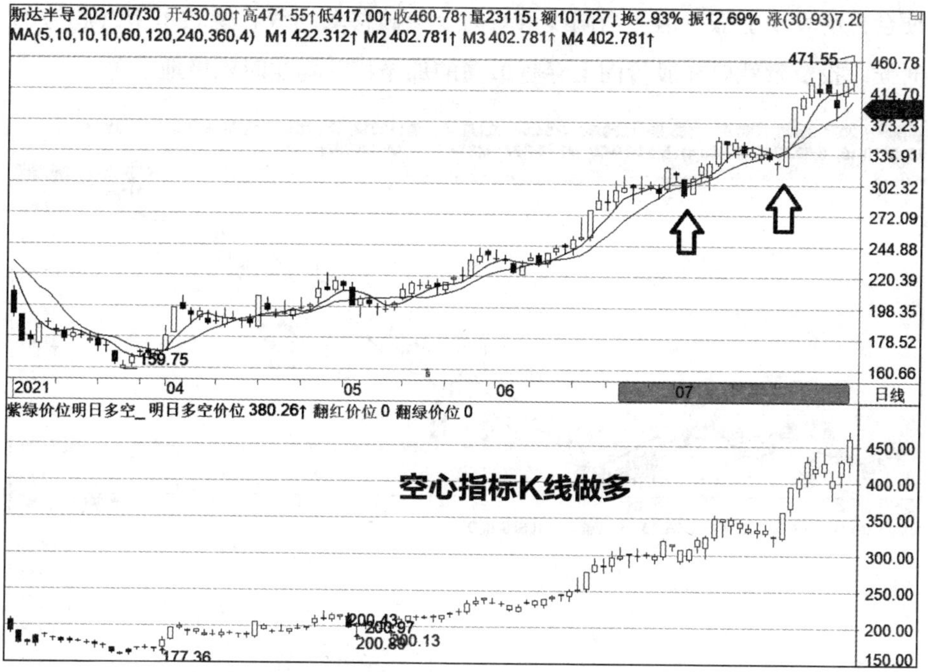

图 3－27　斯达半导 2021 年 7 月走势

斯达半导股价在见底之后便出现了连续震荡上行的走势。其实，股价在上涨过程中震荡次数越多越好，因为投资者中途介入的机会非常多，完全不用担心错过行情。从图 3－27 中的走势来看，无论是在上涨初期还是上涨中期，都有许多次买入的机会，只要投资者掌握了正确的操盘技术，盈利就会变得非常简单。

在股价上涨初期，由于主力建仓时需要控制成本，因此股价调整的时间略长，并没有形成标准的不死凤凰买点。但当股价摆脱了主力的持仓成本区间之后，由于主力急切地想要拉升股价，因此当调整出现时股价回落的时间就短了很多。从图 3－27 中可以看到，当斯达半导上涨中期出现调整的走势时，股价明确地跌破了 5 日移动均线和 10 日移动均线，但破位走势形成以后，股价并没有继续下跌，而是拉出一根阳线重新站到了两条移动均线的上方。这根大阳线就被称为“不死凤凰”。

股价破位看似多方已经无力维持上升趋势，但这是一种假象，主力就是要通过股价的下跌迫使那些低成本的获利盘出局，一旦达到了震仓的目的，便会再度发动上涨行情。当阳线重新向上突破移动均线、挽救了上升趋势的时候，投资者就要在股价向上穿越最高的那条移动均线时积极地下单。

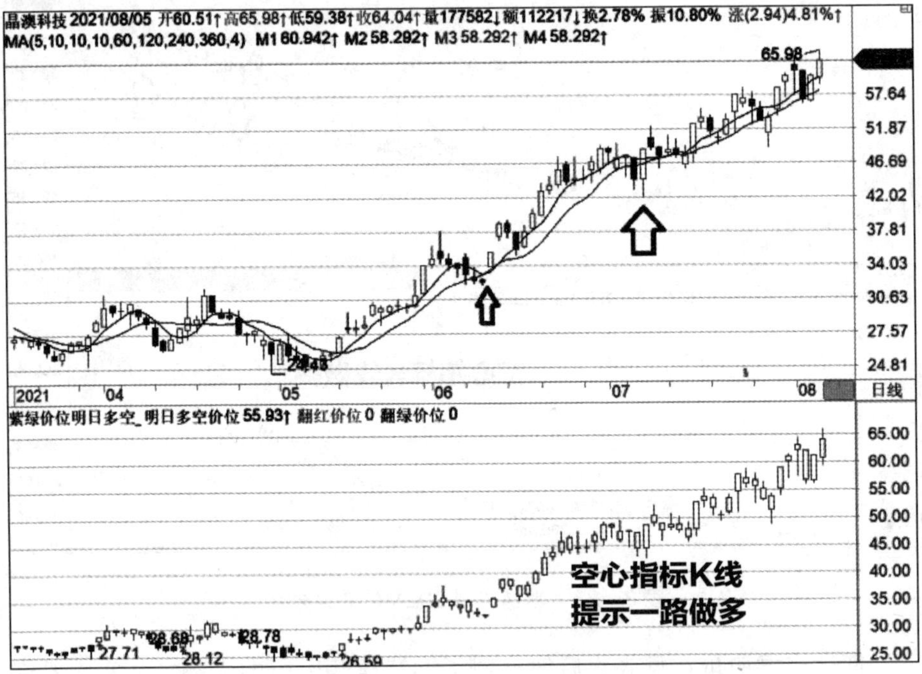

图 3－28　晶澳科技 2021 年 7 月走势

晶澳科技的股价在下跌结束以后，便展开了一轮连续上涨的行情。在股价上涨的过程中，出现了许多次各种形态的调整。虽然调整次数的增多减缓了股价上涨的速度，但是相比那些上涨迅猛、中途没有介入点的走势来说，这种震荡上涨的形态给投资者带来了多次中途入场的机会，岂不是更好？

股价在经过了一段时间的上涨以后，出现了调整的走势。随着阴线的出现，5 日移动均线和 10 日移动均线被跌破了。当破位走势出现时，投资者不能一味地恐慌，而是要细心地对股价下跌的性质进行分析。股价在第一次下跌之前，整体涨幅并不大，此时主力既要建仓又要拉高还要出货，空间显然是不够的，主力是不会在还没有赚钱的时候出货的。因此，在第一次调整的点位形成顶部的可能性非常小。只要资金没有空间出货，股价就还会上涨。

股价跌破两条移动均线以后，并未出现延续性下跌的走势，而是快速向上穿越了两条移动均线。一旦股价在很短的时间里形成了由破位转为再度位于移动均线上方的走势，就说明不死凤凰买点形成。如果主力已经出货完毕，那么股价跌破移动均线之后应当继续下跌才对，但股价又出现了快速上涨。主力既然不愿意让股价下跌，就是希望股价继续上涨，跌破移动均线只是一次“假摔”，所以在假动作结束、真上涨形成时就要及时地入场做多了。

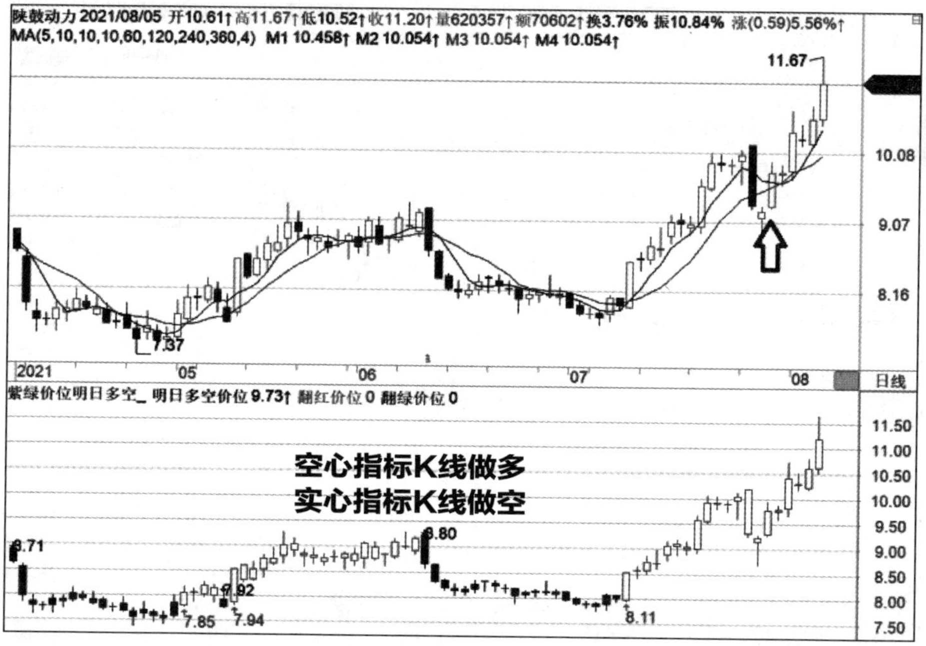

图 3－29　陕鼓动力 2021 年 7 月走势

陕鼓动力的股价在底部形成一个左低右高的 W 底形态以后，出现了一轮上涨行情。从图3－29中可以看到，陕鼓动力的W底形态非常标准。技术形态越标准，越有利于股价的进一步上涨，因为完美的技术形态意味着各路资金达成了共识。

突破颈位后的调整有一点吓人，因为直接收出了一根大实体的阴线，并且这根大阴线一下就跌破了5日移动均线和10日移动均线。面对这样快速破位的走势，必然有大量投资者因为恐慌而出局。那么，此时的破位是资金出货的信号吗？并不是，因为在股价快速下跌的时候，股价整体的涨幅并不大，主力怎么可能在盈利很小的情况下出货呢？从股价的位置便能看出，顶部不应在此，既然股价不是顶部，那么后期就还有上涨的机会。

果然，股价在跌破移动均线以后，在很短的时间里就展开了快速上涨的行情，阳线很快便再度处于移动均线的上方。一旦股价的走势化险为夷，投资者就要在股价向上突破最上方的移动均线时坚决买入。特别是在趋势监控指标保持空心状态的情况下进行操作，成功的可能性会更大。

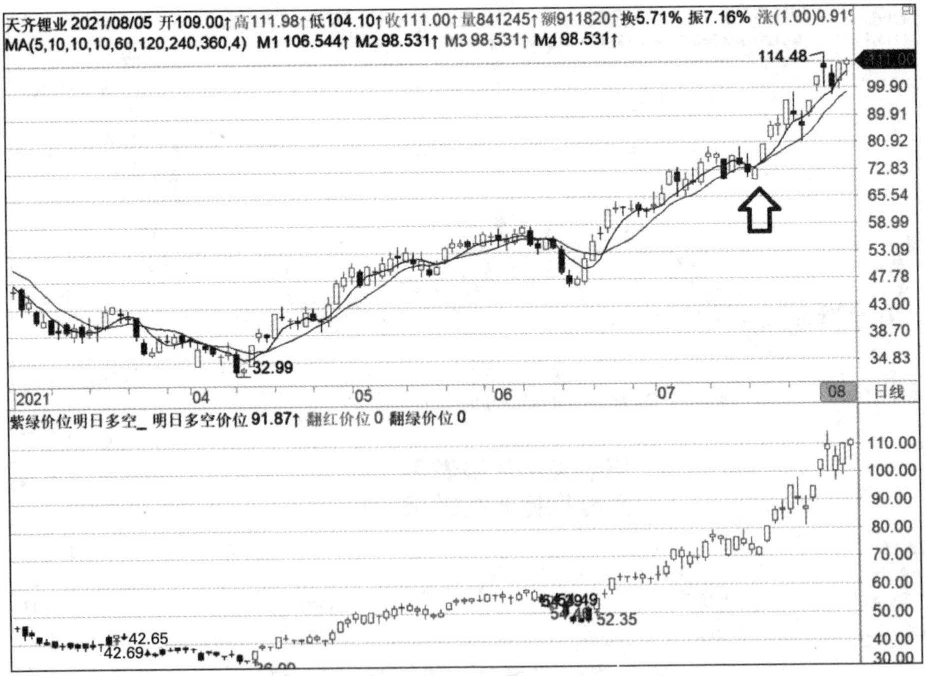

图3－30 天齐锂业2021年7月走势

天齐锂业的股价在见底之后的上涨过程中，出现了多次调整的走势。有的调整幅度很小，可以使用鞭打快牛的方法进行操作；有的调整幅度较大，此时有大好的机会在更低的点位入场操作；还有的调整虽然跌破了移动均线但是并没有大幅下跌。面对这种移动均线支撑失效，但又总是跌不下去的调整走势，该如何进行操作呢？

从图3－30中的箭头标注处可以看到，随着阴线的出现，股价低点明确跌破了5日移动均线与10日移动均线。均线的支撑作用遭到了破坏，这是不是趋势将要转变的信号呢？此时不能完全排除这种情况。在无法判断主力是否有出货迹象的时候，在跌破移动均线时进行止损操作是应当提倡的，因为可以有效地规避风险。当然，若是通过对成交量进行分析，发现主力操作意图清晰、没有任何出货迹象，则不必过分担心，可以把止损位放宽一些，以扛住主力震仓的干扰。

如果主力并没有出货，而只是一次普通的震仓，那么股价就不可能跌下去，否则岂不是让场外资金捡了便宜？如果是主力震仓操作，那么股价跌破移动均线后就会在很短的时间内重新站到两条移动均线的上方。正如图3－30所示的走势一样，股价在跌破两条移动均线后，只休整了一天便又重新站到移动均线上方。股价在跌破移动均线后又快速收复"失地"，这种走势正是不死凤凰最明显的技术特征。

不死凤凰的买点就在股价向上突破最上边那条移动均线的时候。这个买入点位非常具体，很容易做出判断。投资者可以提前设置预警，只要股价没有直接高开绕过这个点位，投资者就有足够的时间买入并成功地抓住后期股价上涨带来的盈利机会。

图3－30中笔者发明的趋势监控指标免费赠送给各位读者，请读者与助教联系索取。

第七节

强势买点

什么样的股票可以给投资者带来最大的收益？很显然，就是那些强势上涨的个股。有很多投资者感到十分困惑，什么样的走势才算强势，股价波动强弱的标准如何确定？

谁强谁弱，投资者可以参考布林线指标进行判断。在使用布林线的时候，投资者一般习惯参考上轨的压力作用，一旦布林线指标上轨对股价产生了压力就会考虑卖出。对于弱势个股，这样做的确没有问题，但强势个股并不会受布林线上轨压力的影响，而是会顶住压力、轻松向上突破，把压力转变为支撑。

因此，区分个股波动是强还是弱，只要查看一下个股的 K 线能否突破布林线指标上轨的压力就可以了。因为布林线上轨在股价波动过程中是重要的压力位，只有在资金积极推动、形成大力度上攻走势的时候才可以被突破。只要 K 线突破了布林线指标上轨压力就意味着强势波动的形成，而投资者也就可以在此点位入场做多了。如果股价强势上涨，就能获得巨大的收益；即使没有强势冲高，也仅会产生小幅度的亏损，依然是一次用小亏换大赚的操作。

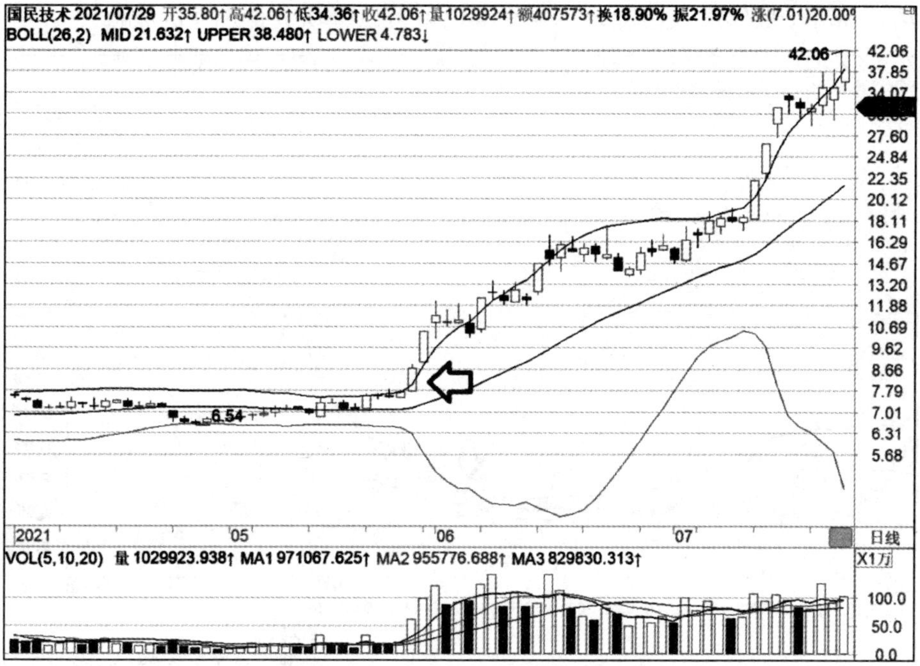

图 3－31　国民技术 2021 年 6 月走势

国民技术在图 3－31 中出现了一轮持续上涨的行情。在上涨的过程中，大实体阳线不断出现，说明潜身其中的主力资金实力非常雄厚，使股价在调整过程中回落的幅度非常小，整体上涨形态比较单一，这种类型的个股操作起来难度非常小。

对于这种上涨势头非常迅猛的个股，该如何在强势上涨初期便抓住机会呢？要知道，面对强势个股，早买入一天就可能多赚 10%，入场越早，盈利越大。很多时候，强势个股的上涨都是突发的，事先没有明显的技术征兆，说涨就涨。常规方法是只能买在股价看不出来强势的底部，或是上涨中途的调整中，想要捕捉到上涨初期的机会，只能使用一些非常规的方法，如强势买点技巧。

国民技术的股价在上涨初期，在成交量放大的推动下，强势突破了布林线指标上轨的压力，并且将上轨的压力踩在了脚下，变成了上涨时的支撑，表示这只股票具备了强势特征。只要具备了强势特征，股价就有可能延续强势。因此，在股价向上突破布林线指标上轨的那一刻就可以及时入场，一旦个股继续放量上攻，在短期内就可以轻易获得不菲的收益。

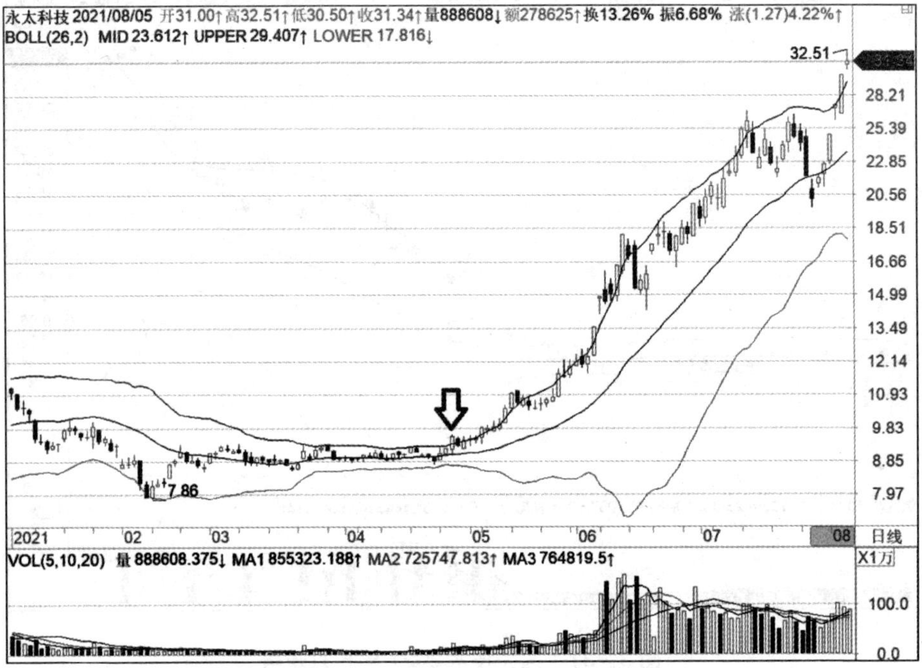

图 3－32　永太科技 2021 年 4 月走势

永太科技的股价见底横盘一段时间后便展开了快速上涨的行情，在上涨过程中经常出现涨停大阳线，短短 3 个月就给投资者带来了 3 倍的巨大收益。但是，在上涨初期股价翻倍的过程中，股价调整的幅度很小，这就意味着留给投资者买入的机会很少。那么该如何在上涨初期就把握住这样的强势个股呢？

个股在常态波动的绝大多数时间里，K 线都会在布林线指标通道内运行。如果没有形成强势特征，K 线是不会跑到通道之外的。而一旦有资金入场积极做多，个股就会迅速向上突破布林线指标上轨的压力，并将压力转为支撑，从而强有力地上涨。因此，可以利用这一技术特征找到那些强势个股，并在它们刚刚进入强势状态的时候操作。

从图 3－32 可以看出，在股价突破低位横盘震荡区间的时候，一根实体大阳线明确向上突破了布林线指标上轨的压力，意味着股价的波动具备了强势的特征，再加上成交量温和放大，说明资金做好了准备。此时，投资者只需要看一下左上角布林线指标上轨的数值，然后以高于该数值 1 分钱的价格入场买进，就可以抓住后期股价持续上涨的大好行情了。在股价突破布林线指标上轨时买进，只要股价不向下跌破中轨的支撑，就可以大胆持股。

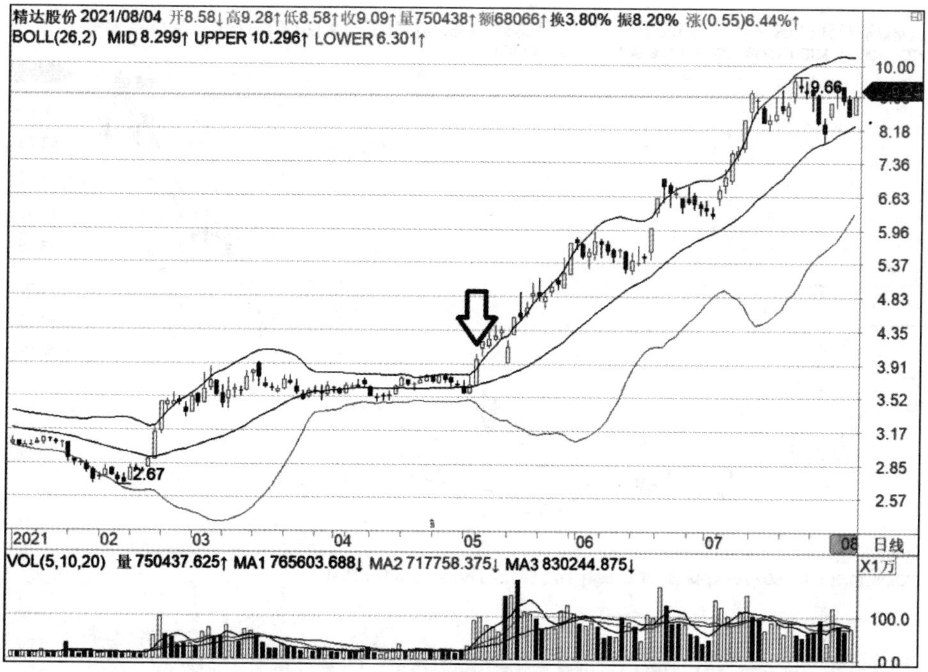

图 3－33 精达股份 2021 年 5 月走势

精达股份的股价在图 3－33 中出现了一轮震荡上涨。股价每上涨一定的幅度，便会留下低点介入的机会；虽然出现了几次有规模的调整，但是并未影响股价强劲上涨的势头。这种强势与规律性调整并存的个股，对空仓的投资者来说，随时可以把握住入场的机会；对持仓的投资者来说，并没有影响获利的速度。

除了可以在调整的低点入场买进以外，还有什么方法可以捕捉到获利的机会呢？从图 3－33 中可以看到，在股价上涨的中期，一根温和放量的阳线向上突破了布林线上轨的压力，意味着股价将会进入强势上涨阶段，此时可以大胆入场。

虽然当天介入的点位可能处于高位，带有一定追涨的成分，但一定要注意，这并不是追高操作，而是去追股价强势上涨的机会。当天所谓的“高位”对于股价后期的强势上涨来说，就是上涨行情启动前理想的低点了。在K线突破布林线指标上轨时买进，在跌破中轨时止损，用很小的亏损换取一个大波段，不正是投资者一致追求的目标吗？

图3-34 金辰股份2021年4月走势

金辰股份的股价在下跌的过程中，每次触及布林线指标中轨或上轨的时候都会受到强大的压力从而回落。只要布林线指标的压力作用始终存在，股价就不会强劲上涨。因此，想要抓住好的机会，就必须在股价有能力克服掉压力之后再入场操作。

经过一段时间的弱势震荡以后，股价在成交量放大的推动下形成了明确的向上突破布林线指标上轨的走势。一旦K线的收盘价位于布林线上轨以上，就意味着股价的波动性质将从此由弱转强。在股价形成强势状态的时候，又岂有不入场操作的理由？当股价临近布林线指标上轨的时候一定要盯牢，一旦股价向上越过布林线指标上轨，就可以买进了。最佳的买入

价格就是上轨价格 +1 分钱，但若股价距离上轨的差值不是很大，则可以在临近的任意价格处买进。当然，额外增加的差值意味着在止损时会多亏损一些。

金辰股份的股价在向上突破布林线指标上轨后并没有马上起涨，而是在短线又进行了一次调整。面对这样的走势不必过于担心，只要盯住布林线指标中轨的止损位就可以了。只要中轨的支撑能够产生作用，股价后期就会继续上涨。强势并不意味着股价不能调整，合理的调整反而会促使股价更好地起跳。

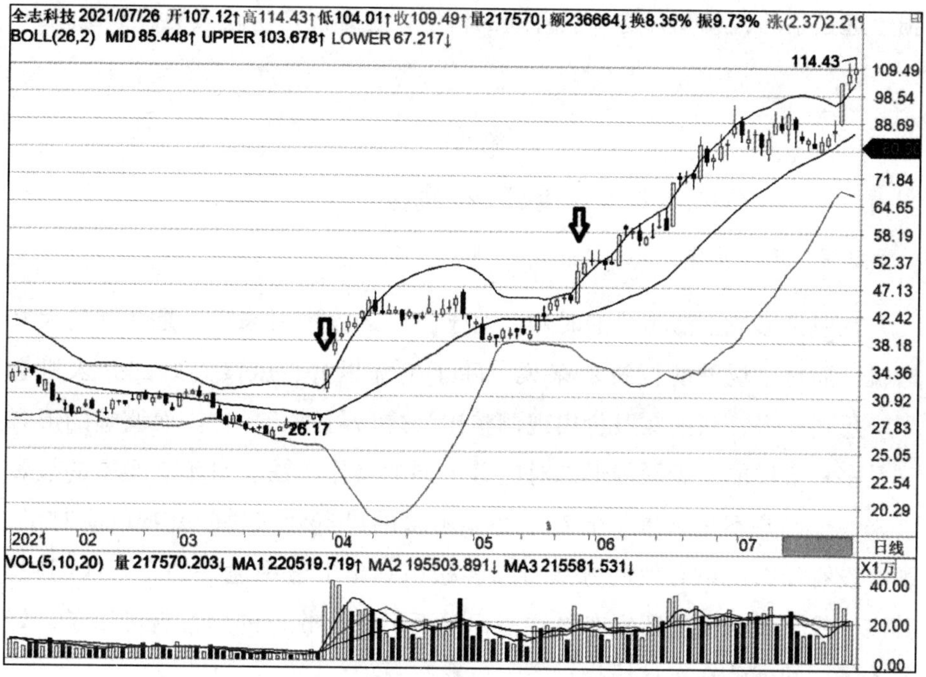

图 3 – 35　全志科技 2021 年 5 月走势

全志科技在图 3 – 35 中出现了两次上涨的行情。在股价第一次上涨的时候，上来就是一根涨停大阳线，开盘价就接近了布林线指标上轨的压力位，而后轻松地将其越过。突破压力的表现如此强劲，后期的走势也不会弱到哪儿去。因此，在股价突破布林线指标上轨的那一刻就应当及时地入场买进。

在第一轮上涨行情结束并经过了一段时间的调整之后，股价再度展开了上涨的行情。这次上涨与第一次完全一样，又是一根大实体阳线向上突破了布林线指标上轨的压力。一旦压力转变为支撑，就会更好地促使股价上涨。如果在第一轮强势上涨行情中因为涨停太过突然而没能抓住机会，那么在第二轮股价正常连续上涨的行情下，一定要及时地在股价向上突破布林线指标上轨的时候入场买进。

在强势买点形成时买进，而后用布林线指标中轨进行止损。这样做的好处是，可以选择止损小的形态进行操作。买点距离中轨太远，意味着止损较大，那就放弃操作，只有两者距离较近时才进行交易。这样一来，亏损永远是小的，就算只是一波普通的行情，也足以产生较大的盈亏比。

第八节 收口藏机会

在股价形成上涨走势的时候，对于持仓的投资者来说，是获利的大好时机，而对于场外的投资者来说，除了追涨以外，就没有好的介入机会了。想要介入，只能在股价出现调整走势之后再进行操作。而调整的形态又是多种多样的，不同的形态对应着不同的操作手法，对于有经验的投资者来说也许并不是难事，但对于经验不多的投资者来说，就难以应对了。那有没有什么简单有效的方法可以轻松识别出上涨中途好的介入区间呢？其实，投资者只需要留意布林线指标是否形成了收口的形态就可以了，好的入场区间就藏在布林线指标的收口形态中。

在股价上涨的过程中，布林线指标上轨与下轨往往呈现张口的形态，股价波动幅度越大，上轨与下轨之间的距离就越大，这是持仓的大好时机。只要不见布林线指标有收口的迹象，就可以耐心持仓。而一旦上轨与下轨不断靠近，股价的波动幅度就会收敛，上轨与下轨离得越近，股价的波动幅度也就越小，这就是收口形态。在股价上涨的初中期阶段，收口形态意味着上涨的暂停。经过一段时间的调整，股价必然会再度进入活跃波动区间，上轨与下轨将会形成“张口—收口—张口—收口”的循环。因此，将收口形态视为下一次机会到来的信号是非常合适的，并且在收口区间找机会逢低介入也是非常不错的操作思路。

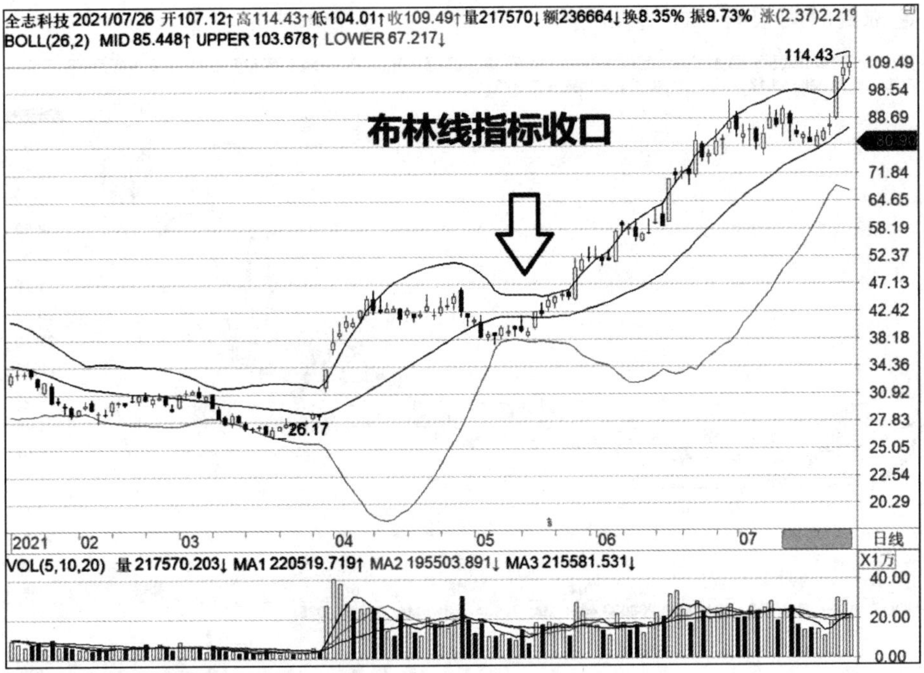

图 3－36　全志科技 2021 年 5 月走势

全志科技的股价在见底之后直接走出一轮大力度的上涨行情。在股价强劲上涨的时候，成交量也出现了明显的放大迹象。由于此时的放量出现在长时间的缩量之后，因此可以确定，这是主力大力度建仓的信号。首次放量可以让投资者轻易计算出主力的建仓成本价位。

在一轮短线快速上涨结束后，股价出现了长时间的调整。由于波动的幅度明显减小，因此布林线指标上轨形成了向下的走势，而下轨形成了向上的走势，上轨与下轨之间的距离不断减小。这种技术形态就是布林线指标通道的收口形态。收口必然对应着调整的走势，投资者无须在意是小调整还是大调整，只要通道收口，就意味着这个区间存在着逢低介入的机会。

收口到极限之后，上轨与下轨都形成了横盘的走势，这意味着股价的波动幅度不会进一步降低，未来布林线指标通道只有重新张口这一条路可走。由于股价只涨了一波，形成大顶部的可能性并不大，因此股价后期继续上涨的概率较大。既然股价要涨，通道又收口到了极限，那么股价重新起涨的时间很有可能就在眼前。

图 3－37　久吾高科 2021 年 6 月走势

久吾高科的股价在见底之后便展开了一轮震荡上涨的行情。在初期上涨时，成交量较为温和，说明主力资金介入的数量并不多。若成交量小，则股价的涨幅不会很大。因此，投资者在股价上涨初期，对每一波段涨幅的预期不宜过高。

进入 2021 年 5 月后，成交量进一步增加，说明主力资金入场的数量开始增多，与之对应的是股价波动幅度的变大，也使布林线指标通道开始变宽。在通道变宽的过程中，投资者应当大胆持仓，因为通道变宽是大幅获利开始的信号。一波放量上涨之后，股价出现了调整的走势，同时成交量明显萎缩，说明做多的资金并未出货而是沉淀在了场中。缩量导致了股价上涨幅度的减小，因此布林线指标也随之形成了明显的收口迹象。收口的形成提示投资者股价正在为下一轮上涨做准备，收口区间就是机会区间，投资者应当密切留意此时的波动。

当布林线指标形成收口走势的时候，还需要关注另一个重要特点，那就是布林线指标下轨必须起到有效的支撑作用。如果光是通道形成了收口形态，却跌破了下轨的支撑，那么股价也是无法上涨的。待收口和下轨支撑都形成，投资者就可以抓住股价上涨前的调整机会了。

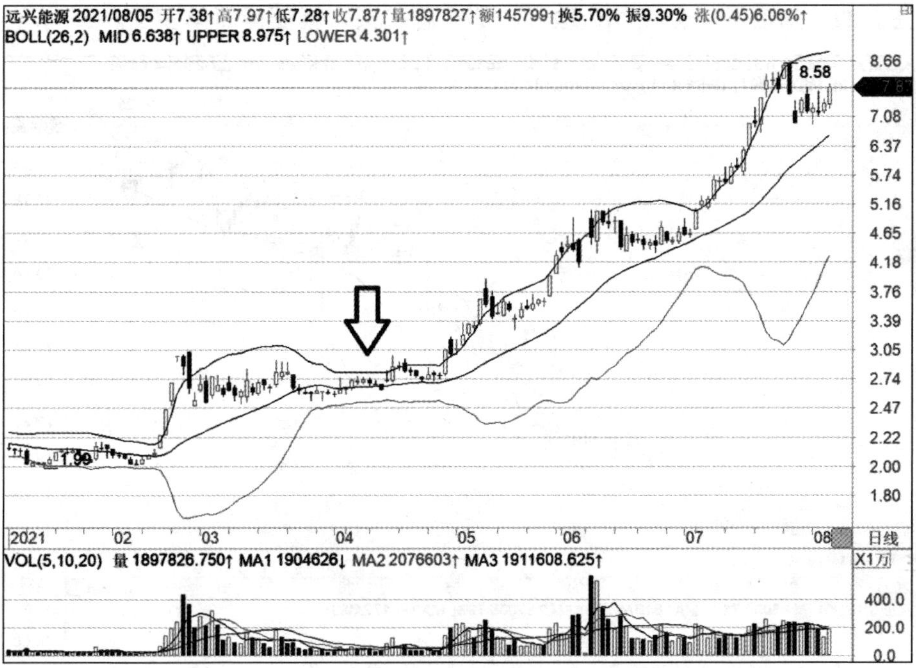

图 3－38　远兴能源 2021 年 4 月走势

远兴能源的股价在见底之后，受到成交量放大的推动，短线连续拉出好几个涨停大阳线。股价突然出现大幅度波动，使布林线指标通道一下子变宽了起来，在通道变宽的过程中，股价往往会保持较为活跃的波动状态，因此这个区间对于投资者来说就是持股获利的大好机会。

在一轮上涨过后，股价陷入了缩量调整的走势中。长时间的调整很容易让投资者搞不清楚后期的波动方向。面对成交量萎缩、布林线指标通道不断收口的形态，该如何进行分析呢？通道的收口与张口是交替循环出现的，有收口就必然有张口，只是时间早晚的问题。因此，当发现通道收口时就要立即意识到：机会来了。

找到了机会所在的区间，那后期股价到底是会涨，还是会跌呢？毕竟上涨和下跌都可以使通道变宽。想知道股价收口后是上涨还是下跌，只要看一下布林线指标下轨能否起到支撑作用就可以了。从图3－38可以看到，布林线指标中轨起到了强大的支撑作用，股价后期肯定会上涨。布林线指标收口，下轨或中轨支撑有效，就意味着收口区间潜藏着极好的交易机会。如果知道了机会在什么地方，那么怎么买入就变得简单多了。

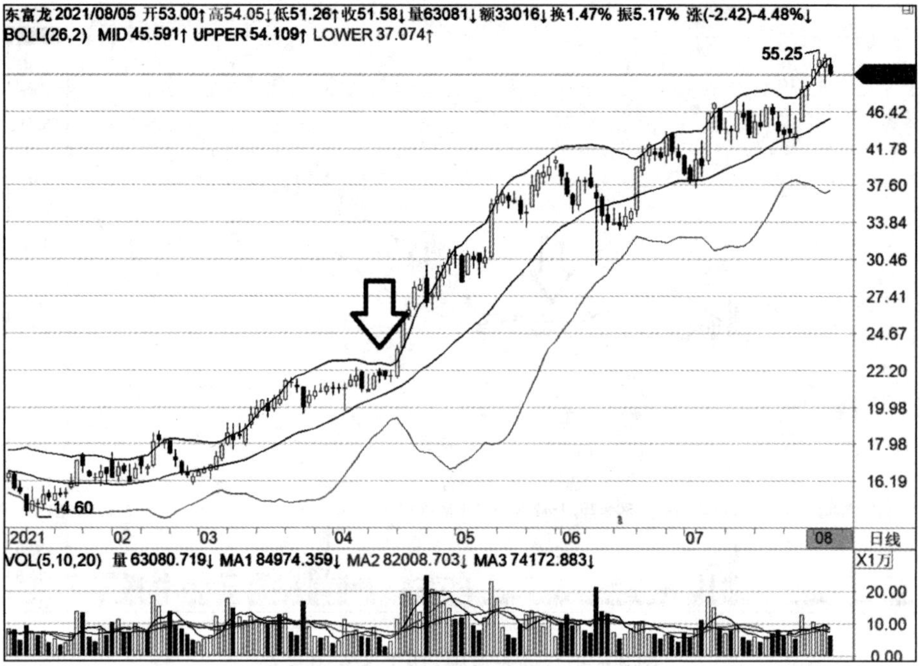

图3－39 东富龙2021年4月走势

东富龙股价在见底之后，在成交量有节奏地放大与萎缩的推动下，形成了震荡上涨的走势。在初期上涨的过程中，股价曾缩量调整到了布林线指标中轨的支撑区间。由于支撑刚好到位，因此给投资者提供了极好的逢低做多的机会。

2021年4月，股价同样形成了缩量调整的走势，但此时股价的低点并没有触及布林线指标中轨，使投资者难以完成逢低做多的操作。没有买点，那此时股价的波动是机会吗？

虽然无法在中轨支撑处买入，但不能否认股价此时的强势调整的确是机会。因为在又一次的缩量调整中，布林线指标上轨与下轨不断靠近，形成了明显的收口形态。之前的上涨形成了张口的形态，此时的调整又形成了收口的形态，这就表明收口之后还会再张口。既然股价还将保持大幅度的波动，此时的收口自然就是机会到来的信号了。在收口的区间中，布林线指标中轨强劲地支撑着股价，显然未来股价向上的概率是极大的。明确了机会区间所在和股价未来上涨的概率很大，具体在什么价位买进股票就不是什么重要的事了。

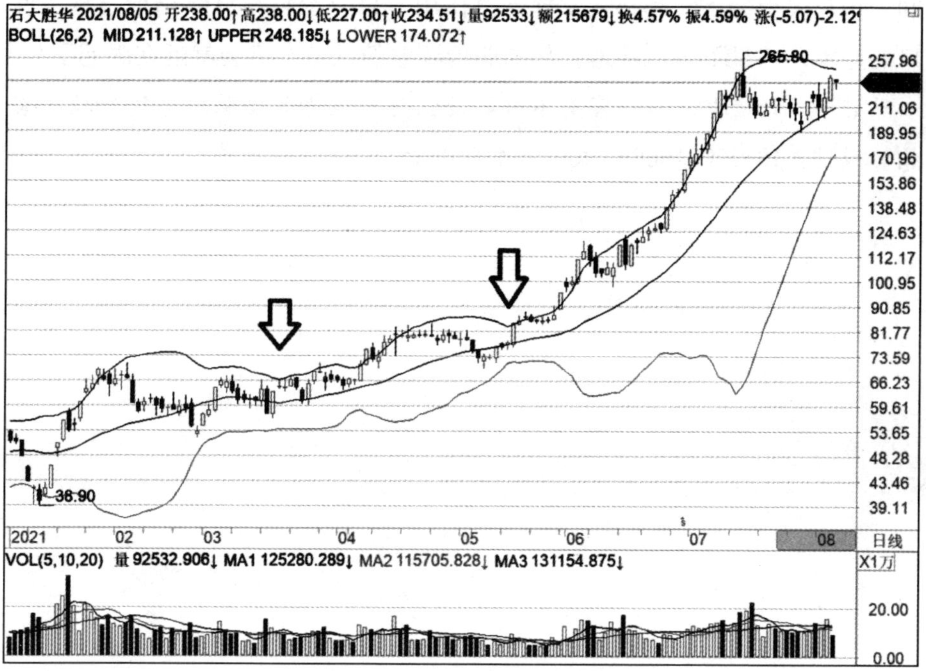

图3-40 石大胜华2021年3月及5月走势

石大胜华的股价经过第一轮放量上涨之后，出现了调整的走势。在调整区间，成交量明显萎缩，说明之前介入的资金并未大规模出货。调整区间的成交量越少，意味着沉淀在场中的资金数量越多，这将对股价后期的进一步上涨起到极好的促进作用。

随着成交量的萎缩，股价波动的幅度也变小了，导致布林线指标上轨与下轨逐渐靠近。上轨向下、下轨向上的形态就是布林线指标通道的收口形态。在布林线指标收口的时候，只要下轨的支撑有效，那就是一次做多机会到来的信号。收口区间就是机会区间、操作区间。

经过创新高的温和上涨之后，布林线指标第二次形成了收口的走势，上轨与下轨之间的距离相比张口区间小了不少。只要看到收口的迹象，投资者就找到了值得关注的区间。与股价上涨、下跌交替循环一样，布林线指标也会张口、收口交替变化。在布林线指标通道张口时，股价既可能可能向下，也可能向上。但股价要想继续上涨，在布林线指标通道收口区间，布林线指标下轨都必将发挥支撑作用。只要看到布林线指标出现了收口的迹象，并且下轨稳稳地托住了股价调整的低点，机会就近在眼前了！

若各位读者对本章内容有不解之处，可与笔者的团队联系进行技术咨询。微信：18832021888，QQ：1741864815。

第四章

牛股盘中分时精细买点

投资者在进行分析的时候，看K线图的时候比较多，许多投资者甚至没有查看过分时图的走势，更别提结合分时图进行操作了。这其实是错误的。对日K线进行分析有助于捕捉到大的机会，而对分时图进行分析则有助于精细化进出的点位。

当买点出现后，查看一下分时图的走势并于日内寻找一个合适的点位买进，可以使介入点恰到好处，甚至可以达到买入当天就赚钱的效果。而高位形成卖出信号时，结合分时图进行分析，则有助于在更理想的位置卖出，从而赚取更多的收益。

因此，对分时图进行分析并指导操作，可以丰富日K线的分析，使进出点位更加合理。

第一节
均价线支撑压力及促涨促跌作用

由均价线的计算公式（某一时刻成交额÷成交量）可知，分时图中的均价线代表了当天某一时刻入场资金的平均持仓成本。而由于主力占据了当天绝大部分的操作资金，因此均价线也可以被看作主力当天持仓的成本线。由于均价线是持仓成本更精确的体现，因此它对股价的走势有了明显的支撑和压力作用。

均价线的支撑作用表现为，分时线处于上升通道向下回落触及均价线后，股价受成本的支撑重新起涨。

均价线的压力作用表现为，分时线处于下降通道向上反弹触及均价线后，股价受成本解套抛压的影响重新回落。

均价线对股价起到支撑作用之后，将进一步对股价的上涨起到促进作用。因为均价线代表的是成本，如果股价不涨，那么这些资金又如何实现盈利呢？因此，均价线在发挥支撑作用后，股价往往会进一步上涨。

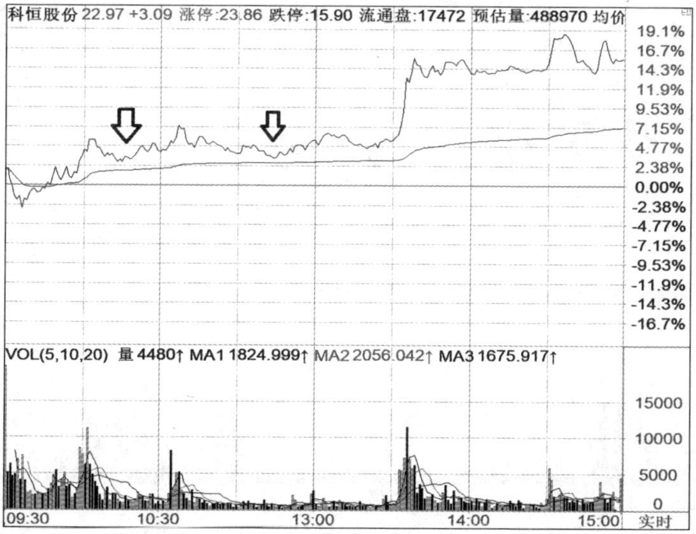

图 4－1　科恒股份 2021 年 8 月 6 日走势

科恒股份在2021年8月6日开盘后，股价略经下探后便展开了连续震荡的上涨走势。在股价不断上涨的过程中，均价线随之不断上升。一旦均价线在盘中形成了上升的趋势，股价后期就会有非常不错的表现。

均价线上升意味着场中资金的持仓成本在不断抬高。由于股价形成了明确的上升趋势，所以入场资金都认为值得买入该股。在资金都愿意以更高的价格购买该股的刺激下，股价自然就容易在后期出现连续上涨的走势。从图4－1中可以看到，均价线在股价上涨途中对调整的低点起到强大的支撑作用。每当股价调整的低点回落到均价线的时候，下跌走势就会停止，随之形成新一轮上涨走势。支撑作用越明确，股价后期继续上涨的可能性就越大，此时，投资者就应当在盘中坚决做多了。

均价线形成明确的支撑作用，意味着巨量的主力资金对股价起到了很好的维持作用。而得到均价线强大支撑的个股，基本上都是当时市场中的强势股。只有强势股的成本支撑作用才是最强的；弱势股之所以弱是因为无法发挥成本既有的支撑作用，股价才会不断走低。

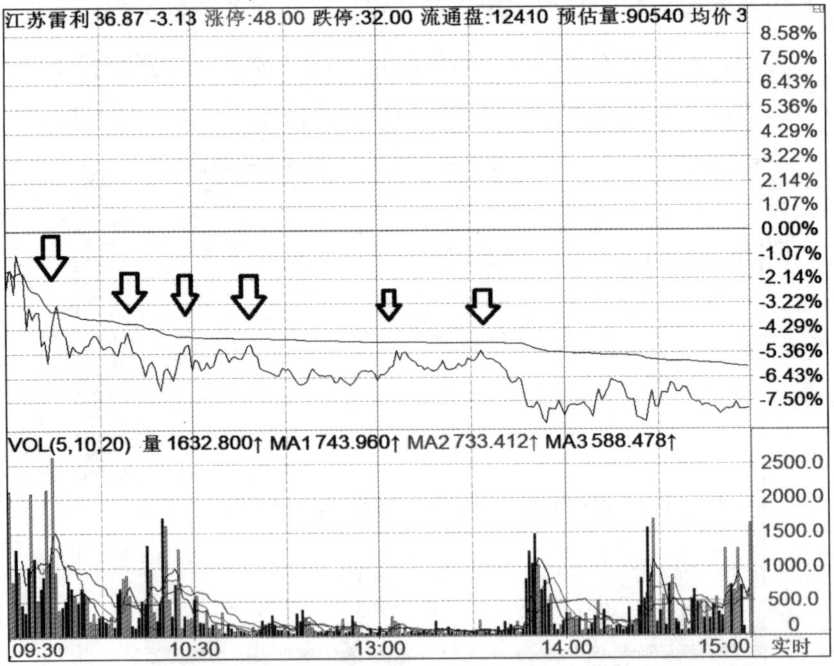

图4－2 江苏雷利2021年8月6日走势

江苏雷利的股价在2021年8月6日开盘后便连续震荡回落，均价线也随之稳步下行。从图4－2中可以看到，均价线全天处于明显的下降通道内。均价线的下降趋势越明显，对股价的压力作用就越大。

均价线下行意味着新入场资金的持仓成本不断降低，已入场的投资者均处于亏损状态，场中资金持续看空，在这种空头预期的支持下，盘中资金只能不断以低价卖出。由于均价线代表了盘中资金的平均持仓成本，因此，当股价反弹至均价线的时候，随着亏损的减少，必然有一些资金选择进行止损。这样一来，抛压就会使股价再次陷入回落走势，从而使均价线的压力作用变得越发明显。从图4－2中可以看到，每当股价反弹至均价线附近时都受到强大的压力，使股价进一步下跌。

均价线始终能够产生明显压力作用的个股，基本上都是当时市场中的弱势股。在进行实战操作时，应主动回避这种均价线始终能够产生明显压力作用的个股。

均价线可以从侧面反映人们对某只股票的热情。股价上涨，如果均价线随之上扬，则说明投资者的追涨热情高涨，都愿意以更高的价格参与进来，资金的持仓成本在不断抬高。持仓成本抬高意味着资金普遍看好后市，因此会对股价的上涨起到推动作用，这就是均价线的助涨性。

股价下跌，如果均价线随之下行，说明已入场的投资者均被纷纷套牢，而未入场的投资者谁也不愿意买入，都在等待更低的价位。这两种因素起到了抑制股价的作用，这就是均价线的助跌性。

实战中如何运用均价线的助涨性与助跌性呢？首先，要明确均价线的运行趋势。均价线的运行趋势具有惯性，一旦均价线的趋势形成，方向就会延续。其次，要确定均价线的运行趋势。如果均价线趋势向上，则投资者可密切关注并参考均价线的支撑作用择机买入；如果均价线趋势向下，则持仓的投资者要及时回避，并参考均价线的压力作用择机出局，未买入的投资者不宜盲目抄底。最后，要留意均价线的方向是否明显。均价线方向越明显、角度越大，价格的涨跌力度越大，带来的收益或风险越大。

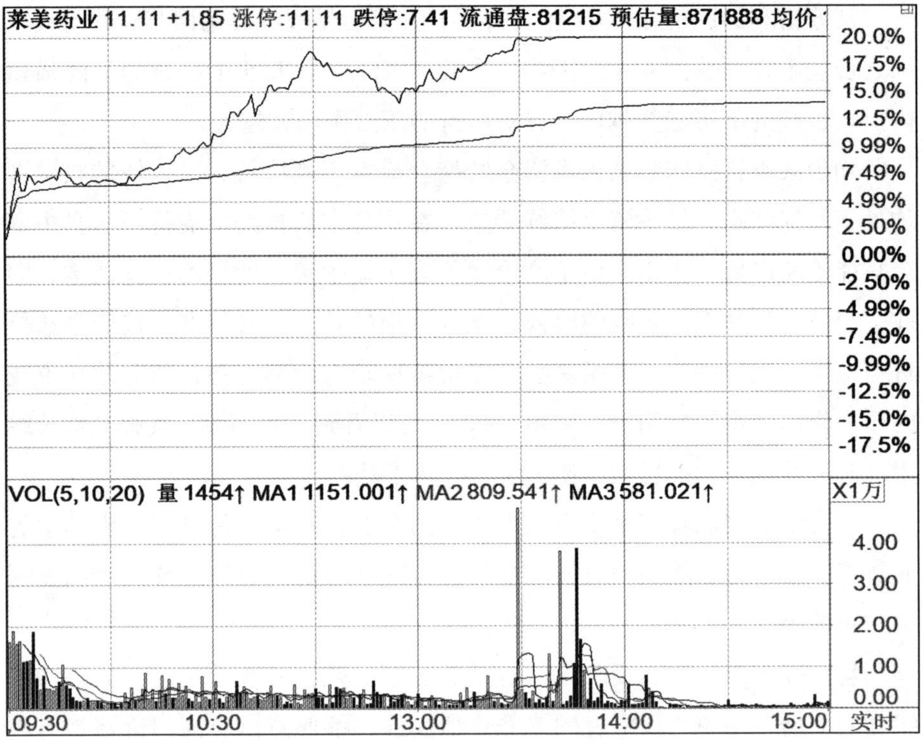

图 4-3　莱美药业 2021 年 8 月 6 日走势

莱美药业在 2021 年 8 月 6 日收出了一根涨停大阳线。股价能够大幅度上涨，必然与盘中资金的积极运作有着极大的关系。那么在这一天，资金对于股价波动的态度是如何体现的呢？

开盘后，在股价上涨的过程中，均价线形成了明确的上升趋势，并且在这一天分时线始终位于均价线上方，虽然在上涨过程中股价出现了多次调整的走势，但是均价线对其起到了强大的支撑作用。同时，成交量出现了连续放大，说明有大量资金在盘中积极操作，均价线的上升趋势则反映出这些资金都是在追涨，其平均持仓成本在不断提高，即使股价有了一定的上涨幅度，也没有降低这些资金的入场意愿。

资金越是积极地追高，均价线越会形成明确的上升趋势。而一旦均价线形成明确的上升趋势，就会进一步促使股价不断上涨、资金持续追高，从而形成良性循环。均价线就像水，而分时线就像舟，只要顺水便可以推舟而行。

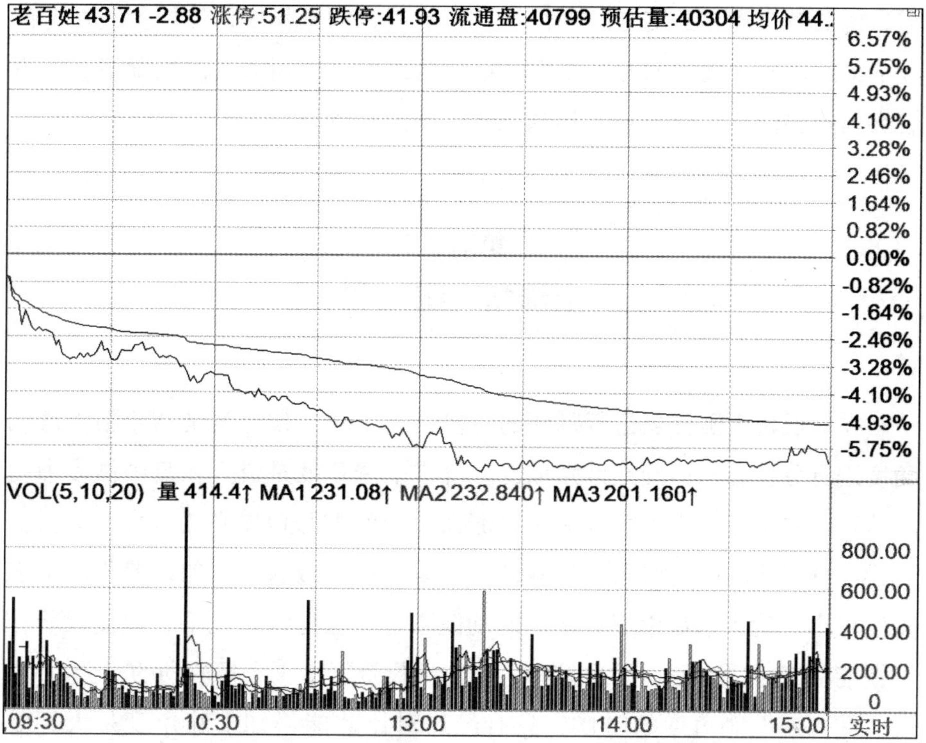

图 4-4　老百姓 2021 年 8 月 6 日走势

老百姓的股价在 2021 年 8 月 6 日出现了一轮连续下跌的走势。在股价下跌的过程中，均价线始终对分时线的反弹高点起着极大的压力作用，并且是“悬浮式”的压力形态。在压力作用非常明确的情况下，股价在下跌过程中始终没有形成像样的反弹。

股价下跌的一个原因是均价线强大的压力作用，另一个原因是分时线的促跌作用。在股价下跌的过程中，成交量始终保持放大，说明盘中有大量的抛盘在积极出货。那么，这些资金是以什么样的方式出货的呢？对均价线的波动方式进行分析可知，这些资金是以不计成本的杀跌方式进行出货的。这是因为在股价下跌的过程中，均价线形成了连续下跌的走势。如果场中资金没有不断地压低卖出的价格，那么均价线又怎么会保持如此单向且持续的下行状态呢？

正是由于均价线的持续下行状态发出了场中资金不计成本卖出的信

号，因此越来越多的资金加入止损、低价割肉的操作中，使均价线对分时线的下跌产生了强大的促进作用。在分时线促跌作用明确的情况下，投资者必须顺势做空，除非日 K 线指出了适合的买点。

第二节 上涨角度赚大利

在对股价上涨强弱进行判断的时候，其中一个技巧就是从价格上涨的角度进行分析，从而确定谁强谁弱。价格上涨角度是资金在盘中做多力度的体现，如果资金推动力度极大，那么股价的上涨角度必然很大，而投资者操作分时线陡峭的股票，更容易获得丰厚的投资收益。如果股价的上涨角度很小，就表示盘中资金做多的动能不足，在这种情况下，即使股价在后期能涨起来，上涨空间也较小，无法给投资者带来大幅盈利的机会。

在判断上涨角度的时候，只有经过对比才能得知上涨角度是大还是小，没有对比不宜直接得出结论。传统分析认为，大于45°的便是强势上涨角度。这种说法看似正确，但是假如盘中很多股票的上涨角度都大于45°，那么投资者如何得知谁更强呢？同时，如果变动了参考坐标、放大或缩小了界面，又该如何确定强弱呢？因此，单纯用某个固定的角度来判断强与弱是不合适的。只有将上涨角度进行对比，找出那些上涨角度最陡峭的个股并将其作为操作的目标股，才是正确的方法。

除了对比个股的上涨角度外，投资者还应对比盘中各个波段的上涨角度，确定盘中哪一波上涨走势的力度最大，在这个点位寻找操作的机会。

1. 大上涨角度

大上涨角度，是指股价经过调整以后再度上涨，此时的分时线与前一波上涨相比明显变得陡峭（见图 4－5）。

大上涨角度经常出现在强势个股的上涨途中。随着资金大力度的推动，分时线陡峭上行。大上涨角度基本会与明显的放量现象一起出现。因此，一旦个股在盘中形成了大上涨角度，投资者就要积极追涨。只要大上涨角度没有发生改变，股价的上涨行情就会不断延续。

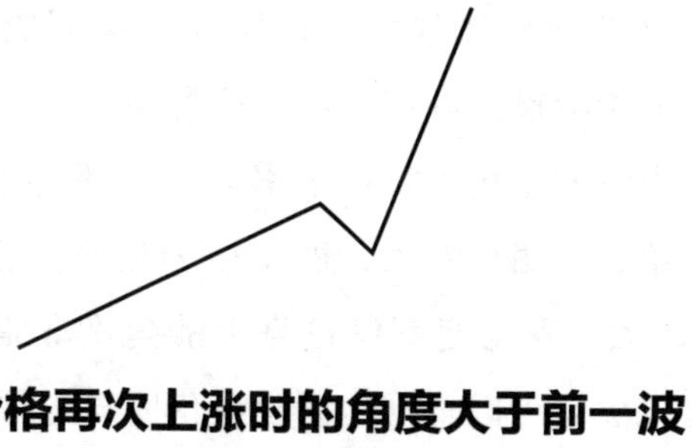

图4－5　大上涨角度示意图

股价在实盘中一旦形成大上涨角度，成交量就会明显放大，这意味着资金在盘中做多的数量进一步增加，与之对应的是股价上涨的幅度将会增大，上涨速度将会加快。因此，投资者应当在大上涨角度形成的时候积极入场做多或坚定持股。

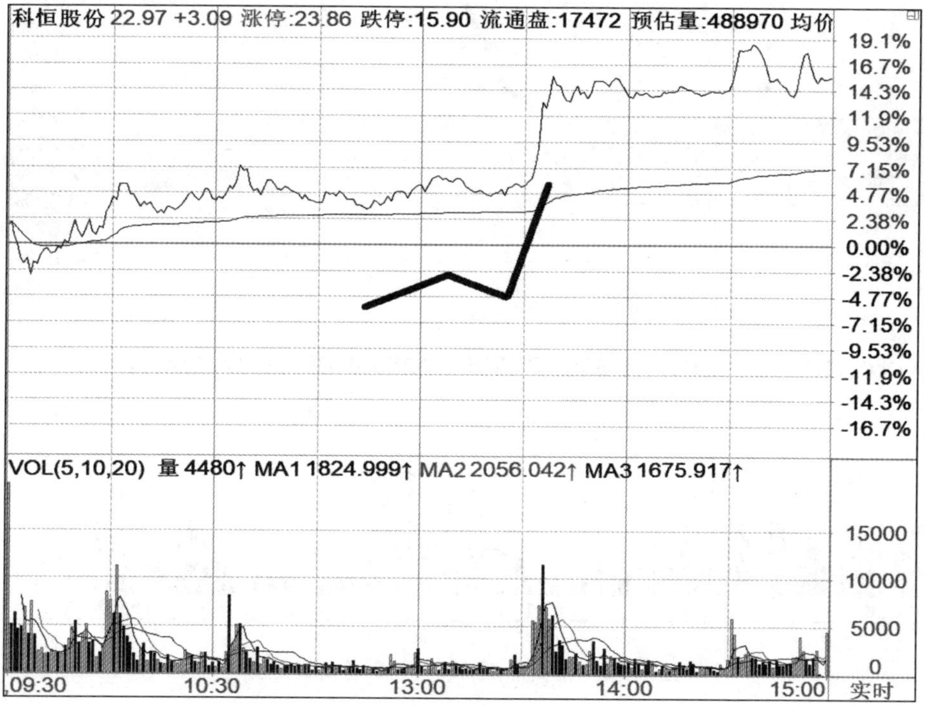

图4－6　科恒股份2021年8月6日走势

科恒股份的股价在略做下探后便形成了震荡上涨的走势。在初期上涨的过程中，价格上涨的角度比较小，说明在这期间资金做多的力度并不大。角度小的上涨很难给投资者带来可观的盈利。

经过近两个半小时的小角度震荡上涨以后，随着成交量再次明显地放大，分时线的上涨角度也明显变大，变得极为陡峭。这种角度的变化被称为“大上涨角度”。大上涨角度不仅自身上涨角度非常大，而且与前一波段的上涨角度相比，更是可以直观地看出股价明显走强了。

在大上涨角度形成的时候，股价上涨的速度是极快的，上涨的幅度也是非常大的。只要投资者在角度变大的初期积极追涨，在这一天就可以获得非常满意的短线收益。

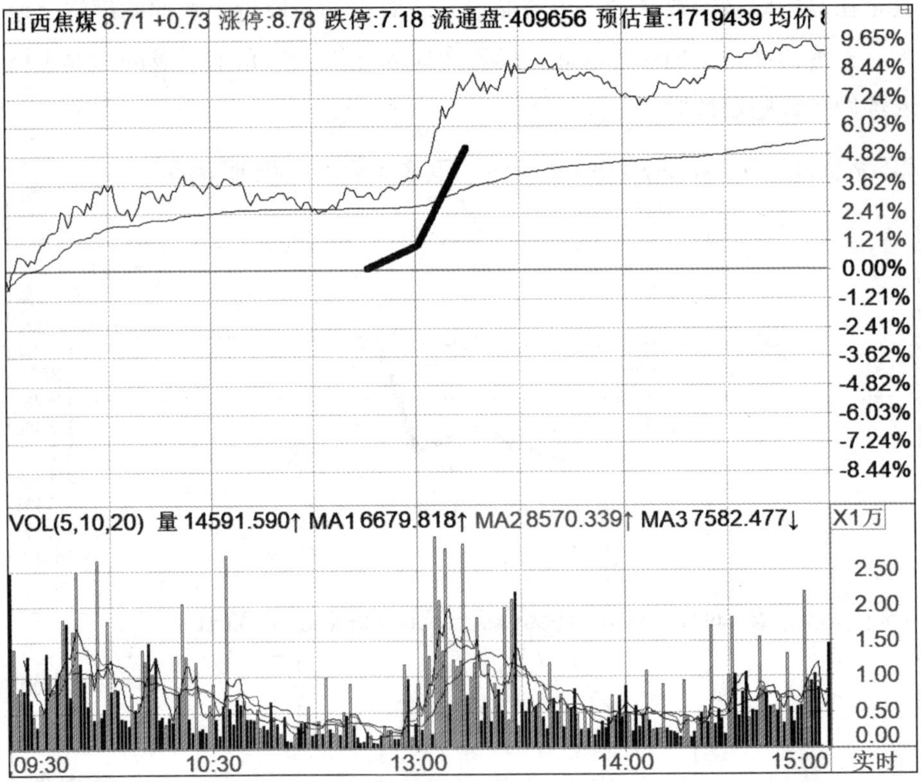

图 4－7　山西焦煤 2021 年 8 月 6 日走势

山西焦煤的股价在开盘出现一波上涨以后，便出现长时间窄幅震荡。

股价在盘中受到均价线的支撑后，在上午收盘前又形成了一波缓慢上涨的走势。随着均价线支撑作用变得越来越明显，投资者要意识到：股价很有可能在后期延续上涨的走势。

在支撑形态形成后，可以将上午收盘前的上涨波段作为参照，如果股价后期上涨的角度小于这一角度，上涨的空间就会受到限制，投资者不宜在上涨力度没有加大的时候入场。但是，如果股价后期上涨的角度有加大的迹象，就表示股价会上涨得更加迅猛，就一定要积极入场做多。

下午开盘以后，在成交量连续放大的情况下，股价再度展开了强劲的上涨。下午分时线的上涨角度与上午分时线的上涨角度相比变得陡峭很多，说明主力在盘中做多的力度加大，而大力度的上涨必然会对应较大的上涨空间。因此，空仓的投资者可以在上涨角度加大时积极买入，持股的投资者则应在此时更加坚定地持股。

2. 等上涨角度

等上涨角度，是指股价经过调整以后再度上涨，此时分时线的上涨角度与前一波上涨的分时线相比基本一致。在实际案例中，可能略小，也可能略大，只要差异不是非常明显，就可以视为等上涨角度（见图4－8）。

等上涨角度经常出现在强势个股的上涨途中。因为股价第二轮上涨的力度与前一轮上涨的力度基本一致，所以分时线的角度前后也基本一样。形成等上涨角度的个股也会给投资者带来较为可观的盈利机会：股价上涨的力度没有减弱，因此股价之前怎么涨，以后也会怎么涨。

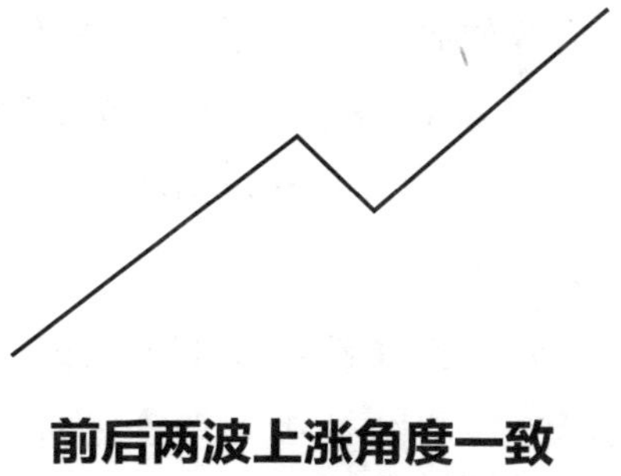

图4－8　等上涨角度示意图

分时线在实盘中形成等上涨角度，意味着资金此时在盘中做多的力度与前期上涨时做多的力度一致，因此投资者可以参考前期股价的走势判断股价后期上涨的形态和幅度。

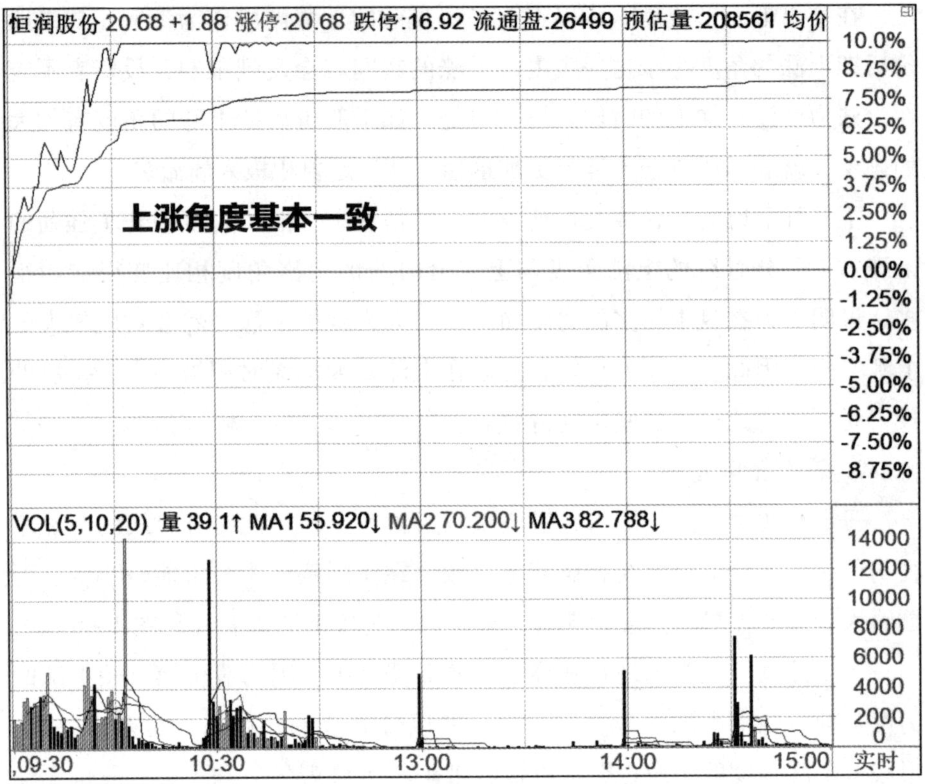

图 4-9　恒润股份 2021 年 8 月 6 日走势

恒润股份的股价一开盘便放量快速上涨。当股价的上涨满足了强势特征的时候，投资者应当及时寻找各种买点入场做多。股价形成第一波上涨走势后不久，出现了一次调整，但此时的调整属于短时间和小力度调整，说明股价后期上涨的概率极大。

股价在形成调整走势后，投资者可以将第一波的上涨作为参照，去衡量后期股价上涨力度的大小。将图 4-9 中股价后期再次上涨时分时线的角度与之前上涨时分时线的角度进行对比便可以发现，两者角度基本一致。这种技术形态就是等上涨角度最明显的特征。

一旦股价的上涨形成等上涨角度，就意味着前后两次上涨行情的力度基本一致，将促使后期的上涨形态与之前的上涨形态保持一致。对于后面的行情如何走，投资者可以通过分析前一轮的上涨走势做出判断。

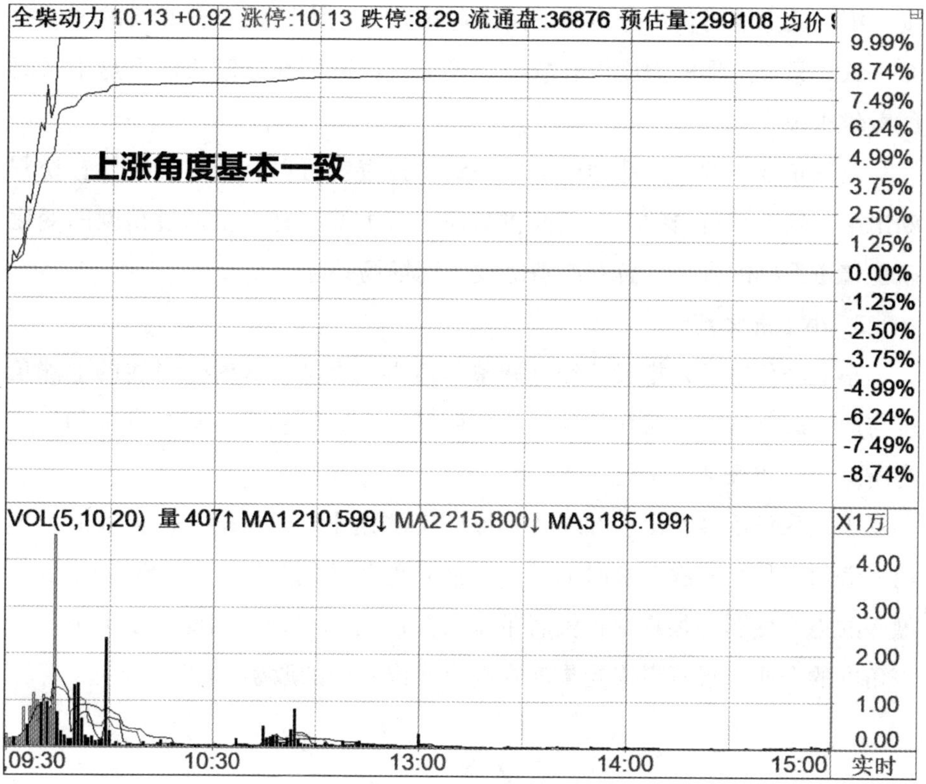

图 4－10　全柴动力 2021 年 8 月 6 日走势

全柴动力开盘以后，股价形成了一轮快速上涨的走势。此时的上涨得到了成交量放大的支撑，这说明此时的上涨是资金积极入场实打实地推动的，是真实有效的。

股价在第一轮上涨结束以后，出现了调整的走势。在很短的调整时间里，投资者应当把握住股价快速上涨前的一两分钟，抓紧制定投资策略：如果股价后期再度上涨时，分时线角度与第一轮上涨时角度一致，或是大于第一轮上涨时的角度，就可以积极入场追涨；如果股价后期上涨时的角度小于第一轮上涨时的角度，就说明上涨力度减小了，应当放弃操作。

从图 4 - 10 中可以看到，股价在后期上涨的过程中，成交量继续保持着放大的状态。在买盘的不断推动下，股价也延续了之前较大的上涨力度：第二波上涨行情中分时线的角度与第一波上涨行情中分时线的角度完全一致。只要上涨的力度没有减小，投资者就应当在分时线创下盘中新高的时候积极介入。

上涨角度一致，上涨力度必然一致，投资者可以利用这个特性轻松判断出第二轮上涨行情的上涨幅度将与前一波上涨一样。仅通过角度的变化就能知道涨幅的大小。打有准备之仗，则场场必胜。

3. 小上涨角度

小上涨角度，是指股价经过调整以后再度上涨，此时分时线的上涨角度与前一波上涨时分时线的角度相比明显减小，说明盘中资金做多的力度有所减小（见图 4 - 11）。

小上涨角度经常出现在弱势个股的上涨途中。股价第二次上涨时形成的上涨角度与第一次上涨时形成的上涨角度相比明显减小，说明盘中资金做多的力度变弱，很难给投资者带来可观的盈利机会。因此对于形成小上涨角度的个股，投资者应当果断在高点卖出手中的股票。

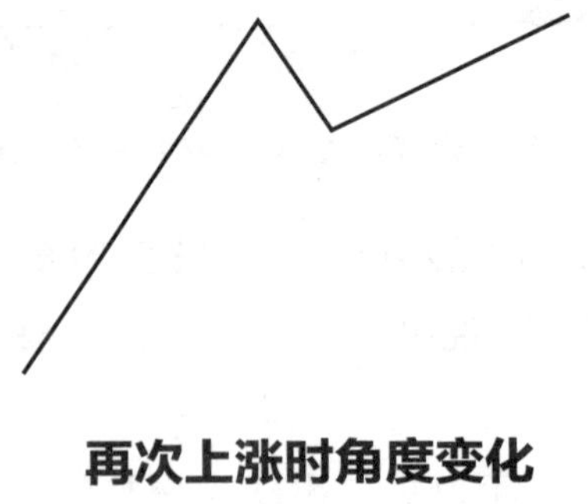

图 4 - 11　小上涨角度示意图

股价在实盘中形成小上涨角度，意味着盘中资金此时做多的力度明显减小。弱势形成背后的原因是资金推动力度不足。对于形成小上涨角度的个股，投资者应当抱着回避的态度。当股价上涨角度减小、上涨力度减弱时，怎么可能给投资者带来好的盈利机会呢?

如果股价的波动形成了小上涨角度，那么股价在后期能否继续上涨，成交量起着决定性作用。只有成交量不断增加，新一轮的上涨行情才会出现，如果成交量依然保持萎缩，股价就很难走出强劲的上涨走势。

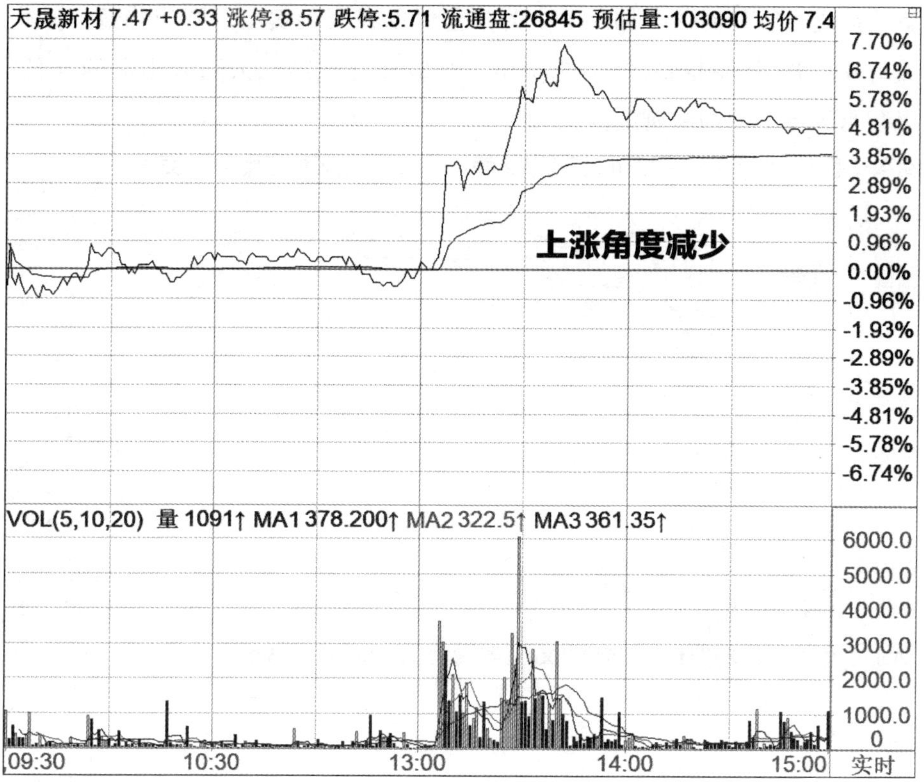

图 4－12　天晟新材 2021 年 8 月 6 日走势

天晟新材的股价在上午弱势震荡，在下午开盘后不久成交量突然出现了放大的迹象，并且创下了开盘以来的最大量能，说明此时有资金开始入场积极进行操作。在成交量放大的情况下，分时线形成了极为陡峭的上涨角度。面对这种形态，短线投资者应及时入场买进。

快速上涨结束以后，分时线出现了调整的形态。在调整的过程中，成交量出现了萎缩的迹象，并且股价回落的幅度非常小，这种形态预示了股价后期必然上涨。因此，只要分时线在后期突破了调整前的最高点，投资者就可以继续入场做多。

在股价第二轮上涨的时候，分时线的角度与股价第一轮上涨时相比明显减小，这就是小上涨角度最明显的技术特征。小上涨角度的形成说明盘中资金做多的积极性明显降低，股价后期的表现将不会比前一轮上涨好，就算冲高也容易回落。如果手中的持仓可以在当天卖出，则应当逢高减仓或清仓。若当天刚刚入场不能卖出，则应做好在第二天随时出局的准备，以防当天盘中的弱势延续到第二天。

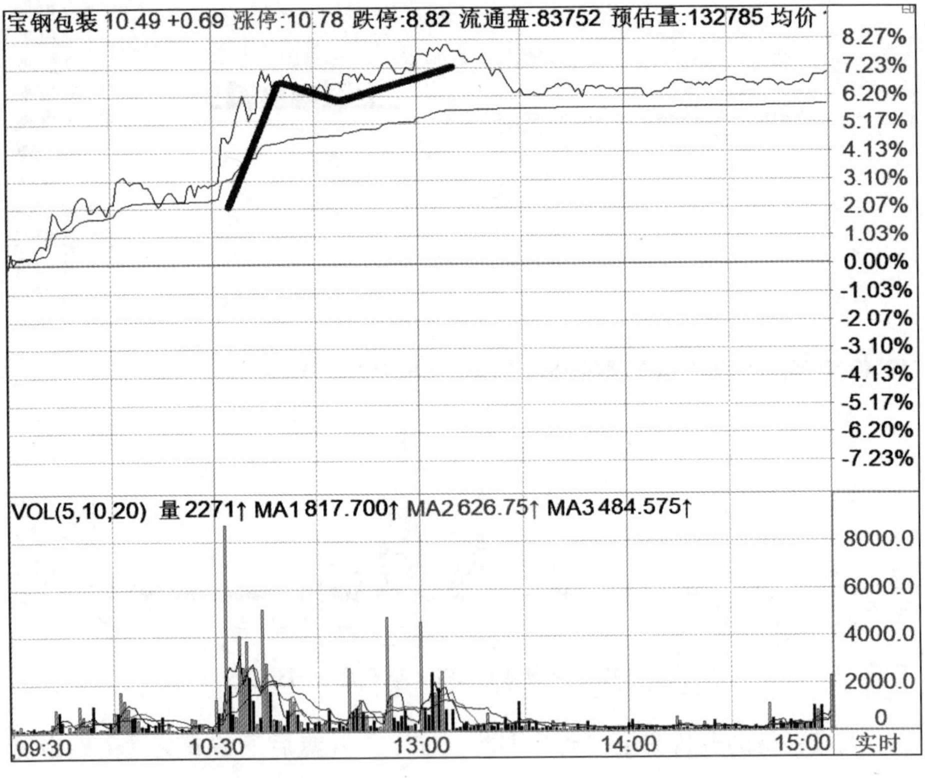

图 4-13 宝钢包装 2021 年 8 月 6 日走势

宝钢包装的股价在一个多小时的温和放量震荡上涨以后，于盘中再度上涨时，成交量出现了明显的放大迹象，说明有更多的资金开始入场进行积极操作。随着成交量的进一步放大，分时线也形成了较为陡峭的上涨走势。角度加大说明力度加大，上涨的幅度也将加大，手中持有该股的投资者应当坚定持有，空仓的投资者可以在股价加速上涨时及时入场。

股价上涨结束以后，再次形成了缩量调整的走势，并于上午 11 点左右降到最低点。在强势上涨行情暂时结束的时候，投资者可以将此刻上涨时形成的上涨角度作为参照，来衡量股价后期上涨力度的大小。调整结束以后，分时线再度形成了上涨走势。但是从图 4－13 中可以看到，此时的上涨角度与之前上涨时的角度相比明显减小了。上涨角度减小说明盘中资金做多的力度也明显减小，需要随时留意风险的到来。

在小上涨角度形成的时候，成交量与第一轮上涨时相比出现了明显的萎缩，反映出当前资金的介入数量明显减少。正是因为股价的波动没有得到成交量放大的认可，才导致了上涨角度的变小。在小上涨角度形成的时候，上涨的空间也较前一轮上涨时小了很多。

相信各位读者已经学会在分时图中判断上涨角度变化的方法。那么，该如何在日 K 线图中判断上涨角度的变化呢？请各位读者深入思考。若您无法解答这个问题，可与笔者的团队联系进行技术咨询（微信：18832021888，QQ：1741864815）。

第三节
上涨对立角度选牛股

对上涨角度进行分析，是为了将股价当前的上涨力度与前期的走势进行对比，确定后期的操作方法。这种对比是将同方向的波动进行对比，反映的是同方向波动时股价做多的力度是否有所减小。这种对比只能反映出资金在相同方向下力度的大小，不能直接体现反方向波动的力度。因此，投资者在实际操作中，要对对立角度进行分析。

对立角度的对比，是指将股价当前波动方向的角度与反方向波动的角度进行对比，从而直接对比出盘中多空双方的力度。对立角度的对比更加直接，可以一目了然地知道多空双方的力量状态，投资者在实战的时候经常需要使用这个方法进行分析。

1. 上涨大对立角度

上涨大对立角度，是指股价以某一角度下跌到底部以后形成了上涨的走势，上涨角度与前期下跌角度相比明显变大。一旦形成了上涨大对立角度，就意味着盘中资金做多的力度远远大于做空的力度，因此投资者一定要在盘中积极做多。

上涨大对立角度往往会出现在龙头领涨个股的底部区间，极为陡峭的上涨会在市场中起到良好的盈利示范效应，从而带动更多个股持续上涨。投资者一旦在股价下跌结束时发现某只个股形成了上涨大对立角度，就要意识到它是盘中绝对的大牛股。挽弓当挽强，要买就买入上涨力度大的大牛股。

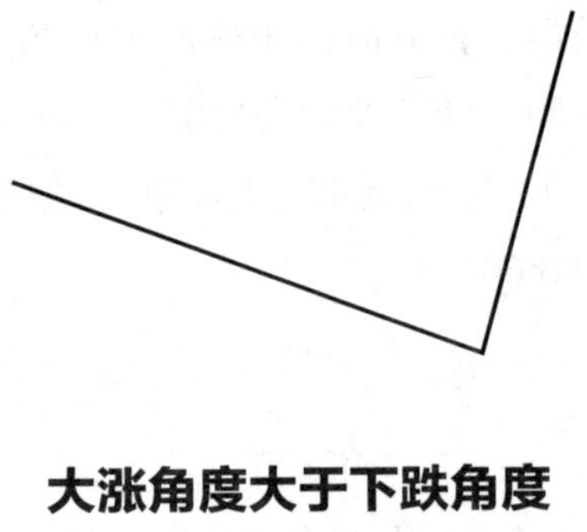

图4－14 上涨大对立角度示意图

在上涨大对立角度中，下跌的角度越小，上涨的角度越大，股价后期上涨的空间就越大。当上涨角度远远大于下跌角度时，说明多方在盘中的进攻极为主动，已经占据了绝对的主动。

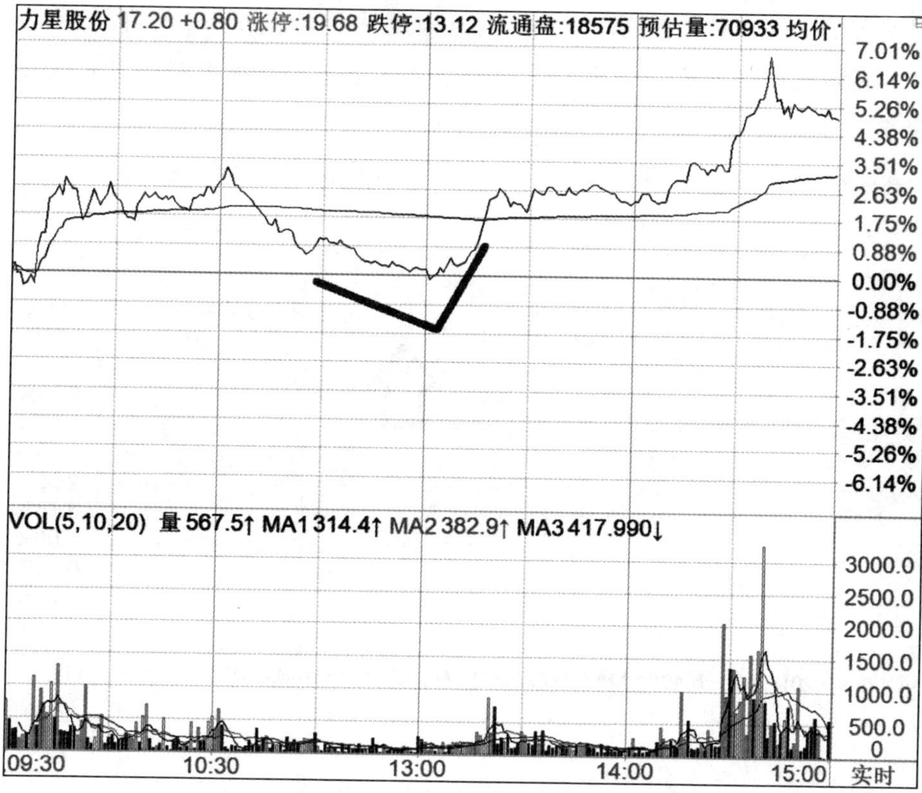

图 4－15　力星股份 2021 年 8 月 6 日走势

力星股份的股价在开盘震荡上涨了约一个小时后，便陷入了长时间的调整，直到下午才重新开始上涨。在股价持续下跌的时候，要重点关注下跌角度，因为它可以作为参照物，帮助投资者准确判断未来上涨力度的大小。

下午开盘后，股价再次上涨，分时线开始不断向上延伸。在上涨初期，上涨的迹象还不太明显，投资者没有必要对角度进行对比，而上涨到中期的时候，形势开始变得明朗起来，这时就可以将上涨时的角度与下跌时的角度进行对比，从而判断多空双方力量的变化。从图 4－15 中可以明显看到，下午上涨时的角度较大，而之前下跌时的角度较小，这种角度对比就被称为“上涨大对立角度”，标志着股价的上升趋势将会延续。

只有当盘中资金在做多的力度远远大于做空的力度时，分时线的波动才会形成上涨大对立角度。上涨大对立角度从形态上来讲非常容易判断，一旦股价的波动变成了多头力量明显增强的形态，投资者就要及时入场做多。

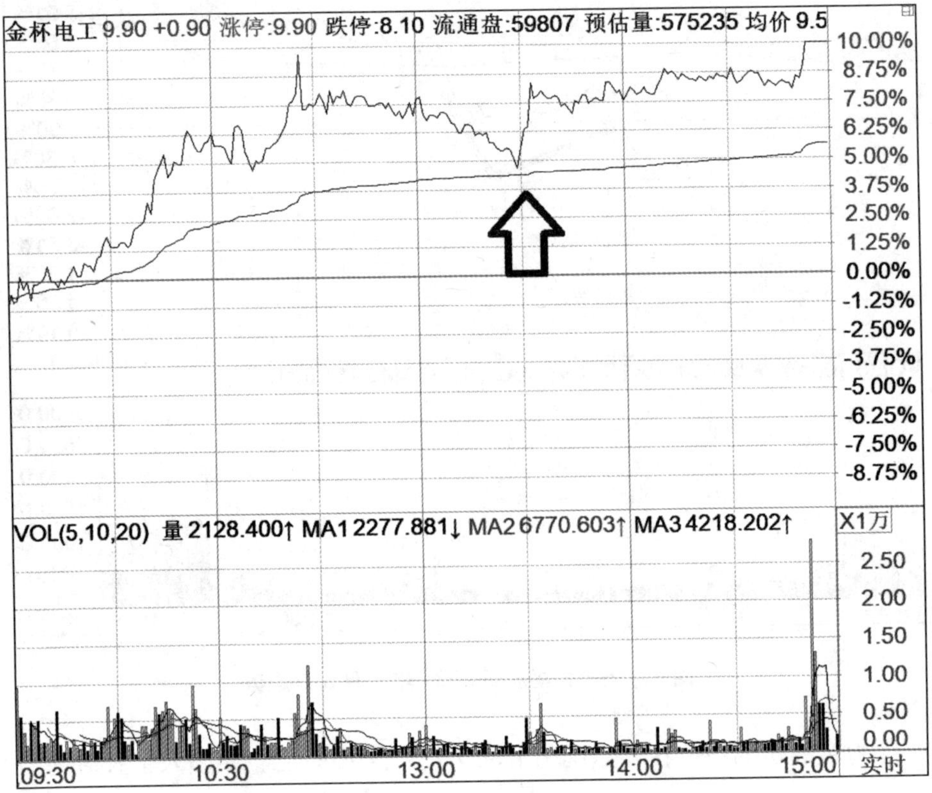

图 4－16　金杯电工 2021 年 8 月 6 日走势

金杯电工在开盘之后便出现了连续上涨的走势，经过近一个半小时，又形成了持续调整的走势。分时线无量回调到均价线处时，受到了强大的支撑作用，使股价重拾升势继续上涨，主力资金在盘中完成了一次很有效果的震仓操作。

股价在受到均价线的强大支撑并结束调整以后，出现了快速的上涨走势。从图 4－16 中可以看到，调整结束以后的上涨角度与下跌时的角度相比明显变大。上涨角度与下跌角度的差值越大，意味着盘中做多的力度越大。在这种情况下，股价后期必然会出现较大幅度的上涨。

一旦形成上涨大对立角度，此时的上涨就只是后期行情的第一波上涨。第一波上来就涨得这么猛烈，后期的走势也不会弱到哪里去，因此在大上涨对立角度形成时，一定要及时入场。股价在高涨幅区间形成大上涨对立角度，只要当天的大盘环境配合，就很容易涨停，即使在第二天冲高时卖掉，也可以轻松抓住一次短线操作的大好机会。

2. 上涨等对立角度

上涨等对立角度，是指股价以某个角度下跌到底部以后形成了上涨的走势，上涨力度与前期下跌力度基本保持一致，使涨跌角度基本相等（见图4－17）。

上涨等对立角度往往出现在上涨个股的底部区间。这类个股往往是市场的中坚力量，虽然不能像大牛股那样对上涨起到带动作用，但是可以为盘中提供足够的做多力量，从而推动行情不断发展。

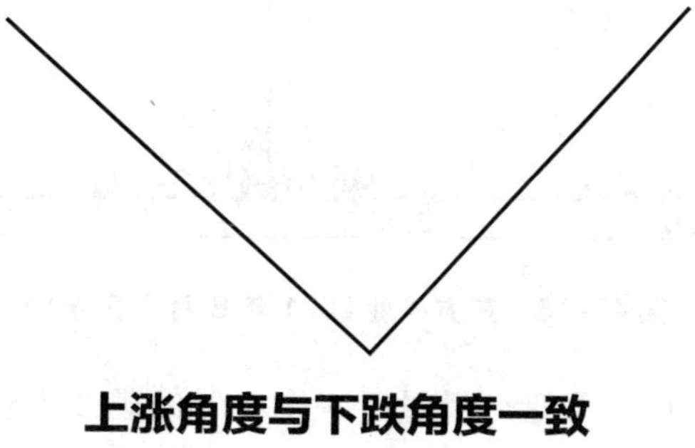

图4－17　上涨等对立角度示意图

上涨等对立角度的形成，意味着前期股价如何下跌，后期股价就会如何上涨；前期下跌的角度有多大，后期上涨的角度就有多大；前期下跌的幅度有多大，后期上涨的幅度就有多大。同样，在时间方面，上涨等对立角度也可以给投资者提示：前期下跌的时间有多久，后期上涨的时间就会有多久。

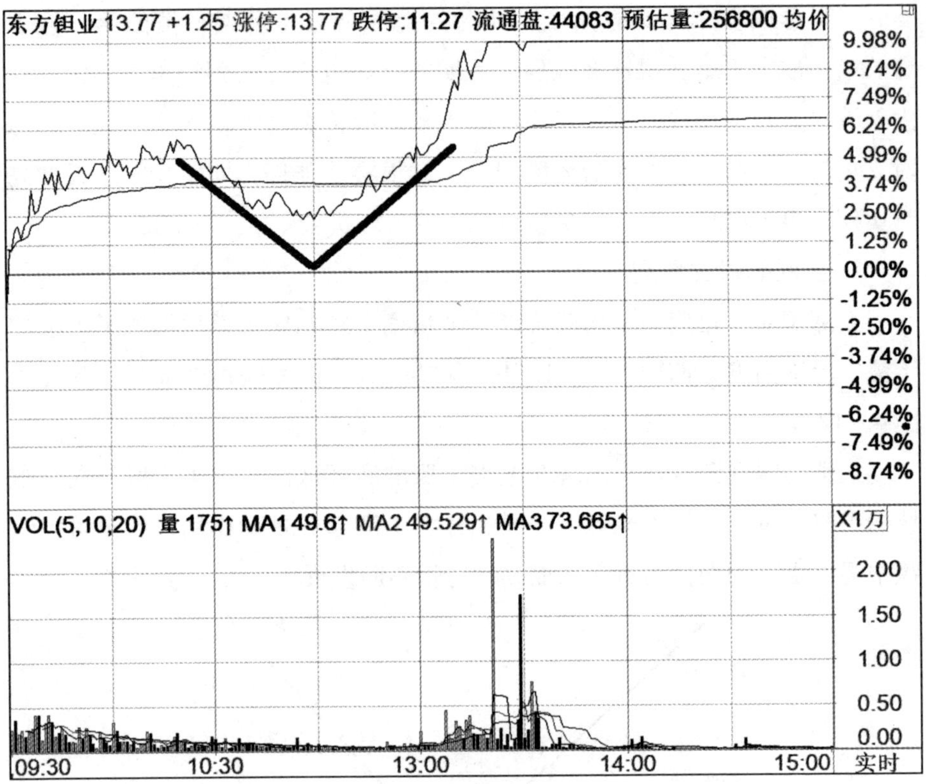

图 4－18　东方钼业 2021 年 8 月 6 日走势

东方钼业的股价在开盘后经过近一个小时的震荡上涨，在成交量连续萎缩的情况下出现了持续下跌的走势。成交量无法放大使股价没有足够的上涨动力，在这个区间除非日 K 线趋势明确，否则只能在场外耐心等待股价重新走强，再择机操作。

经过半个多小时的下跌，分时线形成了短线见底并成功上涨的走势，此时投资者就需要密切关注分时线的波动了。从股价下跌和上涨的走势来看，上涨的角度与下跌的角度基本一致，即形成上涨等对立角度。

上涨等对立角度说明股价此时的做多力度与下跌时的做空力度基本一致，这意味着前期股价是如何跌下来的，后期就将如何涨上去。在股价回到起跌点的时候，由于成交量继续放大，资金积极推动，因此下午出现涨停。且不说股价能否涨停，仅上涨等对立角度就足以提示投资者盈利机会的所在。

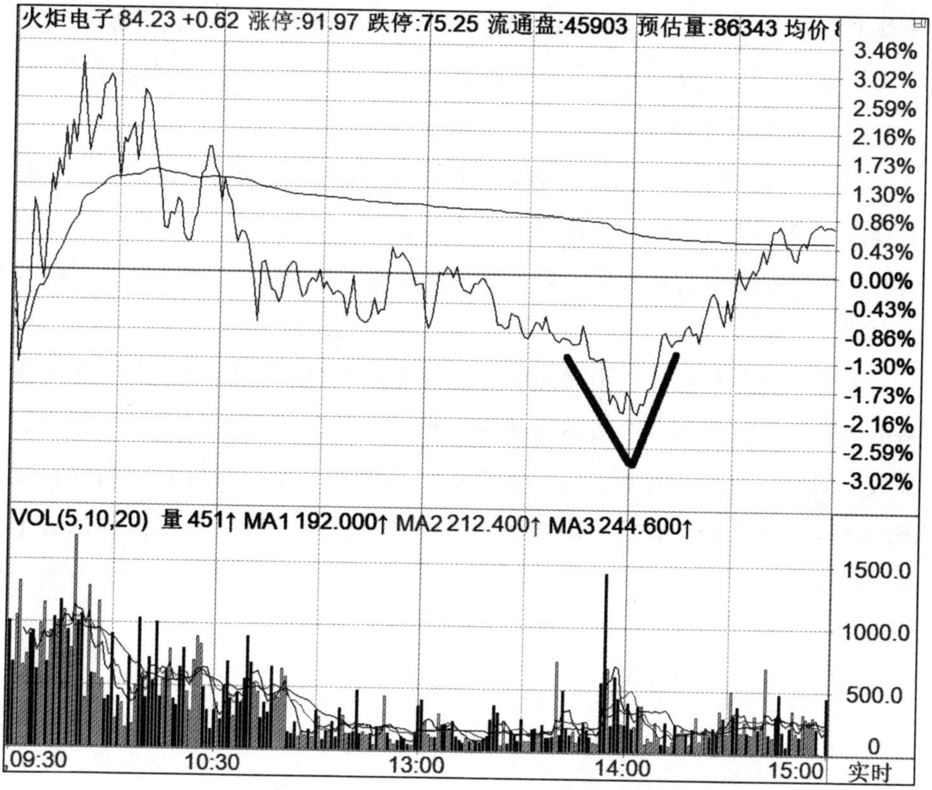

图 4－19 火炬电子 2021 年 8 月 6 日走势

火炬电子开盘快速上冲的走势结束后，便出现了持续回落。在股价下跌的过程中，每一次或大或小的下跌，都伴随着成交量放大现象的出现。说明该股当天抛盘数量较多，只要没有出现多方力量明显增强的现象，就要谨慎操作。

股价在下跌到当天最低点的时候，出现了第一次有一定力度的反弹。此时的上涨将最后一波下跌的波段完全吞没。有能力吞没最后一波下跌，说明多方此时的力度与空方基本一致。如果进一步观察会可以看到，在股价上涨的时候，上涨角度也与前期下跌角度基本一致，形成了上涨等对立角度，再次提示投资者盘中多方与空方力度的一致性。

股价在结束下跌、形成上升趋势时，一旦形成上涨等对立角度，投资者就可以参考下跌时的走势来判断后期上涨时的形态。对立角度的一致意味着多方与空方力度一致，而多方与空方力度一致又会导致股价涨跌形态和涨跌幅度一致，为投资者在盘中逢低吸纳提供了极好的介入点位参考。

3. 上涨小对立角度

上涨小对立角度，是指股价以某个角度下跌到底部以后形成了上涨的走势，上涨角度与前期下跌角度相比明显变小。一旦形成了上涨小对立角度，就意味着盘中资金做多的力度远远小于做空的力度，空方占据着较大的主动。

上涨小对立角度往往出现在弱势上涨个股的底部区间。这类个股往往是市场中典型的跟风类个股，虽然可以形成一定的上涨幅度，但是盘中资金做多的力度很小。对于形成上涨小对立角度的个股，投资者应当抱着回避的态度，手中有持仓的，应当趁上涨时逢高卖出，将资金切换到强势上涨个股中去。

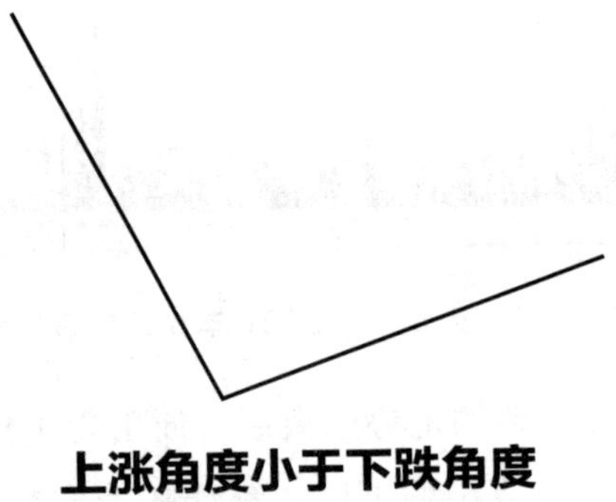

图 4-20　上涨小对立角度示意图

上涨小对立角度形成，意味着股价在后期往往很难形成强劲的上涨走势，同时这类个股的涨幅往往会低于同期指数的涨幅，所以无法给投资者带来较大的盈利机会。如果投资者在指数上涨时持有这类个股，就要及时进行换股操作。只有坚守“择强而入”的信条才能实现更大的收益。

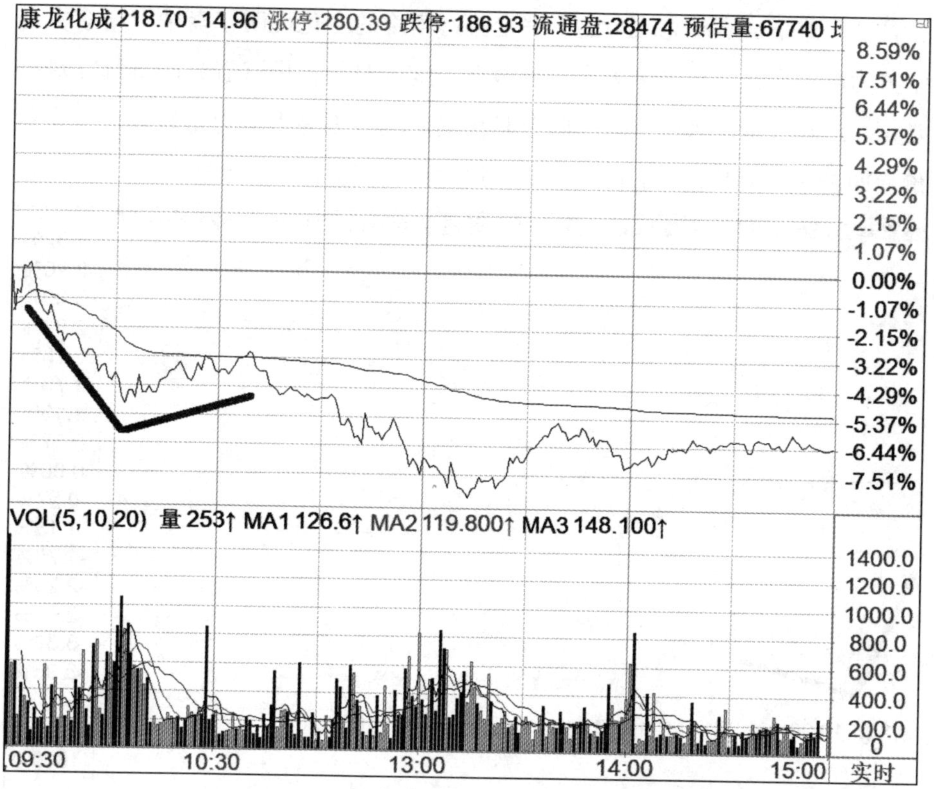

图 4－21　康龙化成 2021 年 8 月 6 日走势

康龙化成在开盘以后略做上冲便陷入了持续性的震荡下跌走势中，并且在下跌过程中，成交量越来越大。面对这种走势，投资者一定要积极回避，以防盘中的放量下跌演化为主力资金的出货。放量下跌在高位肯定是风险，在中低位也有可能压抑股价一段时间。因此，无论股价处于什么位置，放量下跌都不是好现象。

当股价下跌了半个小时之后，反弹走势随之出现。但是，在股价反弹的时候，成交量并没有出现放大的迹象。量能无法放大意味着资金并不认可当前的上涨，在缩量反弹的过程中是无法预期持续性上涨的。同时，在股价反弹上涨的过程中，上涨角度与下跌角度相比显得非常小，形成上涨小对立角度。

上涨小对立角度形成说明盘中资金做多的力度很弱。在这种情况下，股价往往很难形成真正意义上的上涨走势。角度的变化说明了盘中资金多方与空方力度的变化。在做多力度小于做空力度的时候，投资者只能继续在场外观望，或在股价反弹的高点区间及时止损离场。因为多方力量较弱，一旦股价后期进一步下跌，利润回吐或是亏损的额度就会进一步增加。

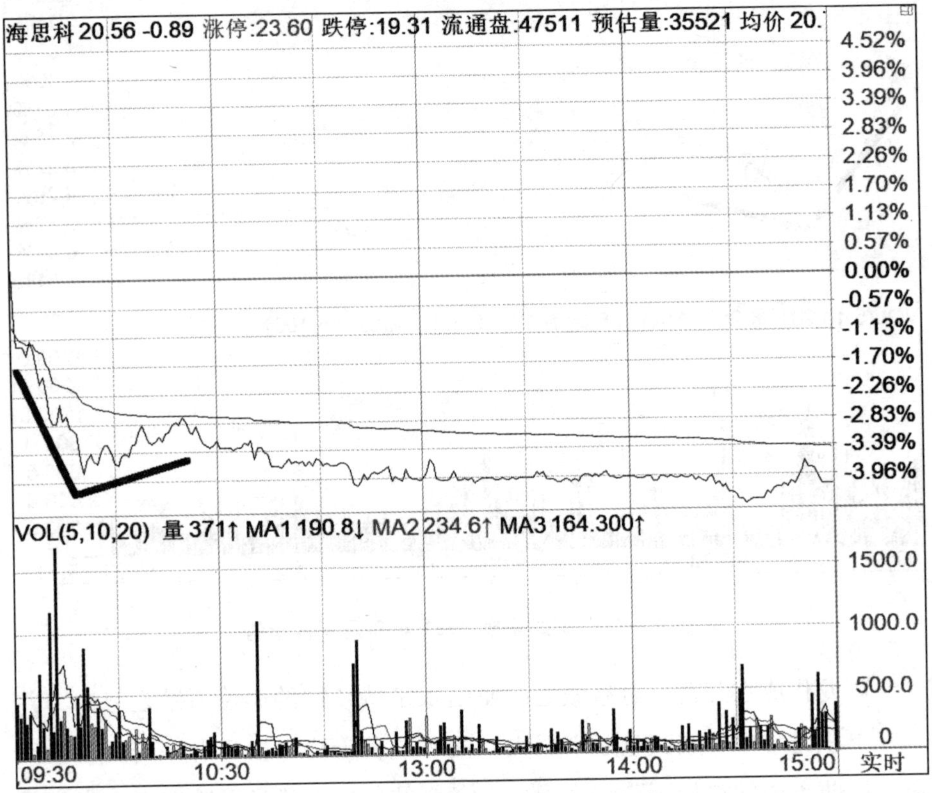

图 4－22　海思科 2021 年 8 月 6 日走势

海思科在开盘之后成交量连续放大的情况下出现了快速下跌的走势。不管股价处于什么位置，都要积极回避这种快速放量下跌的走势。若股价处于高位，就是风险到来的信号；若股价处于低位，这种快速放量下跌的走势就意味着主力开始了大力度的震仓操作，且这次震仓不可能在短期内完成。

经过半个小时的放量下跌之后，股价形成了无量反弹的走势。从成交量的变化就可以得知，反弹过程中并没有资金积极入场建仓。但资金不入场，股价又哪有上涨的动力呢？从图 4 – 22 中还可以看到，分时线在反弹上涨时形成的上涨角度非常平缓，根本无法与下跌时的陡峭角度相提并论。上涨角度与下跌角度的差值越大，说明盘中资金做多的力度越弱。当资金做多力度很弱时，空方依然牢牢把控着局面，意味着风险还没有结束。

上涨小对立角度的形成反映出当前盘中空方力度的强势，是一种风险的信号。如果分时线的波动形成了上涨小对立角度，那么投资者是不可以入场做多的，特别是在成交量没有同步明确放大的情况下，更不能有买入的打算。同时，如果手中持有出现这种走势的股票，就要趁反弹高点及时离场。因为就算股价后期不下跌，也很难上涨，继续持股无疑是将风险握在了手中，这种做法并不明智。

第四节 分时无量高点

在实战分析的过程中，投资者可以通过分析股价上涨后调整低点区间的成交量，判断主力是否有出货的意图，从而在主力没有出货的时候大胆持股。但是，仅对调整低点进行分析是不够的，投资者一定要学会从股价波动的高点处去判断主力的操作意图。

主力往往会在股价波动的高点区间逢高出货。因为主力可以对股价的涨跌起到控制的作用，所以自然知道当天的高点在哪里。如果盘中分时线波动的高点处形成了密集的放量，就表示主力开始了出货的操作；如果在高点处成交量并没有放大，就表示主力根本没有进行出货操作。虽然高点形成以后股价有可能继续回落，但是主力在高点都没有出货，又怎么可能在随后的回落过程中出货呢？这说明高点与后期可能出现的调整低点都不是主力出货的目标区间，因此股价后期突破该区间继续向上的概率是很大的。

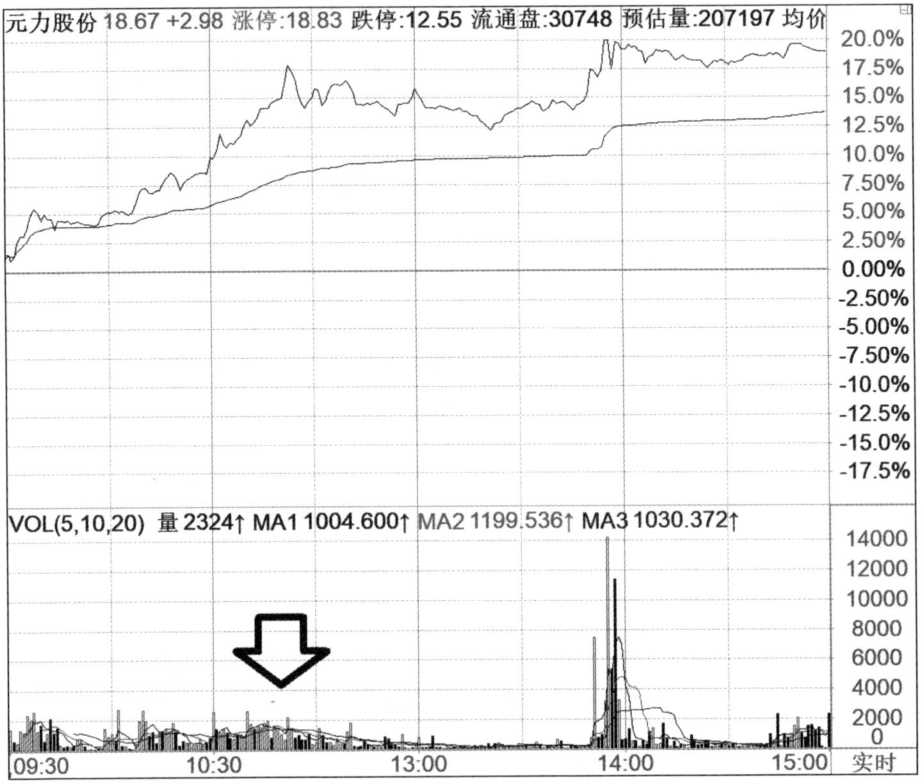

图 4－23　元力股份 2021 年 8 月 6 日走势

元力股份在当天收出了一根大实体的阳线，虽然日 K 线图中的阳线实体较大，但是股价在盘中上涨的时候并不是快速上蹿形成的，而是不断震荡上行累积出的大涨幅。在股价长时间向高位攀升的过程中，会有足够的时间确保主力进行大规模出货操作。

开盘后股价便形成了震荡上涨的走势，在上涨的过程中成交量保持着连续温和的放大状态，成交量非常稳定地推动着价格不断向上，这种走势说明盘中的资金可以很轻易地拉抬股价的上涨，并不需要巨量的资金推动，这是主力持仓度较高的技术体现。经过一个多小时的上涨后，调整走势随之出现，此时调整的性质如何，股价的回落是否安全？这是投资者在股价回落时必须重点分析的问题。

如果股价回落是主力出货所导致的，投资者就要及时地离场回避风险。但是，如果回落只是正常上涨后的回踩或是主力的震仓，投资者就要在盘中继续进行持股操作。虽然股价形成了近一个小时的连续回落，但是在股价上冲的高点处成交量并没有放大，说明主力并没有在盘中股价运行到高位的时候进行大规模的出货操作。主力没在高点出货，难道还会在低点卖出股票吗？这显然不符合正常的逻辑。所以，调整以后股价再度上涨就是很正常的走势了。除了调整的低点，调整后的上涨可以更直观地判断主力有没有出货操作的迹象。

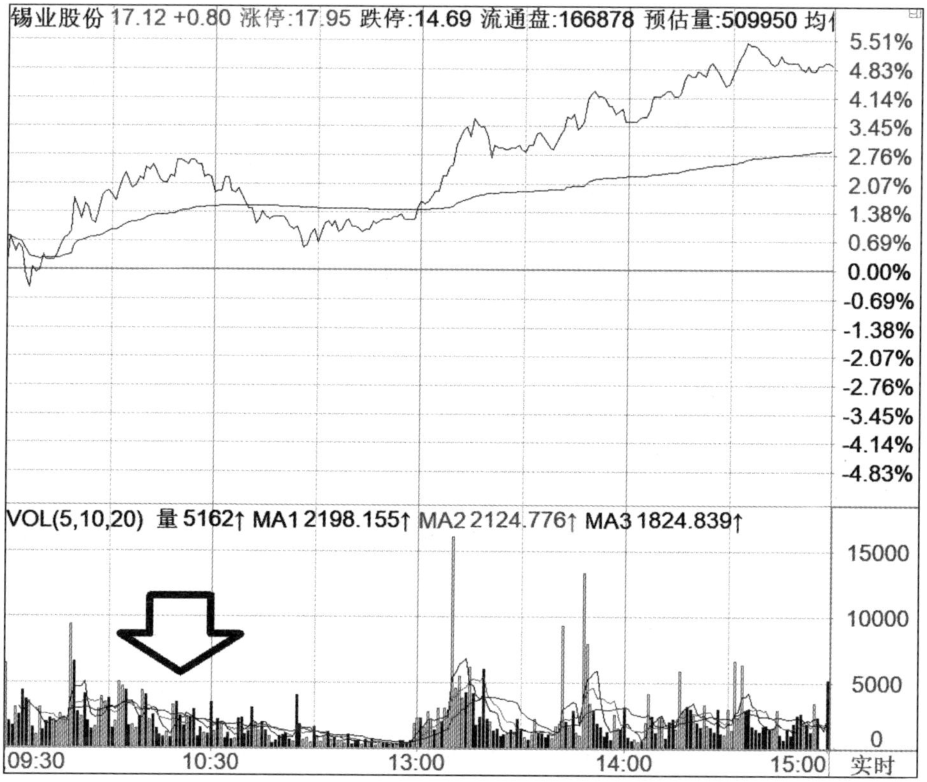

图 4－24　锡业股份 2021 年 1 月 18 日走势

锡业股份的股价在盘中形成了震荡上涨的走势。在股价收盘的时刻，一根中阳线足以让持有的投资者感到欣慰，虽然上涨并不是很强劲，但是股价在上涨过程中出现的种种技术特征可以让投资者很安心地进行持股。

开盘之后股价在略做下探便出现了第一波震荡上涨的走势，股价上涨了一小时后出现了连续的回落，虽然在后面半个多小时的回落过程中差点跌回到当天的起涨点，但是成交量向投资者提示了股价高度安全的信号：在股价形成高点的时候，成交量不仅没有放大，反而出现了萎缩的迹象。这样的量能形态说明主力资金根本没有在这一轮的上涨高点进行出货操作，上涨高点所对应的价格区间并不是顶部。既然价格还没有上涨到顶，那么产生的回落要么是股价正常的调整，要么是主力资金的刻意打压。因此，不管怎么跌，股价的性质都是安全的。

高点的缩量说明主力资金还留在场中，因为主力可以控制股价的波动，所以高点在哪里主力是很清楚的，只要主力出货就会出现放大量的现象，不管是上涨的高点还是调整的低点都会见到放量。从图 4 －24 来看，上涨的高点无量，后期调整的低点照样无量，只要主力没走，股价后期就会有更高的价位出现。

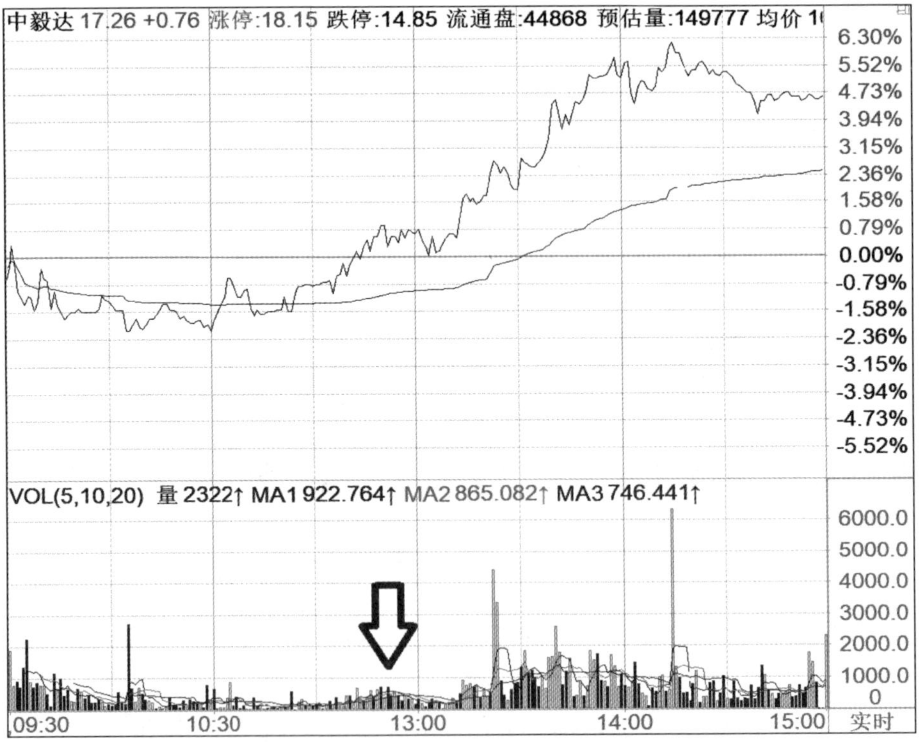

图 4 －25　中毅达 2021 年 8 月 6 日走势

中毅达的股价在开盘之后形成了缓慢的震荡下跌走势，在价格下跌的过程中，成交量并没有出现密集性放大的迹象，说明至少在当前的区间没有大量的抛盘涌出。只要没有太多的抛盘，股价的下跌就不会具有持续性的动力。

经过一小时的震荡回落后，分时线的波动重心开始慢慢上移，并最终站稳在了均价线上方，这意味着价格的波动开始有了多头的特征。在此基础上，投资者要密切留意股价是否在当天形成了盘中的短线买点。价格位于均价线上方形成多头迹象，一旦形成买点，就是最好的短线介入点。

在寻找买点的时候，还要密切留意股价此时有没有资金明显的出货迹象，股价在下跌时要看有没有资金抛出，股价在上涨后也要看有没有资金离场，只要资金没有离场，股价的波动就是安全的。在分时线向上突破盘中高点的时候，成交量有温和放大的迹象，但并没有集中放大。显然，在股价刚刚翻红的点位并没有资金大规模离场。由此可见，开盘后下跌的震荡与初步的缓慢上涨都不是风险区间，只要不是风险区间，股价后期的上涨就是顺理成章的事情。

图 4-26　翔鹭钨业 2021 年 8 月 6 日走势

翔鹭钨业在开盘之后股价便在放量配合的情况下出现了震荡上涨的行情，经过一个小时的上涨之后，股价形成了连续的调整走势，从调整的低点可以看出分时量点主力并没有出货的本质。但在对此进行分析的时候，既要关注调整低点，也要关注上涨后的高点。

股价在上涨到高点之后虽然有所放量，但始终没有形成密集性的放量，偶尔的放量可能是市场中的大户或游资逢高卖出的抛盘，只要放量不是密集性的，就不能视为主力资金出货的信号。因为主力巨大的持仓必须在成交量连续放大的情况下才能顺利脱身，所以如果股价上涨的高位没有密集性放量，就意味着此时的高点不是顶部，随后的回落也不是风险。

由于股价先形成高点，再形成调整低点，因此在分析顺势上不能搞错。如果高点没量就可以直接做出主力没有出货，当前位置不是顶部的结论，若难以对高点的量能做出判断，则可以再看一下调整的低点是不是有主力出货的迹象，这样一来，当前股价波动的安全性是高还是低就可以准确地进行定性了。

图 4－27　英力特 2021 年 8 月 6 日走势

英力特在开盘之后形成了震荡上涨的走势，在股价上涨的过程中，成交量虽然有所放大，但是并不密集，这说明资金做多的积极性相对较低，这类量价配合的走势很难促使大实体的阳线出现。当然，虽然涨势不是很强，但是有一个好处，那就是在其中运作的资金很难顺利脱身。

在股价震荡到了高点的时候，成交量依然没有放大，这说明主力资金持股心态稳定，当前所谓的高点对于有控盘能力的主力来说并未到达出货区间。如果主力想在某个区间出货，就会加大抛售的力度，若股价上涨就要积极地卖出，若股价下跌更要赶紧抛出与投资者抢买盘。所以，若高点无量，要么是主力资金根本就不想出货，要么是主力资金想出货但没有环境的配合。不管是哪种情况，都使当前的股价安全性很高。从正常的逻辑来讲，当前的高点若无法出货，等股价跌下来再出货的话，获利会变少，同时，股价的下跌还会吓跑买盘更不容易出货。因此，想要有更好的出货效果，把股价拉上去才是最优策略。股价上涨了，投资者愿意跟风，买盘多了，卖出价格也高了，尽是好处。

在股价上涨过程中，高点越是没有量能，资金的持仓越是坚决，这是有利于股价后期继续上涨的技术信号。哪怕股价暂时出现了回落，只要回落的过程是无量状态，那上涨就是可期的。此时投资者要做的就是盯紧各种买点形态的出现，只要一有买点就立即入场操作。

第五节 分时量点震仓

很多股票在上涨的过程中，主力总是会人为地进行震仓操作，虽然股价的日 K 线形态停止上涨或是短线在不断下跌，但是主力资金没有进行任何出货操作。如果投资者仅仅是因为股价暂停了上涨或是短线暂时出现了下跌而进行卖出的操作，那么很容易错过股价后期上涨带来的盈利机会。因此，想要全面地把握股价上涨的机会，就必须学会如何识别主力的震仓操作。

主力在进行震仓操作时，由于并没有大手笔地进行卖出操作，所以在股价波动过程中必然会形成分时量点的迹象，一旦投资者发现股价不管是上涨还是下跌形成了分时量点震仓的走势，都要耐心地进行持股。暂时停止上涨或是短线下跌虽然有那么一点儿可怕，但是主力震仓就是为了让投资者感到恐慌，所以一定要用理性压抑此时的恐慌情绪，多去分析一下主力此时想干什么，他有没有进行卖出的操作，只有这样才能更好地把握住后期更加强劲的上涨行情。

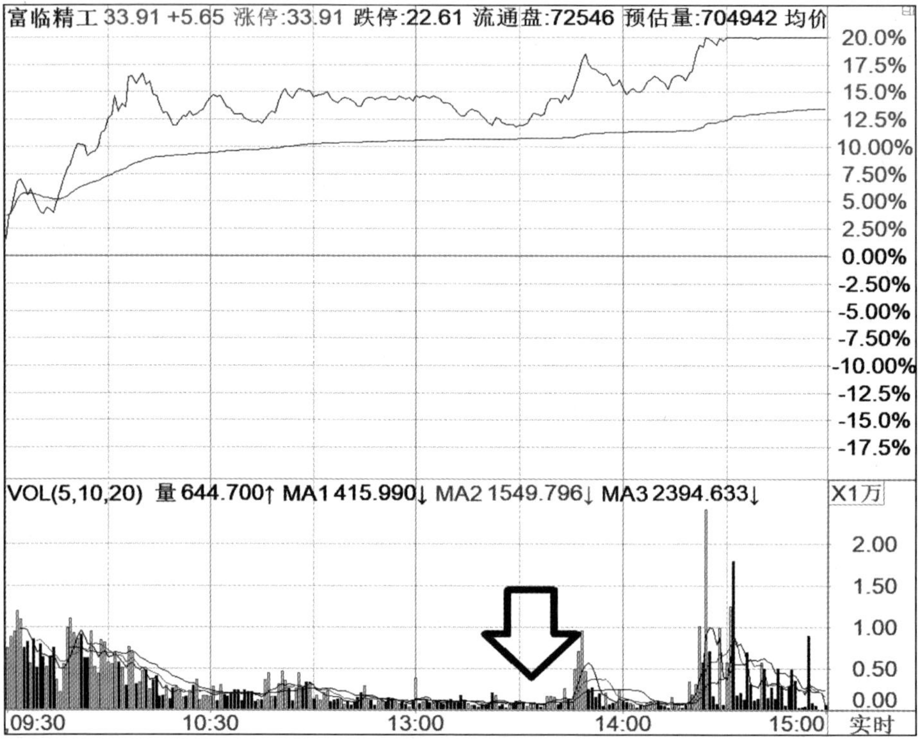

图 4－28　富临精工 2021 年 8 月 6 日走势

富临精工的股价在开盘以后略经震荡便展开了连续的上涨走势，在股价的上涨过程中，分时线始终保持着陡峭的上涨角度，这说明盘中资金做多的力度很大，并且在股价上涨的过程中成交量的持续放大说明了资金做多的积极性很高。

股价上涨到早盘期间高点的时候，调整走势就随之出现了，分时线的连续回落必然会使很多投资者担心，股价在后期是会走弱收出上影线还是会继续上涨呢？要回答这个问题，必须对成交量的性质进行分析。在股价回落的过程中，成交量始终没有放大，如果主力出货必然会上涨也放量，下跌也放量，这样出货量才会更大，而调整时始终无量，在这么小的成交量中，主力巨大的持仓如何顺利出局？并且到了调整最低点区间的时候，还形成了极度的缩量量点现象，这种量能形态更是进一步说明了主力并没有出货。主力不出货的区间就不是顶部区间，但股价上涨的可能性很大，只不过是早涨还是晚涨的问题。

调整低点极其低迷的量点现象封杀了主力出货的可能，要么是主力想出货而出不掉，要么是主力根本不想出货，但不管是怎样的结果，只要主力跑不掉，股价后期就会继续上涨，否则巨大的持仓出货成功难道变现利润离场？

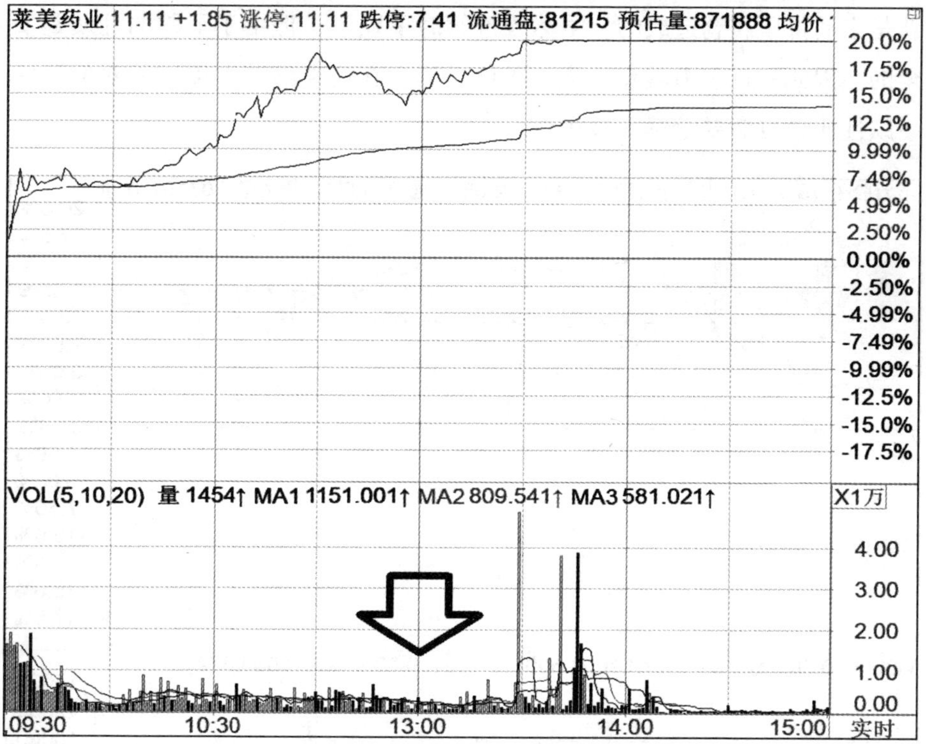

图 4－29 莱美药业 2021 年 8 月 6 日走势

莱美药业的股价在盘中上涨的时候，分时线形成了明显的上升趋势，并且在股价上涨的过程中，成交量始终保持温和放大的状态，量能温和的放大说明资金在主动地控制着股价上涨，对于这种主力资金盘中操盘痕迹明显的个股，一定要积极地进行操作与持有。

当股价一大轮上涨结束以后，分时线形成了调整的走势，面对分时线近半个小时回落的走势，投资者应当如何进行操作？此时，投资者要知道股价下跌是什么原因导致的，如果是主力出货导致的，就需要在股价被拉起来以后的高点无条件出货；如果股价的回落是主力的人为盘中打压震仓性质的操作，就需要继续在盘中进行持股操作。

在股价回落的过程中，成交量萎缩到了极限，并且产生了量点的迹象。分时量点一旦形成，就意味着主力并没有在盘中进行出货操作，因为主力根本没有条件顺利完成出货操作。股价的回落如果不是出货造成的，就是主动打压震仓造成的。虽然股价暂时下跌了，但由于下跌的性质是安全的，因此一旦主力震仓完毕，股价必然会在后期继续上涨，面对健康的下跌性质，自然要继续积极操作。

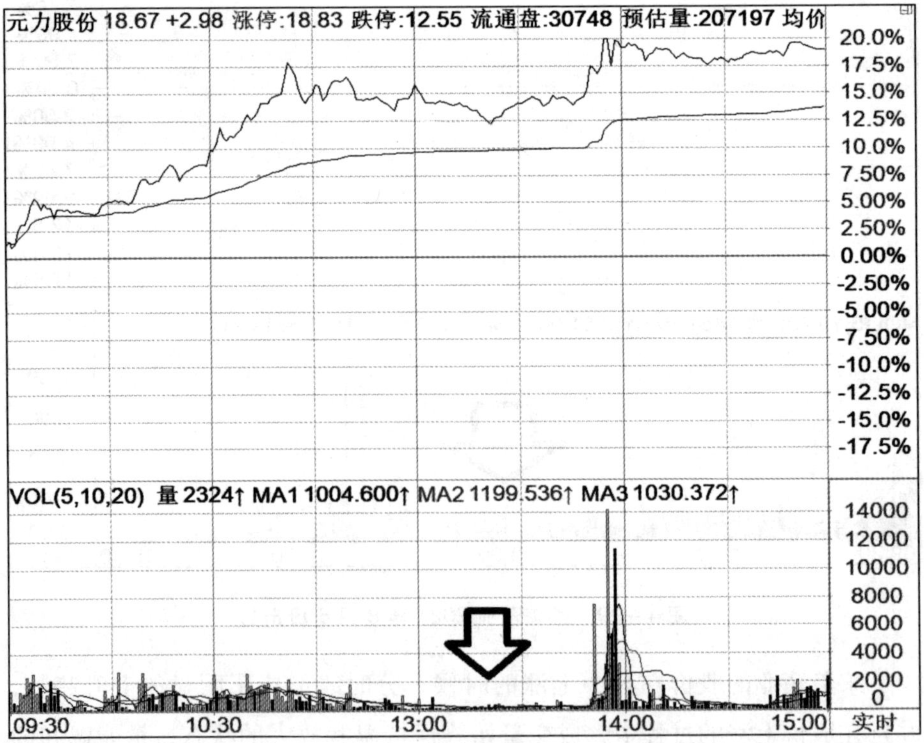

图 4 −30　元力股份 2021 年 8 月 6 日走势

元力股份的股价在开盘之后形成了连续上涨的走势。在上涨过程中，成交量始终保持着放大的状态，说明资金这一天运作股价的积极性非常高。越是放量推动股价，股价越会不断上涨，而股价不断上涨又会吸引场外资金积极入场与主力资金形成合力，使上涨行情更好地延续，这就是一种良性循环，形成这种良性循环的个股往往会有非常不错的表现。

经过一个多小时的上涨，股价形成了调整的走势。长时间的调整是主力高位出货导致的吗？如果主力早盘拉高股价而后在高位区间出货，那么不管是上涨还是调整都会放量，主力大量持仓是不可能在缩量中完成出货的，因此，只要从成交量入手便可以判断主力的操作意图。

从成交量来看，股价上涨到高点后便开始了持续性的缩量。别说主力的巨量持仓，就是大资金的普通投资者，在如此低迷的成交量中也很难顺利卖出。因此，调整区间的量能形态向投资者发出了调整性质健康且安全的信号。在这种情况下，可以继续坚定地持仓或是积极寻找买点入场。

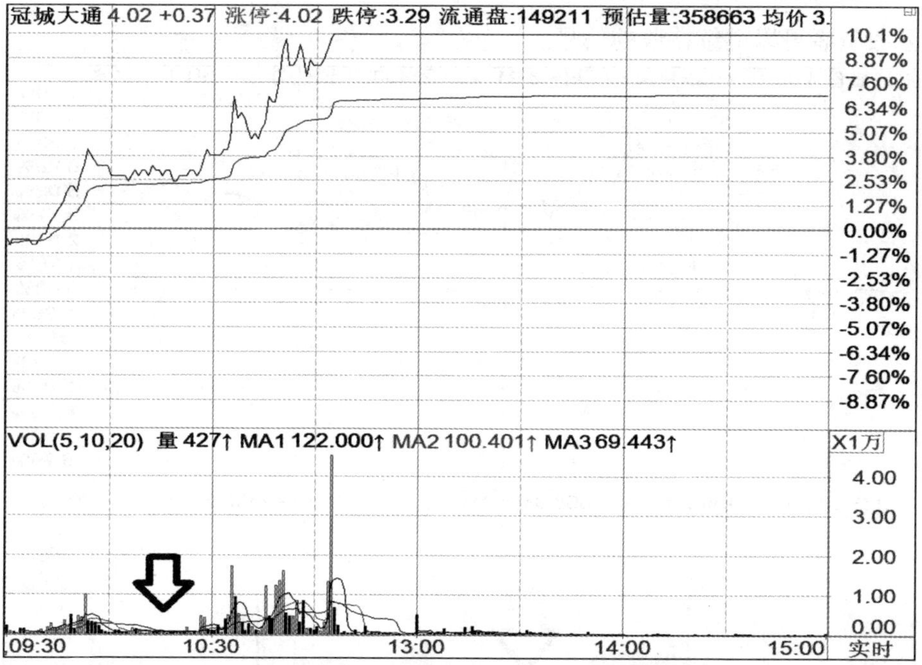

图 4-31 冠城大通 2021 年 8 月 6 日走势

冠城大通的股价经过早盘一波放量快速上涨后，出现了调整的走势。每当看到调整走势，投资者都会感到恐慌，生怕调整转为下跌。上涨之后的调整是股价波动的正常走势，也是必然出现的走势。性质健康的调整不仅不会影响未来的上涨，还会使上涨更加凌厉；只有性质是主力出货的调整才会导致股价转为下跌。因此，调整并不可怕，主力是否出货才是最关键的。

在分时线形成调整走势的时候，成交量越来越小，最终形成了分时量点的现象。极少的成交量说明主力资金根本没有在盘中进行出货。不管主力是不想出货，还是想出货却没有条件，极小的成交量都限制了主力的出货行为。由于主力巨量的持仓绝不可能在这么少的成交量中顺利脱身，因此分时量点的形成说明此时股价波动的安全性很高。

既然当前股价调整的性质是健康的，那么未来上涨的概率将是极大的，只是我们无法得知上涨是很快就会出现，还是股价要再震荡一段时间。分时量点是股价调整过程中提示波动性质安全性的一种信号，也是提示投资者可以继续持股的信号。

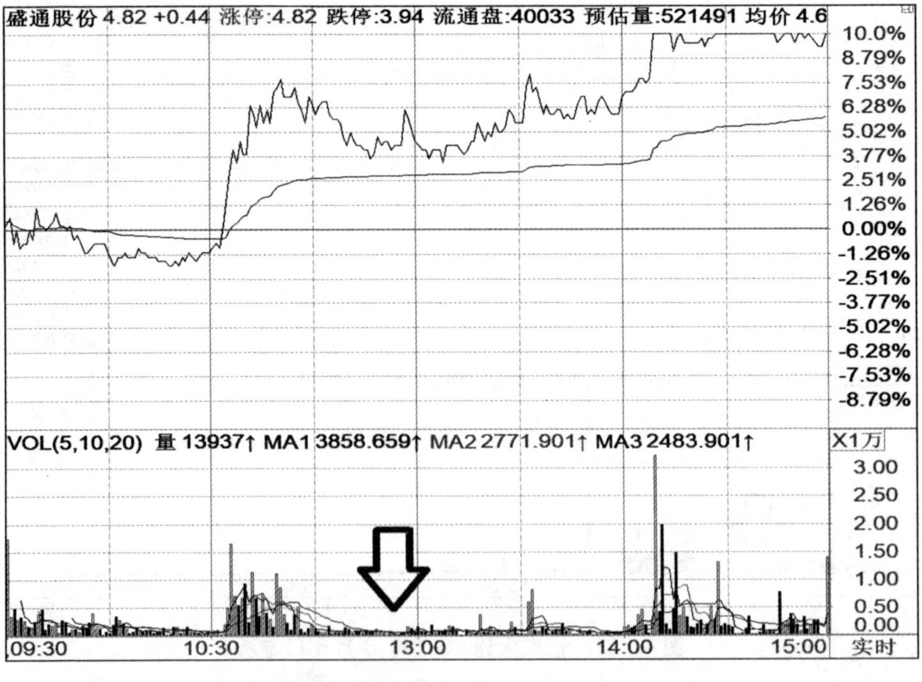

图 4－32 盛通股份 2021 年 8 月 6 日走势

盛通股份一开盘先形成了震荡回落的走势。在回落过程中，成交量出现了萎缩的迹象，此时的缩量是主力的震仓量点吗？股价回落但成交量没有放大只能说明盘中没有资金在积极操作，因为上涨行情没有确立，所以不能确认这就是主力的震仓量点。震仓量点一定会出现在盘中放量上涨之后的调整低点区间，而不是开盘后的回落走势中。

只有当股价在盘中出现明显放量上涨以后，才能通过分析分时线在调整时出现的量点迹象，判断主力有没有出货的意图。因为股价在上涨以后，主力投入的资金必然实现了盈利，如果主力出货，成交量就会继续放大，不管是上涨还是下跌，都会伴随着明显的放量现象。若放量上涨之后出现了缩量，则说明主力并没有出货，在调整以后股价还将继续上涨。

虽然盛通股份的股价在上涨途中出现了多次震荡调整的走势，但是每次调整的成交量都急剧萎缩，导致主力资金无法完成出货操作。而主力没有出货的区间便不是顶部，既然股价还没涨到顶部，那么调整后必然会出现进一步上涨的行情。在上涨行情到来前的调整区间可以继续持股或是寻找买入机会积极进行操作。

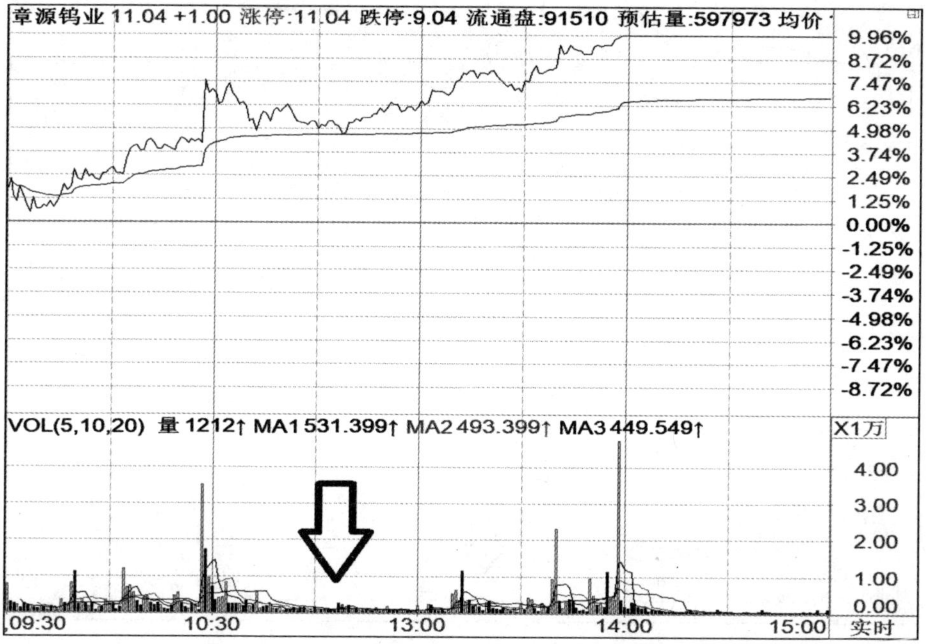

图 4－33 章源钨业 2021 年 8 月 6 日走势

章源钨业的股价在开盘略做下探以后，分时线始终在均价线上方震荡上行。在没有任何主力资金出货迹象以及趋势完全转变之前，应当坚定持股，不要因为股价在盘中暂时性的下跌而动摇持股的信心。

一波放量在上冲之后，股价突然出现了连续下跌的走势。面对分时线的下行，投资者是不是应当卖出呢？并不是所有的下跌都应当卖出，卖与不卖一定要看下跌的性质：有主力出货迹象的下跌，一定要卖；没有主力出货迹象的下跌，可以暂时忍耐，毕竟股价不可能一味上涨，总会出现各种调整或下跌。

在股价调整的时候，成交量始终保持着萎缩的状态。不断减少的量能说明股价的下跌并不是资金出货造成的，而是主力的震仓操作或是股价正常的盘中回落。由于主力资金并没有出货，所以股价调整结束便连续上涨直达涨停。由此可见，不管股价如何下跌，只要形成了分时量点形态，其下跌的性质就是健康的。

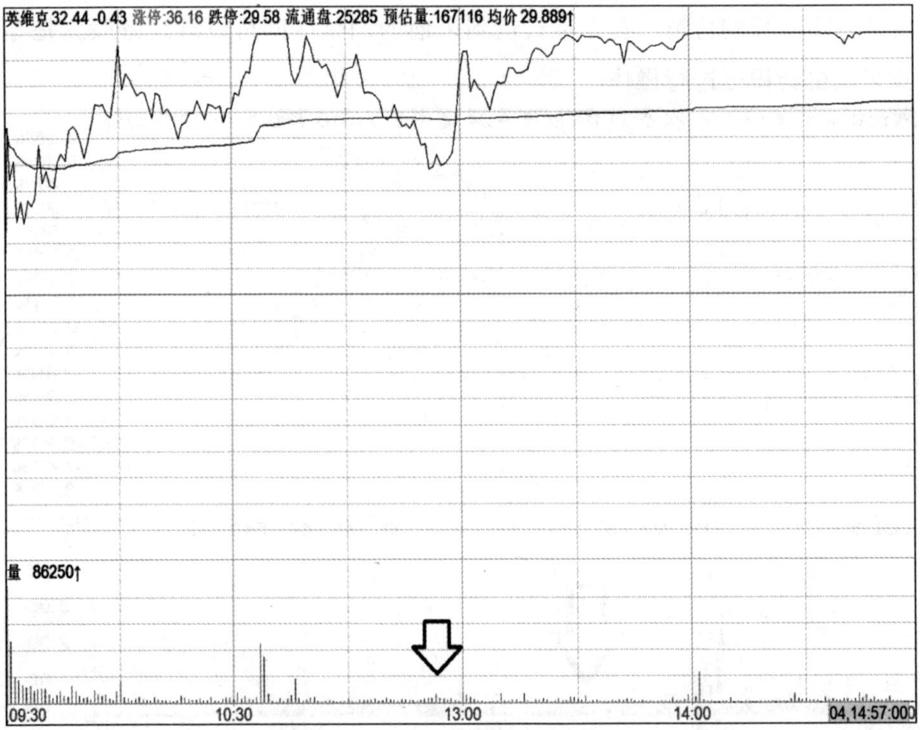

图 4－34　英维克 2021 年 8 月 4 日走势

英维克的股价在开盘以后经过一小时的震荡上涨，冲到了涨停板的位置，但没过多久就又一次下跌。这样的走势会给投资者的操作带来干扰，因为主力在出货时往往会在涨停的位置大做文章。涨停板频繁打开—封上之后，有的继续大涨，有的则很快转为下跌。所以，想要把握住后期的机会或是很好地防范风险，一定要对成交量的变化进行细致的分析。

在涨停板被打开的时候，不管有没有主力资金出货，成交量都会放大。就算主力资金不出货，普通投资者的抛盘也完全可以砸开涨停，所以只看涨停板打开时的成交量并不能判断主力的操作意图。既然股价能被封住，就说明的确有主力在这个区域进行操作，否则，光靠普通投资者的买盘，是很难封住涨停的。只要主力还在场中，事情就好办了：只需要一波下跌，就能看出其操盘的意图。

从图 4－34 中可以看到，在股价持续回落的过程中，成交量始终保持着萎缩的态势，根本没有出现明显的放量现象，说明主力资金不愿在下跌过程中出货。就算主力在涨停处进行了减仓，若在下跌过程中不出货就说明主力只想在涨停的价位出货，凡是低于涨停的价位都不会出货。这就说明，股价后期必然有高点，因为主力的心理价位是大于或等于当天的涨停价格的。通过对打开涨停之后的分时量能进行分析，便可以准确判断主力的操盘意图，从而正确制订后期的操作计划。

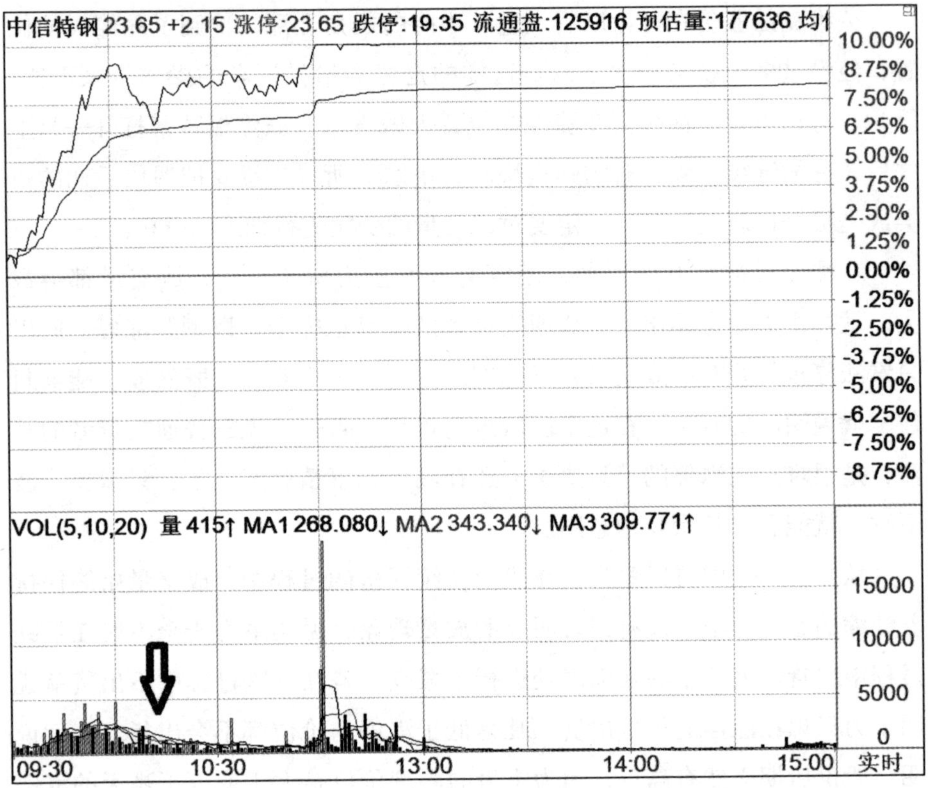

图 4－35　中信特钢 2021 年 8 月 6 日走势

中信特钢在开盘之后便在成交量连续放大的推动下展开了快速上涨的走势，经过半个小时的上冲，股价开始回落。股价在高涨幅区间回落，这是不是表示主力资金开始出货了呢？要知道，许多出货类个股就是这样操盘的：开盘让股价大幅上涨吸引人气，给投资者造成一种“股价马上封死涨停，明天还会继续上涨”的错觉，之后反手就大肆出货，导致股价下跌。因此，对于高涨幅区间的回落走势一定要多留个心眼。

在股价回落的时候，分时线快速向均价线靠近。这种走势具有一定的杀伤力，如果股价进一步跌破均价线，分时图的整体走势就不好看了。面对这样的走势，该如何进行分析呢？其实只要看一下成交量的变化就清楚了。

可以看到，在股价杀跌的过程中，成交量始终保持萎缩，形成了分时量点形态。量能没有放大，主力怎么可能完成出货呢？既然主力没有出货，那么股价当前的下跌就是“假摔”，只是为了恐吓投资者。由于杀跌无量，股价在回落以后再度上涨也就很正常了。分时量点形态不管是出现在股价温和调整的时候，还是出现在有力度的杀跌形态中，都可以很好地帮助投资者识别股价波动的性质，从而更好地规避风险和把握机会。

图 4－36　翔鹭钨业 2021 年 8 月 6 日走势

翔鹭钨业开盘后在成交量放大的情况下出现了近 1 个小时的上涨走势，成交量在上涨中途的调整时形成了分时量点形态，但由于股价调整的幅度很小、调整的时间很短，因此无法给投资者带来较大的持股压力。投资者不感到恐慌，就没有必要经常对股价波动的性质进行识别。只有投资者心里紧张时，才有必要进行细致的分析。

上涨结束后，股价形成了近半个小时的调整，由于调整周期比较长，并且随时有可能跌破均价线的支撑，因此有必要对股价进行分析，看股价健康的波动性质是否已发生改变。

在调整过程中，成交量并没有出现放大的迹象，说明盘中并没有主力资金进行出货。主力资金没有出货，股价出现长时间的缩量调整，这就是经典的分时量点的震仓形态。在股价波动性质健康的情况下，上涨行情会在后期继续展开。

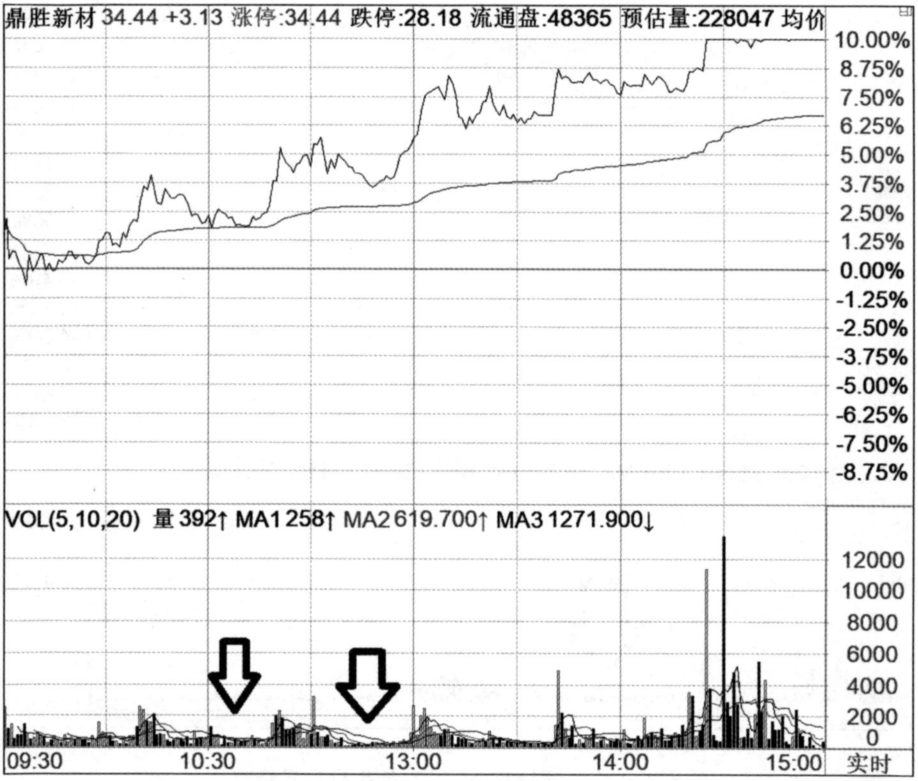

图 4－37　鼎胜新材 2021 年 8 月 6 日走势

鼎胜新材的股价在图 4－37 中形成了一个大的上升趋势。分时线从开盘到收盘始终保持震荡上涨的走势，说明资金在盘中愿意以更高的价位持续买入股票，这一点可以从每波上涨都伴随着成交量放大的现象中得到证实。

虽然大的上升趋势很明确，但是在股价上涨的过程中还是出现了多次调整的走势，并且每次调整都回撤了上涨波段的50%左右，难免会让投资者担心。一两次的调整还可以，如果是连续多次的调整，谁都不知道哪一次就会转为下跌。所以，当调整出现的时候，一定要仔细分析，以便随时调整操作。

虽然股价调整的具体形态以及调整出现的位置各不相同，但这几次有一个共性：成交量始终没有放大的迹象。量能没有放大说明主力资金在整个上涨过程中都没有出货，意味着这一天的价格都不是主力资金出货的目标位。主力资金还没有出货，怎么可能允许下跌走势就此展开呢？因此，此时的下跌只是一种震仓，主力资金希望在上涨之前利用下跌走势尽量将更多的投资者赶出局。分时量点准确地暴露了主力资金的操作意图。

在实战过程中，虽然分时线的回落会使投资者的资金暂时缩水或利润回吐，但并非所有的调整或下跌都是风险到来的信号。实盘中无量的调整与杀跌只会使股价在后期更好地上涨，因为在主力还没有来得及出货的时候，短暂的下跌结束必然迎来报复性上涨的行情，否则主力如何盈利？遇到股价调整时可以担心害怕，但一定要冷静分析分时量点现象，这样一来，在后市该如何操作心里就有底了。

第六节

分时支撑买点

股价在盘中形成调整走势时，可以根据成交量的变化判断股价波动的安全性。如果在调整时资金没有出货，投资者就需要使用支撑买点在调整的低点区间进行建仓。想要找到支撑位，就要顺着成本这个思路去找，谁能够代表成本，谁就具有支撑作用。

很显然，均价线是成本最直接的体现。因此，在查看分时图时，必须重点分析均价线与分时线的关系。而分时线支撑买点正是利用了均价线涉及成本，会对价格的调整产生强大的支撑作用这一特点。当分时线向均价线靠近，并得到均价线支撑再次向上时，便可以入场买进了。

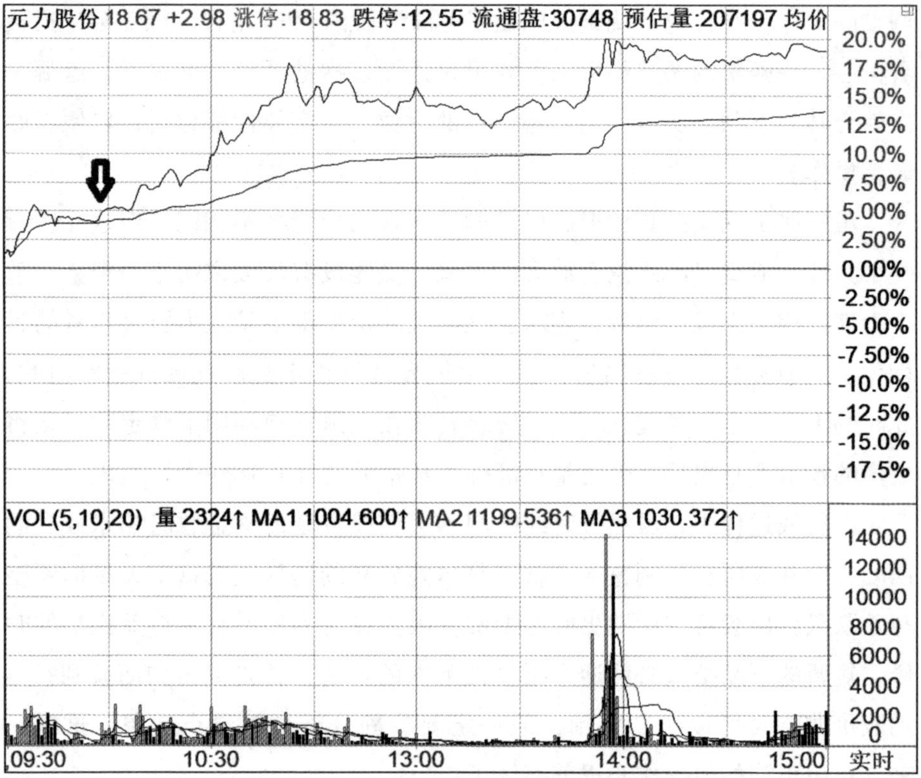

图 4－38　元力股份 2021 年 8 月 6 日走势

元力股份的股价开盘以后，在成交量放大的推动下出现了盘中第一波上涨。这些早盘入场的资金怎么就那么聪明，知道股价当天要涨，一开盘就集中介入呢？开盘就放量，说明资金做好了在当天积极操作的准备。

股价短线上冲之后，出现了一次调整的走势。在分时线向下回落的过程中，成交量始终保持着低迷的状态，说明主力资金没有任何出货的迹象。如果资金没有出货，股价此时的回落性质就是安全的。在调整过程中，分时线的低点先后两次触及了均价线，但每次达到均价线处时便会停止下跌，说明均价线对股价产生了强大的支撑作用。

当分时线到达均价线处时，投资者要先看一下调整是否放量。若是放量调整到达均价线，就要谨慎一些，以防资金继续砸盘，股价继续向下跌破均价线；若是无量调整靠近均价线，那么只要分时线在均价线上方出现向上的迹象就可以入场。均价线要先发挥阻止股价继续回落的作用，而后发挥促进股价继续上涨的作用。因此，一定要等到分时线重新向上时才可以买进。

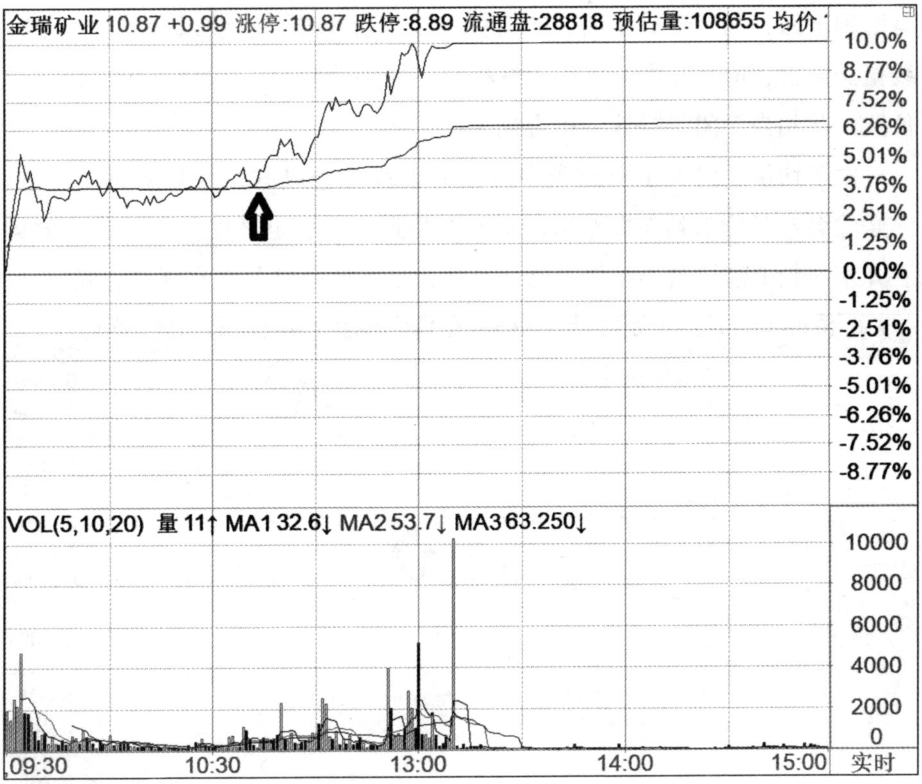

图 4－39　金瑞矿业 2021 年 8 月 6 日走势

金瑞矿业开盘以后便走出了一波快速上冲的行情。这种一波就涨了 5% 的走势说明必然有实力强大的主力资金藏身其中。上冲过后，股价形成了调整的走势。从图 4－39 中可以看到，虽然经过了近 50 分钟的调整，但是股价的波动重心始终没有跌下来，显然背后有资金在支撑着股价。有能力快速上冲，还有能力支撑股价的波动，一定要盯牢这种主力操盘意图明显的个股，只要盘中出现买点就可以在第一时间介入其中，抓住获利的机会。

在前一小时的波动中，分时线在均价线上下徘徊，虽然股价没有下跌，但是均价线没有发挥支撑作用，因此没有合适的支撑买点出现。此时，投资者要么使用其他方法寻找机会，要么继续等待。在经过十几分钟的震荡后，均价线终于发挥了支撑作用，当分时线回落到均价线处时，没有继续下探，而是形成了向上的走势。在均价线支撑有效以后，一旦分时线扭头向上，就是盘中介入的大好机会。如果当时日 K 线也处于比较好的位置，就相当于闭眼赚钱的机会到了。

由于均价线代表了当前盘中资金的平均持仓成本，因此从原理上讲，它必然会对股价起到支撑作用，而股价受到支撑后也必然停止回落并蓄势展开新一轮上涨。若不引发上涨，这些入场的资金又如何实现盈利呢？

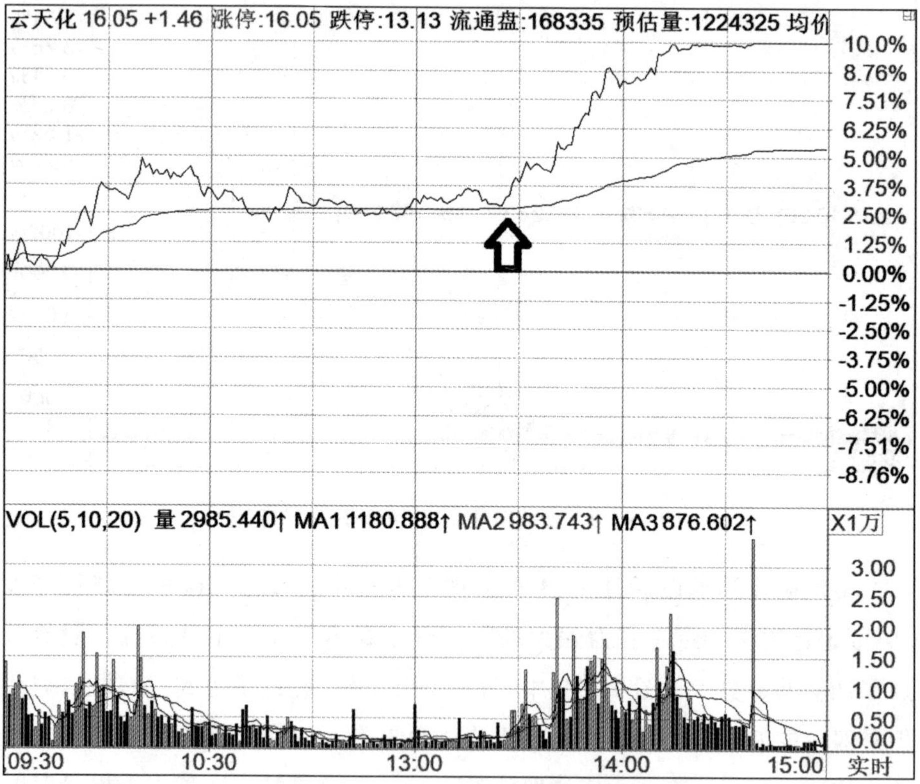

图 4 -40　云天化 2021 年 8 月 6 日走势

云天化开盘后不久便在成交量连续放大的推动下形成了震荡上涨的走势，说明一开盘便有资金积极参与了操作。这种开盘温和且连续放量的走势若出现在日 K 线较为理想的点位，则股价在后期进一步大幅上涨的可能性是非常大的。

上涨之后调整随之出现。上涨之后必然会有调整，就像人们的呼吸一样，一呼一吸交替出现，这是铁律！好的调整会促使股价后期更好地上行，但什么是好的调整呢？好的调整就是均价线支撑作用非常明显的调整。从图 4－40 来看，在上午股价调整的过程中，调整低点都跌破了均价线，意味着上午没有出现支撑买点，投资者不宜在股价跌破均价线时过早入场。

到了下午情况则不同了。这一次调整低点没有再跌破均价线，触及均价线后便停止了下跌，说明均价线对股价回落起到了强大的阻止作用。阻止下跌效应显现之后，分时线上行意味着均价线的促涨作用发挥了效果。先阻止下跌，再促使上涨。因此，分时线在获得支撑、转头向上时就是最佳的买入时机。

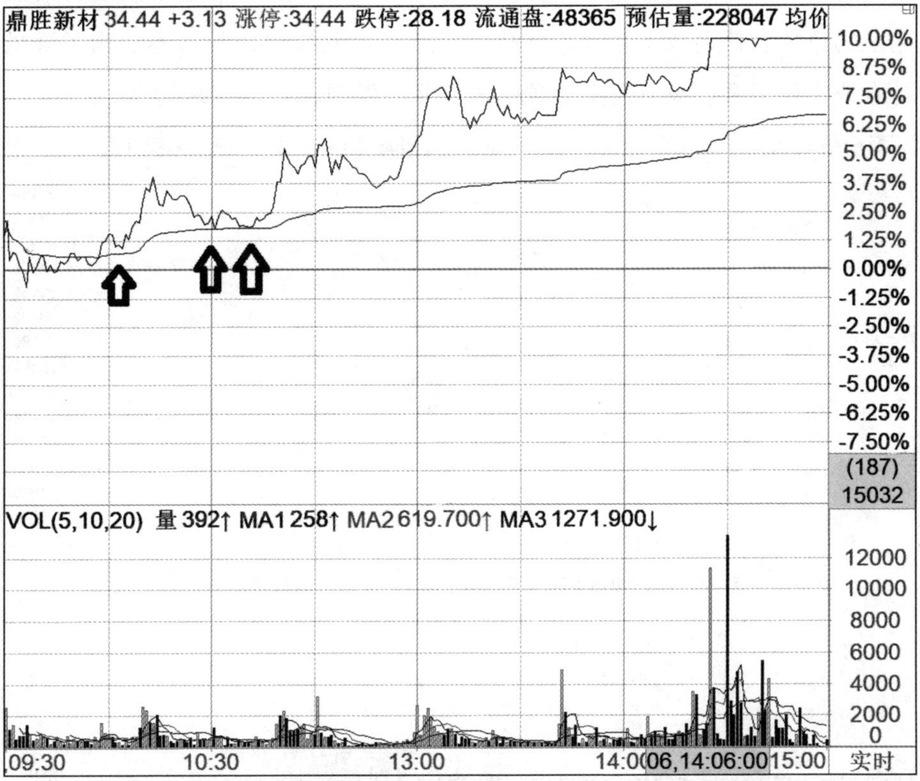

图 4－41　鼎胜新材 2021 年 8 月 6 日走势

鼎胜新材的股价在小幅高开后便出现了回落的走势。前半小时，分时线基本上一直在均价线下方波动，这是日内弱势的典型特征。不管股价是高开还是低开，分时线位于均价线下方的形态都是弱势形态，只要分时线位于均价线下方，就不能入场。

经过约半小时的弱势震荡，股价终于重新爬上了均价线，意味着股价有了走强的初步迹象，只有这个时候才可以留意可能出现的买点，从而择机入场。分时线在爬上均价线后，先后出现了两次调整的走势，虽然形态各不相同，却有着相同的技术特征：一是成交量均出现了萎缩，说明在调整过程中没有资金集中出局，调整的性质是安全的；二是调整回落的低点到达均价线后便停止下跌、转为上涨，说明均价线发挥了明显的支撑作用。

一旦均价线发挥了支撑作用，并且分时线在受到支撑后出现了向上的迹象，就要积极入场，这就是分时支撑买点的操作细节。越早发现分时线向上的迹象，持仓成本就越占优势。当迹象不明显时，千万不要为了降低持仓成本而买进。只有向上迹象明显且及时发现，才是最好的操作。

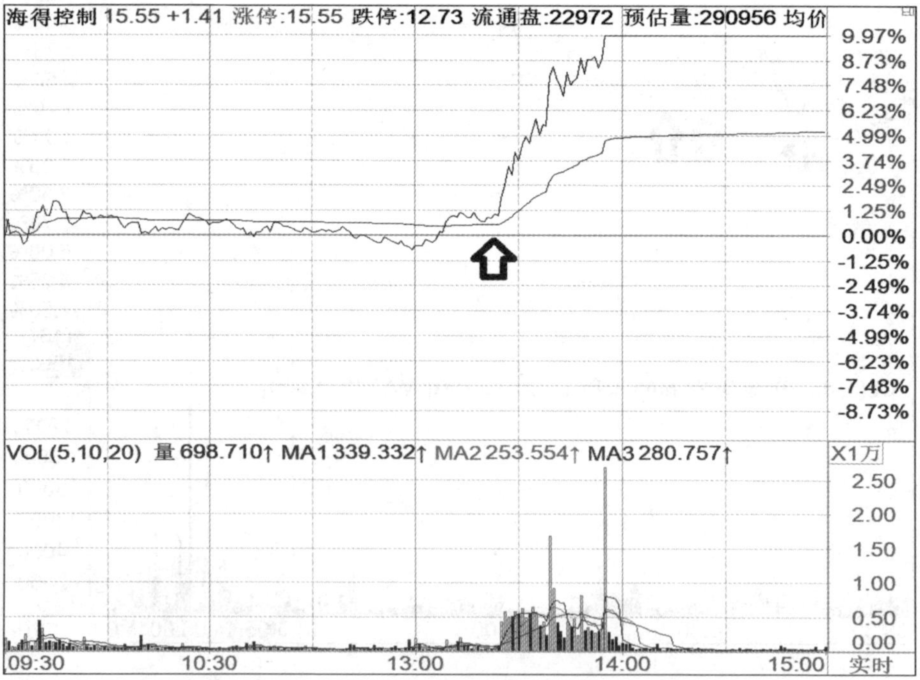

图 4－42　海得控制 2021 年 8 月 6 日走势

海得控制在开盘下探后虽然出现了一小波上涨行情，但是随后分时线长时间位于均价线下方，说明空方占上风，场中资金甘愿亏损持仓。对于这种分时线位于均价线下方的走势，要注意回避。手中有持股的，在股价没有大跌前可以暂时忍受一下。谁不想赚钱呢？但有些时候，小亏即是赚。若是空仓的，则需要等待股价走强之后再做打算。

经过一上午的弱势震荡，分时线在下午开盘后不久终于爬到了均价线上方，股价出现走强的迹象。正因如此，股价才在后期出现了放量涨停的走势。在涨停之前，股价曾出现了一次调整的走势，但这次调整与之前几个案例有所不同，分时线并没有完全触及均价线，而是略有一些距离。这样的支撑是均价线的“悬浮式”支撑，是强势支撑的表现，意味着多头力量比触及均价线的支撑中的多头力量更强大。因为“悬浮式”支撑同样是有效的支撑，所以在分时线向上的第一时间就可以入场买进了。

均价线的支撑作用越明显，股价在后期上涨的概率就越大。支撑作用是股价波动过程中的常见现象，这意味着投资者使用支撑买点的机会非常多。只有机会比较多，才不容易错失行情，这是获得较高收益的基础保障！

第七节

首次放量买点

在股价波动的过程中，投资者都希望能够买在主力资金刚刚入场、股价刚刚上涨的区间，这个位置因为离主力持仓成本非常近，所以安全性很高，后期盈利的幅度也非常大。有什么方法可以知道主力资金开始入场建仓了呢？要从成交量的变化入手。那么如何具体地判断主力是否在当天刚刚入场建仓呢？这就要从开盘起一直关注了。若开盘之后某只股票的成交量一直较低，而后突然出现放量的迹象，由于它是盘中第一次放量，因此可以断定这就是资金刚刚开始建仓。

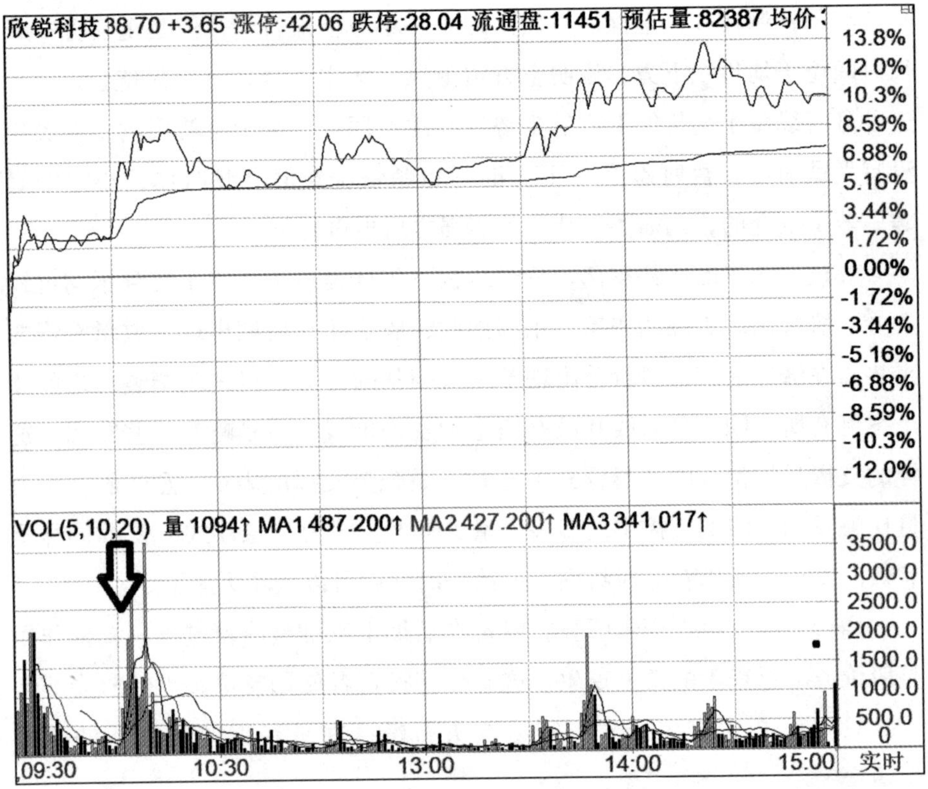

图 4-43 欣锐科技 2021 年 8 月 6 日走势

欣锐科技在开盘以后股价便形成了快速上冲的走势。在使用首次放量买点时一定要记住：刚开盘时的放量是不算的，特别是在股价有明显的高开或低开现象时。早盘的放量虽然有可能是主力资金的建仓，但是在分析时要将它排除在外。只有盘中形成的第一次放量才可以被视为资金的首次放量。

股价上冲之后形成了调整的走势，成交量也出现明显的萎缩，此时的缩量为投资者判断后期能否形成首次放量提供了非常直观的参照。经过半小时的震荡，成交量再次放大，这是缩量之后形成的第一次放量，因此，这里就是当天主力资金的重要建仓成本区。只要股价的日 K 线处于比较理想的位置，并且于盘中发现首次放量现象，就可以入场追涨。

在股价形成首次放量的时候，上涨的速度往往比较快，要想在低点介入只能等待后期的调整。但由于调整发生在上涨之后，其成本相比刚放量时追涨的介入点位仍然较高。因此，合适的做法就是在首次放量刚形成时追涨。当然，若股价在首次放量之后就有了较大幅度的上涨，那么还是等调整低点出现之后再买入比较好。

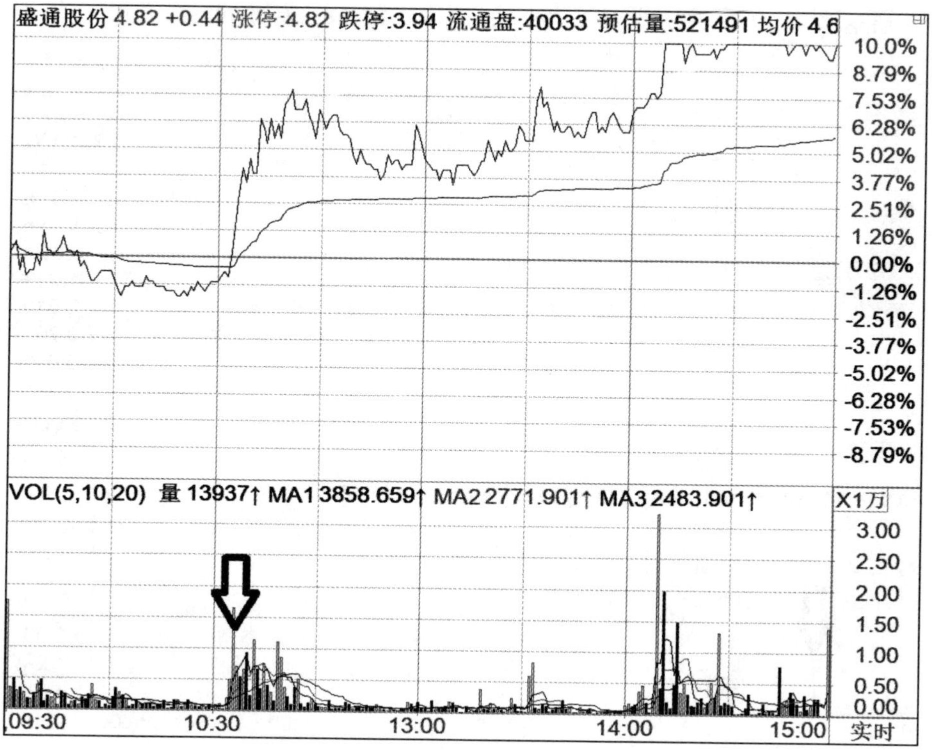

图 4－44　盛通股份 2021 年 8 月 6 日走势

盛通股份在开盘以后股价形成了明显的弱势波动，分时线整体都在均价线下方。面对这种走势，投资者是不能积极入场的。如果强势特征不明显，股价波动的安全性就会很低。千万别忘了，那些大跌的股票就是在弱势特征形成之后，一步一步跌进深渊的。

经过一小时左右的弱势波动，股价终于向上突破了均价线的压力。在突破走势形成的时候，成交量随之密集放大。量能的放大说明盘中有资金正在积极建仓，正是这些资金的介入带来了股价的强势特征。

只有主力资金才能推动股价突破均价线压力并形成上升趋势。因此，成交量在盘中形成的首次放量，必然是主力资金建仓引起的。在发现了主力资金明显的建仓动作以后，投资者只要及时买进，就可以在后期轻松实现高额的短线收益。首次放量非常容易发现，只要将放量形成时的成交量柱体与前一小时的柱体进行对比，就可以立即发现机会所在。

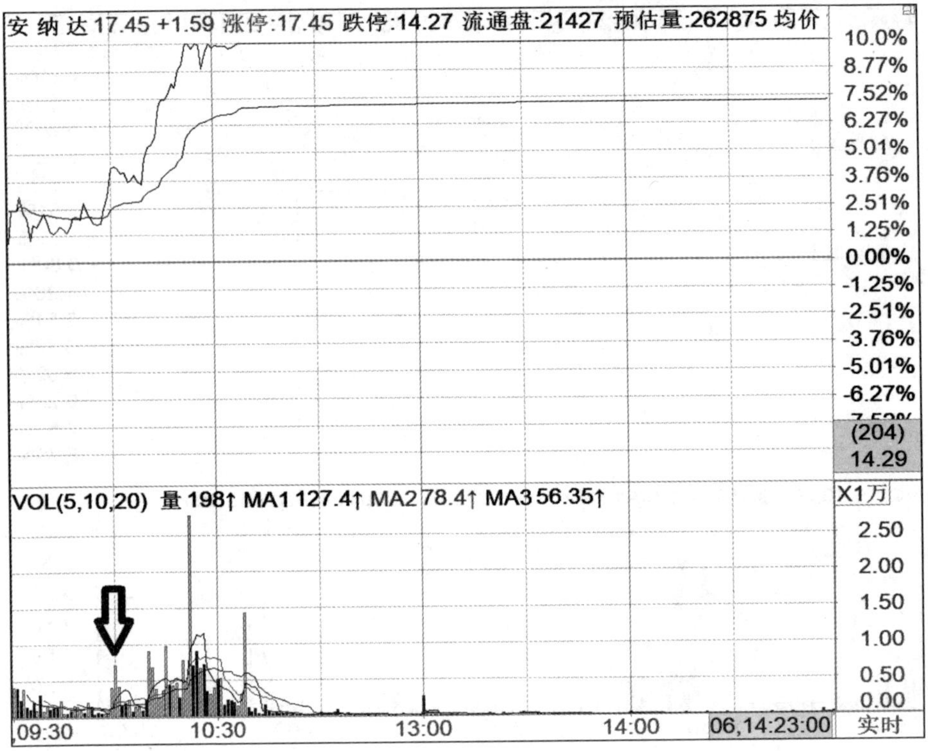

图 4－45　安纳达 2021 年 8 月 6 日走势

安纳达在开盘以后成交量始终低迷，这种量能形态就是典型的散户量。因为没有主力资金介入，所以分时线在早盘一直保持着弱势震荡走势。由此可见，在主力资金介入之前，股价的波动是不会给投资者带来好的盈利机会的。

经过近半小时的弱势震荡后，股价出现了快速上涨的走势。在股价大力度上涨的同时，成交量明显增加，说明当前的上涨是资金介入导致的。有资金在盘中首次入场操作，就意味着买点到来了。什么位置的买点是最安全的呢？自然是与主力持仓成本一致的点位，而首次买点就解决了这个难题。

由于成交量自开盘后一直保持着无量的状态，因此，当前的放量可以被称为“首次放量”。只有主力资金才能引发成交量明显的放大，普通投资者的资金是很难让成交量集中放大的。因此，首次放量往往是由于主力资金在当天的第一次建仓操作。因为主力资金有能力控制股价的波动，所以跟着它们一起买进自然非常安全并且很容易实现较高的盈利。

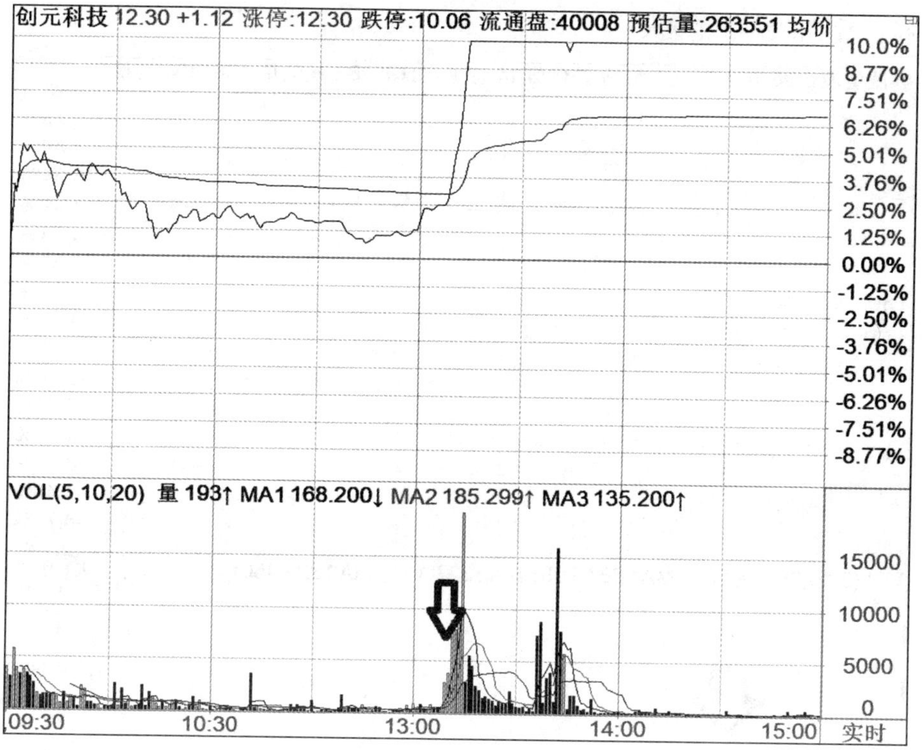

图 4－46　创元科技 2021 年 8 月 6 日走势

创元科技在开盘以后，成交量整体保持萎缩的状态。虽然有单根放量现象出现，但是成交量的放大不能持续，并且单根放量出现在股价下跌之时，因此这种放量并不是主力资金建仓导致的。如果主力资金没有入场，那么股价保持了一上午的弱势特征就很容易理解了。

下午开盘后不久，股价突然出现了大力度向上突破的走势。在分时线以极大的角度上扬的时候，成交量也出现了放大的迹象。量能的放大与股价大力度的上涨说明盘中有资金正在积极进行操作。那么，是谁有能力推动股价大力度上涨并放大成交量呢？很显然，普通投资者的资金是没有这个能力的，只有主力资金才可以。

一旦成交量在盘中形成首次放量，投资者一定要积极操作。主力的建仓位可以通过首次放量的位置准确地判断出来。因此，只要股价涨幅不大，投资者就可以放心大胆地操作。离主力建仓成本越近，安全性就越高，后期的获利就越大。

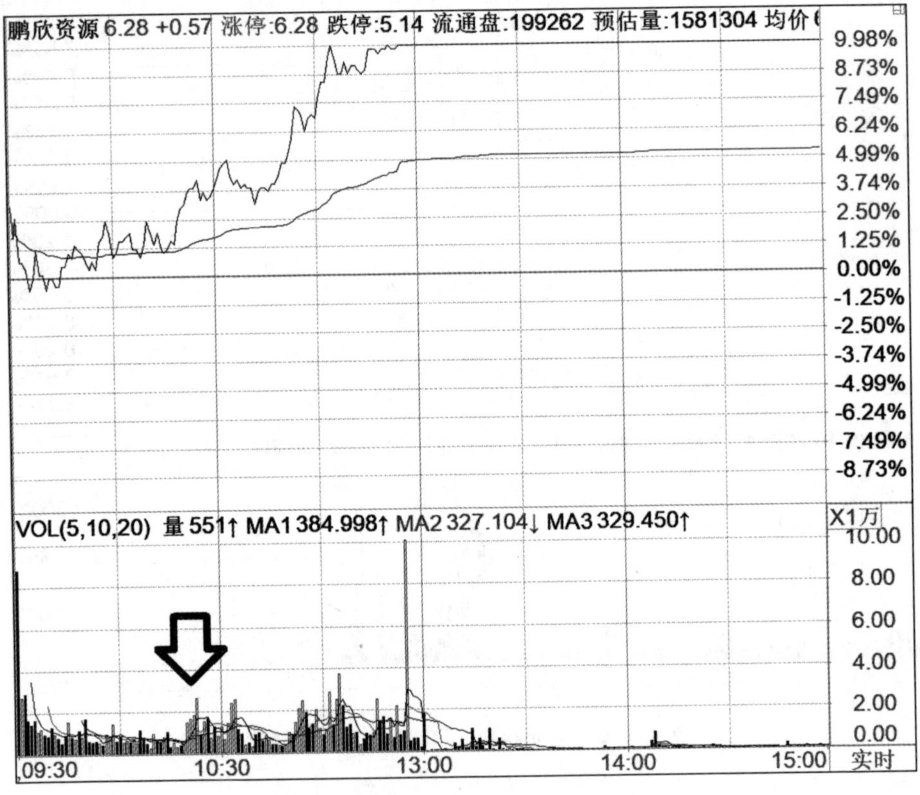

图 4-47 鹏欣资源 2021 年 8 月 6 日走势

鹏欣资源在开盘后股价上下震荡的时候，成交量始终保持萎缩的状态，说明盘中资金暂时没有积极操作的打算。只要主力资金不发力，股价就很难形成强劲的上涨走势。所以，在缩量过程中，投资者不宜入场进行短线操作。

经过一段时间的震荡，股价出现了突破新高的走势。在分时线突破盘中高点的时候，成交量随之放大，这是开盘后的首次放量。因此，量能放大的性质便是主力资金的建仓。盘中确定了主力资金的建仓成本区后，投资者只要在这个区间附近买入，资金的安全性就很高。

投资者只要对比前期的无量走势就可以很容易确定首次放量技术形态。在首次放量现象形成的时候，投资者一定要查看分时线的波动形态。只有在首次放量现象形成的时候，分时线出现明显的上涨迹象或是形成了突破走势才可以介入。如果首次放量对应的是股价的下跌，那么无论如何也要坚决回避，即使手中有持股也要先卖出回避风险，因为这往往是主力资金的第一次抛售，后面可能还有第二次、第三次……因此，只有对应着股价上涨的首次放量才可以入场买进。

第八节

分时穿线买点

股价由强势变成弱势、由弱势变成强势是正常的循环。在股价变弱的时候一定要及时离场规避风险，而一旦股价出现走强的迹象就要及早入场。此时，越早入场做多，越容易获得大的收益。

在股价由弱变强的时候，有一种技术特征可以更早地提示投资者介入机会的到来，那就是分时线向上突破了均价线的压力。分时线在均价线下方运行，意味着价格的弱势，此时价格的波动属性为空头。而一旦分时线向上突破均价线压力，就意味着价格由此进入多头状态，这是强势的起点。只要此时日 K 线处于一个比较理想的位置，没有到达高位或是顶部的风险区间，就可以在盘中分时线向上穿越均价线时入场操作。

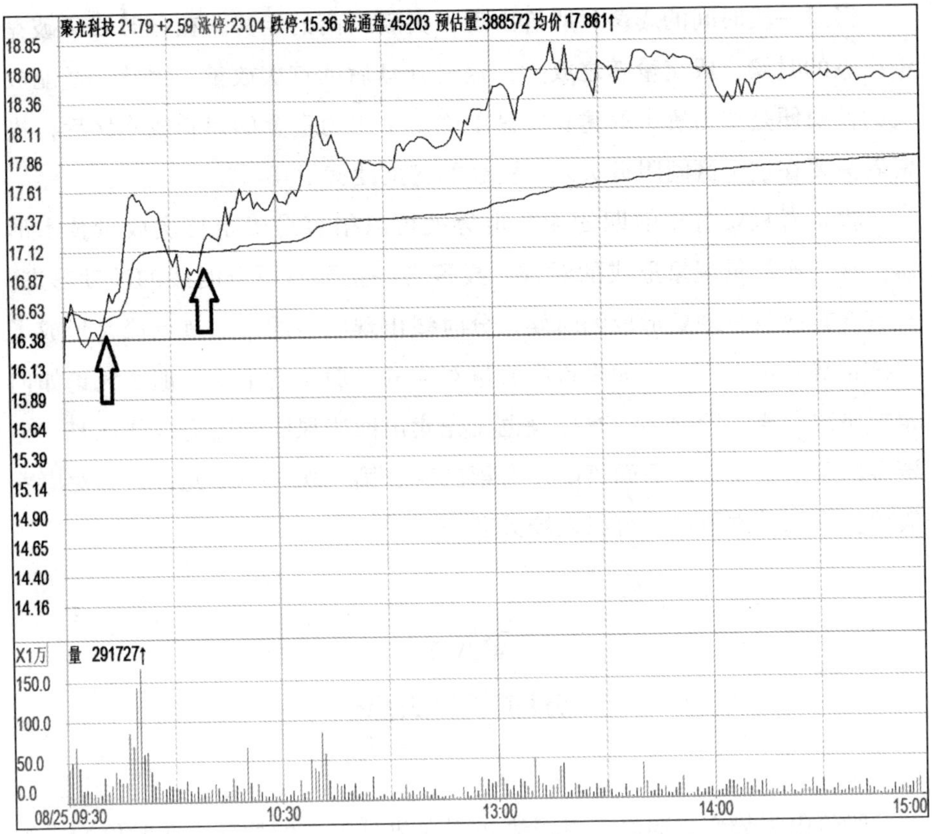

图 4－48　聚光科技 2021 年 8 月 25 日走势

聚光科技经过持续的震荡上涨，在图 4－48 中形成了较大的上涨幅度，即使没有涨停，也足以给投资者带来较大的盈利。那么，该如何在股价低位把握住操作的机会呢？

在刚开盘的时候，股价并没有立即上涨，分时线位于均价线下方保持弱势的形态。这样的走势虽然暂时不能给投资者提供交易的机会，但是并不意味着失去了关注的价值。若分时线一直在均价线下方，则可以在场外继续等待；一旦分时线向上突破均价线，就要及时入场操作。

分时线位于均价线下方意味着股价是空头性质的波动；一旦分时线位于均价线上方，就意味着股价的波动具备了多头性质。在波动性质由空头转为多头时，是一次很好的介入点。从图 4－48 来看，股价在起涨、向上突破均价线的时候，给投资者提供了一次分时穿线买点；而后调整结束再度上涨的时候，分时线又一次向上突破均价线，再次给投资者带来了获利的机会。这两个介入点都在股价上涨初期，一旦介入，盈利空间是非常大的。

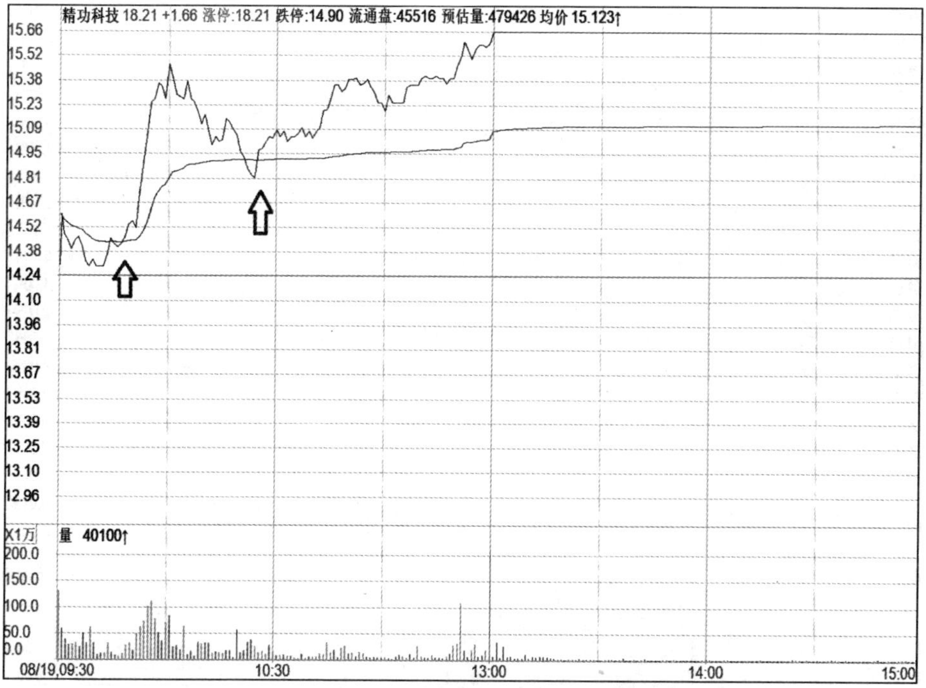

图 4-49　精功科技 2021 年 8 月 19 日走势

精功科技在开盘后分时线出现了回落的走势。只要分时线在均价线下方，价格不管怎么波动都是空头性质的。除非日 K 线的确存在好机会，否则短线是绝对不能提前入场操作的。

经过十几分钟的震荡，股价终于向上突破了均价线，意味着分时穿线买点随之形成，此时投资者应当积极买进。股价性质由空转多本身就是买入的理由，更何况均价线的压力一旦被克服，就会转变为对价格的强大支撑。因此，穿线买点形成的时候，一定要第一时间入场。

均价线的波动是平缓的，不像分时线那么剧烈，所以在什么价位可以入场买进是可以提前预估的。具体买进时一定要在均价线价格的基础上加 1 分钱，不能直接以均价线本身的价格买进，以确保突破走势的形成。分时线与均价线价格一致叫“持平”，不叫“突破”，既然是穿线买点，就要求价格向上完成穿越，加 1 分钱买进恰恰表明价格穿越的形成。

图 4－50　中际联合 2021 年 9 月 2 日走势

中际联合在开盘后股价震荡向下，在分时线位于均价线下方的时候，成交量并没有密集放大，说明在早盘下跌的过程中，主力资金并没有大规模出货。无量回落说明股价此时虽然较弱，但比较安全。

经过一段时间的弱势回落，分时线快速向上完成了对均价线的穿越。只要穿越现象出现，买点就随即到来。穿线买点要求价格首先跌破均价线，在均价线下方运行，之后再向上突破均价线。这种走势不仅意味着价格的波动性质由空转多，还意味着弱势波动可能结束，一轮上涨行情即将开始。因此，在这个点位介入，盈利的幅度往往是非常大的。

只要投资者经常对股价的波动形态进行观察就会发现，强势股票的分时线会一直在均价线上方，而弱势股票的分时线则会一直在均价线的下方，均价线与分时线的关系决定着股价的强弱。当股价由弱变强时，自然就是最佳的买进时机。

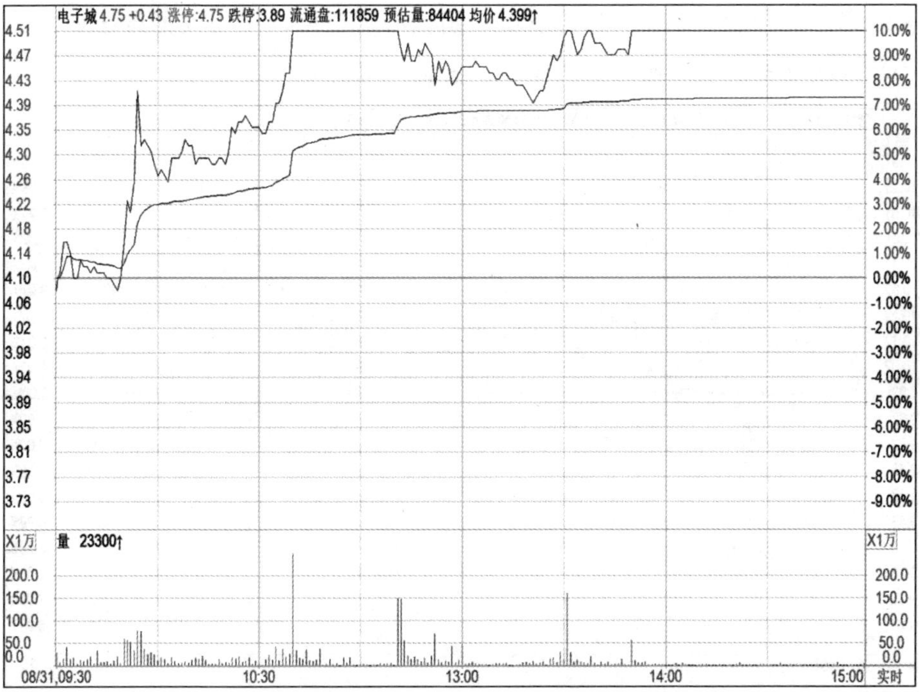

图 4－51　电子城 2021 年 8 月 31 日走势

电子城的股价在开盘后略做上冲，分时线便跌破了均价线，股价进入空头性质的波动中。只要这种现象没有改变，就要观望。除非是逢低买进的操作方式，否则，只有股价走强时才可以买进。逢低买进要求在弱势区间介入，以牺牲安全性为代价，换来较低的成本。而短线交易往往在买入股票后股价马上起涨，需要牺牲成本，换来股价波动较高的安全性。因此，只要股价没有形成多头性质的波动，就不能提前入场操作。

经过约 20 分钟的震荡回落，分时线终于快速向上突破了均价线。只要投资者提前盯牢了这只股票，此时的买点是绝对跑不掉的。因为分时线向上突破均价线的速度往往很快，所以现从盘中寻找目标是很难抓住机会的，只有提前选好几只强势股，在盘中持续关注，才有可能在第一时间发现目标并买入。

穿线买点最佳的介入点就是均价线的价格加 1 分钱，但在实际操作时，由于价格波动非常快，买入价格只要在均价线上方且距离均价线比较近都是可以的。当然，万一错过买点也不用担心，还可以采用其他方法在上涨中途继续捕捉机会。操盘方法越多，盈利的机会就越大！

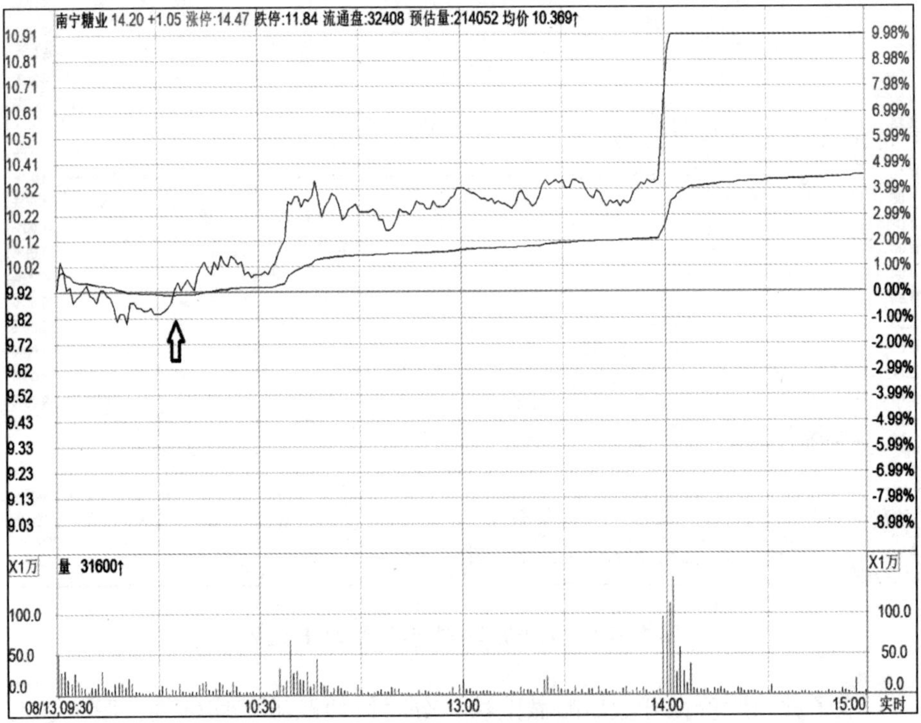

图 4-52 南宁糖业 2021 年 8 月 13 日走势

南宁糖业的股价在开盘后便陷入了持续的弱势波动中，分时线一直在均价线下方，且均价线形成了向下的趋势。对于这种弱势形态，必须放弃短线操作。因为短线操作讲究的是择强而入，买点往往出现在分时线位于均价线上方的时候。

在经过半个多小时的弱势震荡后，分时线终于向上突破了均价线的压力，意味着股价的波动性质由空头转变为多头，在多空性质转变的交界处就可以积极入场做多了。从图 4-52 的走势来看，分时线位于均价线上方之后，各种类型的买入机会纷纷出现，调整低点、突破、双低点抬高、起点杀等层出不穷，而在弱势形态时买入机会则非常少。因此，想要更稳定地盈利，一定要等股价进入多头性质的波动之后再动手操作。

分时穿线买点形成之前，分时线都在均价线下方运行。由于均价线的波动较为平缓，大致在什么价位会形成买点可以提前做出判断，给了投资者足够的时间事先进行准备。因此，只要提前选定了目标对象，就不会错过买入的机会。

若读者对本章内容有不解之处，可与笔者的团队联系进行技术咨询。微信：18832021888，QQ：1741864815。

后记

无形团队服务介绍

看到这里，再次感谢各位读者的支持，也许您已完全理解本书中的内容并开始尝试用于实战，希望在本书所讲解的操作技巧的帮助下，您能够捷报频传！

笔者自2003年推出第一本证券投资著作至今，已陆续出版了四十余本证券及期货投资技巧类书籍，书中操盘方法的实用性得到了读者的高度认可。特别地，笔者独创的许多股票短线操盘技巧更是通俗易懂，便于任何水平的投资者学习与操作。这些方法在笔者和笔者的交易团队及众多读者的无数次实践中屡创佳绩，成为许多投资者实战操作的“利器”。

为了给一贯支持笔者的各位读者提供更多的帮助，笔者团队还为大家提供了以下服务。

一、股票福利开户服务

此服务旨在利用我方议价优势，帮助读者把股票交易成本降至最低！在我方合作的证券公司开户交易的，佣金标准为成交额的万分之一。这么低的费率相信绝大多数读者朋友在平时无法获得。此服务的目的就是帮您省钱，让您的股票交易成本一降到底。

二、实战内部培训服务

1. 一对一高端面授课程

旨在改变投资者错误的交易习惯，树立正确的操作理念，建立高度可复制、适合自己财产状况与交易喜好的操盘模式。高端培训均以一对一的方式进行，在与学员充分沟通、了解学员以往交易状况及未来发展意向后，定制课程内容，以达到最佳的学习效果。

学习分为以下几个步骤。

第一步：报名后，先行自学统一内容的视频课程，并按视频课程中的方法进行至少两周的实战操作，积累交易经验与技术。在学习过程中若有